Heiliges Essen

Lea Fleischmann

Heiliges Essen

Das Judentum für Nichtjuden
verständlich gemacht

Scherz

Das Buch »Heiliges Essen« widme ich dem Andenken an meinen
Verleger Hans-Helmut Röhring. Er inspirierte mich, die Buchreihe
»Das Judentum für Nichtjuden verständlich gemacht« zu schreiben.

Lea Fleischmann
Jerusalem, im Februar 2009

www.fischerverlage.de

3. Auflage 2013
Erschienen bei Scherz, einem Verlag der
S. Fischer Verlag GmbH, Frankfurt am Main
© S. Fischer Verlag GmbH, Frankfurt am Main 2009
Gesamtherstellung: CPI – Ebner & Spiegel, Ulm
Printed in Germany

ISBN 978-3-502-15147-0

Inhalt

Warum »Heiliges Essen«?

Israels Weise lehren, dass vererbte Identität stärker ist als gelernte Identität. Sie behaupten, dass Judentum mit der Muttermilch eingesogen wird. Das bekannteste Beispiel ist Moses. Obwohl er von einer ägyptischen Prinzessin erzogen und im ägyptischen Königshaus wie ein Prinz behandelt wurde, identifizierte er sich mit den Hebräern und nicht mit den Ägyptern, denn seine Mutter, die Hebräerin Jochebeth, säugte ihn.

Meine Eltern, polnische Juden, die den Holocaust überlebten, wuchsen in religiösen Elternhäusern auf. Das Leben im Rahmen des jüdischen Gesetzes, der Thora, war ihnen von Kindesbeinen an vertraut. Sie feierten den Schabbat und die jüdischen Feste, aßen nur kosheres Essen, sprachen Jiddisch und kannten die hebräischen Gebete. Im Holocaust teilten sie das Schicksal des polnischen Judentums. Die Deutschen vertrieben die Juden aus ihren Heimatorten, zwangen sie zur Sklavenarbeit oder vergasten sie. Meine Eltern überlebten unter schwersten Bedingungen. Nach dem Krieg lernten sie sich kennen, heirateten und wanderten westwärts in Richtung der amerikanischen Zone. In einem Flüchtlingslager für Displaced Persons in Ulm kamen sie unter. Dort wurde ich geboren.

Meinen Eltern war es unmöglich, an ihre Religion und die damit verbundenen Traditionen anzuknüpfen. Judentum bedeutete für sie hauptsächlich Erinnerung an Verfolgung und Leid. So erhielt ich eine jüdische Identität, die von einer starken Identifikation mit den Opfern des Nationalsozialismus geprägt war, aber nur eine vage Vorstellung von religiöser Lebensführung beinhaltete. Schabbat, Speisegesetze, Synagogenbesuch und Gebet spielten keine Rolle mehr. Was an religiösen Gebräuchen bei meiner Mutter noch rudimentär vorhanden war, verschwand bei mir vollständig. Meine Mutter achtete nicht auf die Speisegesetze der Thora, aber sie ekelte sich vor Schweinefleisch. Ich hingegen empfand nicht den geringsten Widerwillen beim Genuss von Schweinefleisch. Meine Mutter hielt die Schabbatgebote nicht ein, aber sie zündete am Freitagabend Kerzen an. Für mich jedoch war Schabbat ein Arbeitstag wie jeder andere. Die religiösen Gebote des Judentums erschienen mir als Relikte einer veralteten, vergangenen Kultur, verhaftet in Erinnerungen und Folklore, aber für den modernen Menschen sinn- und wertlos. Ende der siebziger Jahre wanderte ich von Frankfurt nach Jerusalem aus, und erst in Jerusalem begann ich zu verstehen, warum sich die Thora, das religiöse Gesetz, seit Jahrtausenden erhalten und so viele Kulturen beeinflusst und überdauert hat.

In Jerusalem begann ich die Gebote der Thora zu lernen. Es war für mich nicht das Kennenlernen einer neuen Lebensform, sondern ein Erinnern an Verhaltensweisen, die von meinen Großeltern noch gelebt, von meinen Eltern nach dem Holocaust kaum mehr beachtet und von mir vergessen wurden. In Jerusalem ergriff ich die ausgestreckte Hand meiner Großmutter Lea, die umgebracht wurde, bevor meine Eltern mich zeugten. Ihren Körper konnten die Nazis vernichten, ihren Geist nicht, und allmählich kehre ich zu Jahrtausende alten Traditionen des jüdischen Volkes zurück.

Weil ich Schriftstellerin bin, nehme ich den nichtjüdischen Leser mit auf meinen Lebensweg. Vieles von dem, was ich beschreibe, wird ihm bekannt vorkommen, nicht weil er jüdische Ahnen hätte, sondern weil er in der christlichen Kultur verwurzelt ist. Das Christentum ist das ethisch-moralische Gerüst des Abendlandes. Aber Christentum ist ohne Judentum nicht verständlich, und ohne das Alte Testament ist das Neue nicht fassbar. Nicht zufällig war Jesus Jude, nicht zufällig kamen die Apostel aus dem Volk Israel, nicht zufällig breitete sich das Christentum von Jerusalem über den Erdball aus. Die Thora ist auch die Quelle des Christentums. Viele Christen haben mir bestätigt, dass ihre Beschäftigung mit dem Judentum ihren religiösen Horizont erweitert und zu einer Vertiefung ihres christlichen Glaubens geführt hat.

»Heiliges Essen« ist ein Buch für alle Menschen, die über die Nahrung und Gottes Gebote bezüglich des Essens nachdenken wollen. Die Speisegesetze spielen im Judentum eine bedeutende Rolle, weil nach jüdischer Lehre unser Körper ein Heiligtum ist. Nicht alles, was essbar ist, dürfen wir uns einverleiben. Die Speisegesetze sind außerdem der erste niedergeschriebene Artenschutz. Sie regeln das Zusammenleben von Mensch und Tier und hindern uns daran, jedwedes Tier anzutasten. Das koschere Essen zeigt einen Weg, im Einklang mit der Schöpfung zu leben und jede Mahlzeit in ein spirituelles Erlebnis zu verwandeln.

Einkaufen ist die Ernte des modernen Menschen

In unserer Überflussgesellschaft ist Nahrung jederzeit verfügbar und problemlos zu beschaffen, und kaum einer macht sich Gedanken darüber, wie viel Mühe die Menschen in früheren Jahrhunderten aufwenden mussten, um satt zu werden. Aber noch heute ist es nicht selbstverständlich, dass es für jeden genug zu essen gibt. Statistische Erhebungen belegen, dass über neunhundert Millionen Menschen auf unserer Welt an Hunger leiden und täglich viele Tausende an Krankheiten sterben, die durch den Hunger bedingt sind. Drei Viertel davon sind Kinder unter fünf Jahren. Für viele Menschen in den armen Ländern gilt immer noch der Fluch, mit dem Gott einst Adam strafte:

Verflucht sei der Acker um deinetwillen! Mit Mühsal sollst du dich von ihm nähren dein Leben lang. Dornen und Disteln soll er dir tragen, und du sollst das Kraut auf dem Felde essen. Im Schweiße deines Angesichts sollst du dein Brot essen, bis du wieder zur Erde werdest, davon du genommen bist. Denn du bist Erde und sollst zu Erde werden.
(1. Mose 3:17–19)

Im Paradies, dem Garten Eden, war Nahrung in Hülle und Fülle vorhanden. Adam und Eva mussten sich nicht quälen, um ihren Hunger zu stillen. In der modernen westlichen Welt haben wir wieder paradiesische Zustände erreicht. So wie Adam und Eva sorglos durch das Paradies streiften und von allen Bäumen die schönsten Früchte brachen und von den Sträuchern köstliche Beeren naschten, rollen wir unseren Einkaufswagen durch den Supermarkt und packen ein, was uns in den Sinn kommt. Aber das erste Menschenpaar stand andächtig vor jedem Baum, bevor sie ihn abernteten. Sie hatten erlebt, wie er im Winter kahl dem Sturm ausgesetzt war, im

Frühling seinen verschwenderischen Duft gerochen und im Sommer gesehen, wie langsam die Frucht reifte, bis sie prall und süß war. Diese Andacht ist uns verlorengegangen. In keinem Supermarkt habe ich jemals einen Kunden gesehen, der andächtig vor der Fleisch- oder Käsetheke verharrte oder mit einem dankbaren Gebet auf den Lippen das Obst und Gemüse aus dem Regal holte. Ganz im Gegenteil. Hilflos stehen wir vor einem Überangebot an Waren und wissen nicht, was wir kaufen sollen. Wollen wir zum Frühstück Cornflakes mit Milch oder Früchtejoghurt essen? Zum Mittag eine Pizza mit Salami oder lieber mit Pilzen? Am Abend Wurst oder Käse aufs Brot? Leber- oder Gelbwurst? Gouda oder Emmentaler? Die Fülle erleichtert nicht die Auswahl, sondern erschwert sie, und im Einkaufswagen landen am Ende weit mehr Lebensmittel, als wir benötigen. Gereizt warten wir an der Fleischtheke, bis wir bedient werden, und regen uns über einen Käufer auf, der sich nicht entscheiden kann, welche Wurst er nun haben will. Unruhig reihen wir uns mit dem überfüllten Einkaufswagen in die Warteschlange an der Kasse ein und ärgern uns über Nichtigkeiten, die den zügigen Ablauf stören. Eine umständliche Person, die zeitraubend in ihrem Portemonnaie kramt, oder eine Kassiererin, die die Codes der Obstsorten nicht im Kopf hat, sondern sie einzeln von einem Zettel ablesen muss, steigern unsere Ungeduld. Es sind nur wenige Minuten, die der Einkauf dadurch länger dauert, aber Minuten, die an die Nerven gehen. Keinen Moment denken wir daran, wie lange der Apfel benötigte, um rot und saftig zu werden, wie lange das Rind gemästet wurde und der Käse reifen musste. Nachdem wir bezahlt haben, verstauen wir in Windeseile unsere Lebensmittel in Plastiktüten oder Einkaufstaschen und schimpfen, weil sie so schwer sind und wir die Waren nun mühsam zum Auto oder nach Hause schleppen müssen.

Einkaufen ist die Ernte des modernen Menschen. Wir pflücken das Obst nicht mehr vom Baum oder buddeln unsere Kartoffeln aus der Erde, wir mästen nicht das Kalb oder sammeln die Eier ein, aber für das Geld, mit dem wir an der Kasse unsere Lebensmittel bezahlen, haben wir hart gearbeitet. Der Einkauf ist der Lohn für unsere Mühe.

Dankbar müssten wir das Essen betrachten, das wir in unseren Warenkorb legen. Es sind Lebensmittel, die uns das Leben ermöglichen. Aber dieser Gedanke kommt uns nicht, weil wir die Heiligkeit in der Nahrung nicht mehr sehen. In Apfel und Birne blickt uns nicht die göttliche Schöpfung entgegen, sondern der Preis, und anstatt Gott zu danken, dass wir das schöne Obst kaufen können, meckern wir, wenn es ein paar Cent teurer ist als in der Woche zuvor.

Und immer öfter essen wir etwas, ohne zu wissen, was wir da eigentlich in den Mund nehmen. Unverarbeitete Nahrungsmittel, wie Fleisch, Gemüse und Obst, werden zunehmend durch Halb- und Fertigprodukte verdrängt, deren Herstellung unserer Kontrolle entzogen ist. Auf der Verpackung stehen zwar Zutatenverzeichnisse und Kennzeichnungen des Herstellers, aber wer versteht sie schon? Wir wissen nicht mit letzter Sicherheit, was genau in den Gerichten enthalten ist, wo die einzelnen Zutaten herkommen und ob wir den Angaben überhaupt trauen können. Wenn wir über das Essen nachdenken, dann fallen uns oft als Erstes alle möglichen Lebensmittelskandale ein. Gammelfleisch, Pestizide in Obst und Gemüse, Salmonellen in Hühnereiern, gepanschter Wein. Die Liste ließe sich beliebig verlängern. Schreckensnachrichten über umwelt- und gesundheitsschädliche Giftstoffe und gefährliche Tierseuchen vergällen uns den Appetit und die Freude am Essen.

Immer mehr Verbraucher greifen deswegen zu Biokost, um die Schadstoffe, die wir mit der Nahrung zu uns nehmen, zu reduzieren. Insbesondere Eltern von Kleinkindern stellen sich ernsthaft die Frage, ob sie billige Lebensmittel einkaufen oder nicht doch zu den teuren Bioprodukten greifen sollen. Biolebensmittel werden zwar inzwischen auch im Supermarkt angeboten, allerdings sind sie deutlich teurer als konventionell erzeugte Produkte, und damit als Alltagskost für viele unerschwinglich.

Fertiggerichte gehören zu den Wachstumsrennern in der Lebensmittelindustrie und im Handel, und Fastfood ist zu einem festen Bestandteil unseres Lebensstils geworden. Die Vorteile liegen auf der

Hand: Eine komplette Mahlzeit in Alufolie verpackt, die kurz im Mikrowellenherd aufgewärmt, eine Suppe, die in heißem Wasser angerührt, oder eine Dose, die geöffnet und deren Inhalt nur erhitzt werden muss, erfordern von uns keine Arbeit, sondern nur noch ein paar Handbewegungen. Restaurants bieten ihre Dienste nicht nur in ihren Räumen an, sondern liefern das gekochte Essen bequem nach Hause. Und wenn wir doch einmal selber kochen, sparen uns geputzte Salate, geschälte Kartoffeln und enthäutete Tomaten Zeit und Anstrengung. In der Folge sind wir vollkommen verunsichert, wie wir mit unverarbeiteten Lebensmitteln umgehen sollen. Was mache ich mit einem glitschigen, frischen Fisch? Wie rupft man ein Huhn und nimmt es aus? Schon alleine der Gedanke, die Gedärme anzufassen, lässt uns erschauern. Anstatt bei der Zubereitung und beim Würzen unsere Phantasie spielen zu lassen, servieren wir immer neue Fertigprodukte. Wenn es der Familie oder den Gästen nicht schmeckt, dann ist der Hersteller schuld und nicht wir, und beim nächsten Mal suchen wir einfach etwas anderes aus. Junge Menschen wachsen oft nicht mehr in einer Küchentradition auf, wo die Mutter die Lehrmeisterin ist, sondern werden in puncto Essen von der Werbung »erzogen«.

Weil die Zubereitung wenig Mühe verlangt, haben wir das Essen zu einer nebensächlichen Verrichtung degradiert, der wir nicht mehr viel Aufmerksamkeit widmen. Die Zeitung gehört zum Frühstück wie die Brötchen und die Marmelade. Im Mittelpunkt des Wohnzimmers steht in vielen Häusern längst nicht mehr der Esstisch mit den bequemen Stühlen, sondern der Fernseher und das weiche Sofa mit dem niedrigen Couchtisch. Häufig werden dann die Mahlzeiten vor dem laufenden Apparat eingenommen. In gebeugter Haltung, die Augen auf den Bildschirm gerichtet, wird das Essen gedankenlos verschlungen, und wie eine unsichtbare Folie legen sich die Nachrichten über die Speisen und nehmen ihnen den Geschmack. Die gemeinsame Mahlzeit als Ritual gehört in vielen Familien der Vergangenheit an. Man isst, wann man gerade Hunger hat. Hier ein paar Plätzchen aus der bunten Schachtel, dort ein Süppchen aus der

Tüte, auf dem Weg ein Hefeteilchen aus der Bäckerei und an der Haltestelle einen Hamburger von der Fastfood-Kette. Der kleine Hunger ist immer gegenwärtig, und mit allerlei Snacks, Häppchen und Süßigkeiten besänftigen wir ihn. Wir leben in einem modernen Schlaraffenland, in dem Nahrung in Fülle vorhanden ist, und werden immer dicker. Zwanzig Prozent der Kinder in den westlichen Ländern leiden bereits an Übergewicht. Bluthochdruck und Diabetes sind längst keine Alterserscheinungen mehr, sondern treten immer häufiger in jugendlichem Alter auf. Das Essen macht uns inzwischen krank, und wie alles, was im Überfluss vorhanden ist, schätzen wir es nicht mehr.

Natürlich gibt es auch eine gegenläufige Entwicklung, immer mehr Zeitgenossen denken über Essen und Gesundheit nach. Eine Fülle von Artikeln und Büchern beschäftigt sich mit gesunder Ernährung, Diäten und Sport, um den Körper fit zu halten. Aber auch der religiöse Mensch hat eine besondere Haltung zum Essen, die eng mit seinem Glauben verbunden ist. Für ihn ist Essen weder eine Selbstverständlichkeit noch Nebensache. In christlichen Familien wird vor der Mahlzeit ein Gebet gesprochen, in dem Gott für die Speisen gedankt wird. Gläubige Muslime beachten Speisevorschriften, die den Halal-Normen entsprechen, aber die kompliziertesten Speisegesetze hat das Judentum hervorgebracht. Sie sind ein dichtes Gewebe aus Vorschriften, dessen Maschen scheinbar undurchdringlich ineinander verworren sind. Doch beim näheren Hinsehen zeigt sich ihr klares und logisches Muster.

Thora, Tanach und Talmud

Bevor ich mich an die Speisegesetze heranwage, möchte ich einige Begriffe klären, ohne die das Judentum unverständlich bleibt.

Das heilige Buch des Judentums ist das Alte Testament, das auch die Hebräische Bibel genannt wird. Sie besteht aus drei Hauptteilen. Der erste Teil sind die fünf Bücher Mose: Genesis, Exodus, Levitikus, Numeri und Deuteronomium. Auf Hebräisch nennt man die fünf Bücher Mose **Thora**. Thora heißt Weisung oder Lehre. Die Thora beginnt mit der Schöpfungsgeschichte. Sie erzählt von der Vertreibung aus dem Paradies, dem ersten Mord der Menschheit, den Kain an seinem Bruder Abel begeht, die Geschichte der Sintflut und das Überleben von Noah. Die Thora berichtet vom Leben der Urväter Abraham, Isaak und Jakob. Jakob wandert mit seinen zwölf Söhnen und der restlichen Familie nach Ägypten aus, und der Clan entwickelt sich dort zum Volk Israel. Moses führt das Volk Israel aus Ägypten, und nach einer vierzigjährigen Wanderung durch die Wüste Sinai gelangen die Israeliten in das von Gott verheißene Land. Der Text der Thora endet mit dem Tod von Moses.

Die Thora enthält neben den Erzählungen auch 613 Gebote. Sie ist nicht nur ein geschichtliches, sondern vor allen Dingen ein juristisches Werk, ein Gesetzeskodex, der das Zusammenleben aller Geschöpfe auf unserer Erde regelt. Die bekanntesten Gesetze sind die Zehn Gebote, die nicht nur für das Volk Israel verbindlich sind. Die Zehn Gebote bilden das ethisch-moralische Gerüst der zivilisierten Welt und sind die Grundlage des allgemeinen Menschenrechts.

Nach jüdisch-religiöser Überlieferung offenbarte Gott Moses die Thora, Moses schrieb sie nieder und gab sie an die zwölf Stämme weiter. Von Hand zu Hand, von Generation zu Generation wird die Thora in ihrer ursprünglichen Fassung, in der hebräischen Sprache, weitergegeben. Kein Buchstabe wird hinzugefügt und keiner weggelassen. Unverändert hat sich dieses Dokument des göttlichen Willens bis in unsere Zeit erhalten. Seit fast dreieinhalbtausend Jahren lernen die Juden Thora, erörtern und deuten die Buchstaben, Worte und Sätze. Phantastische Gedankengebäude wurden errichtet. Gleichnisse, Märchen und Geschichten erklären die ewigen Worte. Das Lernen der Thora ist weit mehr als das Studieren von Geschichte, Ereignissen und Gesetzen. Thoralernen ist Erinnern, Besinnen und Vergegenwärtigen von Vergangenem und Zukünftigem. Der Zeitbegriff in der Thora ist relativ. Die Vergangenheit wird mit dem Verb in der Zukunftsform und Zukunft mit dem Verb in der Vergangenheitsform beschrieben, um auszudrücken, dass Vergangenheit Zukunft und Zukunft Vergangenheit ist. Von den Geschehnissen in der Thora schließt der religiöse Mensch auf das Geschehen in der Gegenwart. Adam und Eva, Abraham und Sara, Moses und Aaron, lebten nicht in grauer Vorzeit, sondern in jedem von uns. Was im Unbewussten vorhanden ist, wird durch das Thoralernen ins Bewusstsein geholt. Kein noch so mächtiger Herrscher, und von ihnen gab es viele, konnte die Thora aus der Welt schaffen, niemand sie umschreiben, in keiner Generation das Volk Israel von ihr abbringen. Tausendfach verbrannt, zerrissen und geschändet erhebt sich das Wort Gottes wie der Phönix aus der Asche und zieht immer wieder Menschen in seinen Bann.

Nach wissenschaftlicher Auffassung ist der Text von mehreren Autoren geschrieben worden, und die endgültige Redaktion fand in der Zeit nach dem babylonischen Exil, ungefähr 450 vor Christus, statt. Für unsere Betrachtungen sind Fragen nach Autorschaft oder Datierung allerdings unwesentlich. Der Text ist auf Hebräisch verfasst und wird nie verändert. Nach der Staatsgründung im Jahre 1948 wanderten Juden aus vielen Ländern nach Israel ein. Die Neuankömmlinge kamen aus Ost- und Westeuropa, aus Amerika und Nordafrika, aus dem Irak und Persien und brachten aus ihren Synagogen die Thorarollen mit. Bei den wissenschaftlichen Vergleichen waren keine Abweichungen feststellbar. Auch die Textstellen der Qumran-Rollen, die in der Nähe vom Toten Meer gefunden wurden und etwa zweitausend Jahre alt sind, zeigen, dass der hebräische Text der Thora nicht verändert wurde.

Die Buchstaben der Thora sind härter als Diamant und fester als Stahl. Als die Römer das Land Israel besetzt hielten und den Juden verboten, die Thora zu lernen, setzte sich Rabbi Chananja ben Teradjon im zweiten Jahrhundert über die Anordnung hinweg. Während eines Lehrvortrages wurde er von den Römern überrascht und zum Tod auf dem Scheiterhaufen verurteilt. Seine Peiniger hüllten ihn in eine Thorarolle und legten ihm nasse Tücher auf die Brust, um sein Leiden zu verlängern. Hilflos sahen seine Schüler zu, wie ihr Rabbi den Märtyrertod starb. Auf die Frage, was er sehe, antwortete er: »Ich sehe das Pergament brennen, aber die darauf geschriebenen Buchstaben in die Höhe schweben.« Über Jahrhunderte versuchten die Feinde des Judentums immer wieder, die Thora aus der Welt zu schaffen, und es leben noch Menschen, die gesehen haben, wie die Nazis am 9. November 1938 die Thorarollen verbrannten. Aber die Buchstaben sind nicht brennbar und die Thora nicht zerstörbar. In allen jüdischen Gotteshäusern wird heute wie jeher die Thora vorgetragen, ohne dass auch nur ein Jota – gemeint ist das Jud, der kleinste Buchstabe des hebräischen Alphabetes – verändert wurde. Jede Woche wird in der Synagoge ein Abschnitt aus der Thora laut und fehlerlos vorgelesen, innerhalb eines Jahres der gesamte Text. Die Thora ist das Fundament des Judentums, ohne sie ist die jüdische Religion nicht verständlich. Sie ist die Lebensanweisung und der Leitfaden des religiösen Juden.

Der zweite Teil der Hebräischen Bibel sind die Prophetenbücher. Sie werden eingeteilt in die Ersten Propheten (Josuah, Richter, erstes und zweites Buch Samuel, Könige eins und zwei) und die Letzten

Propheten (Jesaia, Jeremia, Ezechiel, Hosea, Joel, Amos, Obadia, Jona, Micha, Nahum, Habakuk, Zephania, Haggai, Zacharia, Malachia). Die Propheten lebten und predigten im Lande Israel. Sie verkündeten den Willen Gottes und maßregelten das Volk Israel, aber gleichzeitig trösteten sie es auch mit ihren Visionen. Ihre Worte gelten für alle Zeiten. Sie prophezeiten die Wiederkehr des Volkes Israel aus der Diaspora in das Land Israel und stärken den Glauben an die Erlösung.

Der dritte Teil der Hebräischen Bibel sind die Schriften: Psalmen, Sprüche Salomons, das Buch Hiob, das Hohelied, das Buch Ruth, die Klagelieder Jeremias, der Prediger, das Buch Esther, das Buch Daniel, das Buch Ezra, das Buch Nehemia und das erste und zweite Buch der Chronik.

In der hebräischen Sprache heißt die Hebräische Bibel Tanach. TaNaCh ist ein Akronym aus den Worten Thora (die fünf Bücher Mose) Newiim (Prophetenbücher) und Chetubim (Schriften). Im Folgenden werde ich weder den Begriff »Altes Testament« noch »Hebräische Bibel« verwenden, sondern den hebräischen Begriff »Tanach«. Die Urfassung des Tanach ist auf Hebräisch geschrieben worden und auch nur in dieser Sprache wird der Reichtum und die Kraft der Worte sichtbar. Im Hebräischen hat jeder Buchstabe einen Zahlenwert, und durch die Kombination von Buchstaben und Zahlen lassen sich neue, ansonsten verborgene Zusammenhänge konstruieren. An zwei Beispielen will ich die Sprache der Thora erläutern:

Der Freund, »Jedid«, und der Begriff für Kraft haben den gleichen Zahlenwert: 28. Wir lernen daraus, dass Freundschaft seelische Kraft gibt. Das Individuum ist schwach, erst durch die Freundschaft wird es stark. Die Begriffe Mann, »Isch«, und Frau, »Ischah«, enthalten jeweils Buchstaben, die das Göttliche symbolisieren, nämlich »Jud« und »Heh«. Streicht man sie aus den Worten, bleibt in beiden Fällen »Esch«, das Feuer, übrig. Wenn zwischen Mann und Frau nichts Göttliches existiert, dann verbrennen und zerstören sie sich gegenseitig.

Der **Talmud** ist die Interpretation der Thora. Er wird auch die »mündliche Thora« genannt. Im Talmud diskutieren die Weisen über die Bedeutung der 613 Gebote der Thora und wie diese ausgeführt werden sollen. Aus den Geboten werden konkrete Lebensanweisungen. Die Gebote der Thora werden in sechs Bereiche, die sogenannten Ordnungen, unterteilt: Saaten, Feste, Ehe- und Familienrecht, Beschädigungen, Tempel- und Opferriten, Reinheitsgebote. Neben der Diskussion der Weisen über die Gesetzesauslegung finden sich im Talmud auch Gleichnisse und Geschichten mit ethischem Inhalt, die zur Belehrung dienen.

Ein Gleichnis erklärt die Aufgabe des Talmuds:
Ein König hatte zwei Minister, einen klugen und einen einfältigen. Eines Tages ließ er ein Schaf scheren und zwei Säckchen Getreide bringen. Er rief die beiden Staatsmänner zu sich:
»Jedem von euch gebe ich die Hälfte der Wolle und ein Säckchen Getreide. Passt gut auf die Gaben auf und verliert sie nicht.« Der einfältige Minister verwahrte das Bündel mit der Schurwolle und das Getreide in einem Versteck und trug den Schlüssel immer bei sich. Er schlief schlecht, und die Angst peinigte ihn, dass jemand den Schlüssel entwenden, den Tresor öffnen und die Gaben des Königs stehlen könnte. Der Kluge wusch die Wolle, kämmte sie, spann sie zu Garn und webte ein Gewand. Er mahlte das Getreide, vermischte es mit Wasser und buk daraus ein Brot. Als der König seine Gaben zurückverlangte, brachte ihm der einfältige Minister das Bündel mit der Wolle und das Säckchen Getreide, der Kluge hingegen gab seinem König ein schönes, warmes Gewand und ein schmackhaftes Brot.

Die Gebote der Thora können wir mit dem rohen Getreide und der geschorenen Wolle vergleichen. Erst durch die Diskussion der Weisen im Talmud wird aus ihnen eine Lebensanweisung, ein begehbarer Weg, eine Halacha. Das religiöse Gesetz insgesamt wird auch Halacha, das Gehen, genannt. Die Thora ist der Weg, den Gott dem Volke Israel gegeben hat, aber dieser Weg wird erst durch den Talmud geebnet.

An einem Gesetz möchte ich die Aufgabe des Talmuds verdeutlichen. In der Thora steht: *Auge um Auge, Zahn um Zahn, Hand um Hand, Fuß um Fuß.* (3. Mose 21:24) Dieses Gesetz wird häufig angeführt, um den angeblichen Rachegeist der Thora zu belegen. Im Talmud wird dieses Gesetz diskutiert und gedeutet. Soll man wirklich dem Täter, der einem Opfer ein Auge ausgeschlagen hat, das seinige ausreißen? Keineswegs. Dieses Gesetz ist vielmehr die Grundlage für Schadenersatzforderungen. Wer einem anderen ein Auge ausschlägt, dem soll kein Auge ausgerissen werden, sondern er ist verpflichtet, dem Geschädigten einen finanziellen Ausgleich zu zahlen, und zwar für die Minderung der Arbeitskraft, für den erlittenen Schmerz, für die Wiederherstellung der Gesundheit, für Zeitverlust und Beschämung.

Judentum beschränkt sich nicht auf den Glauben an den einzigen, ewigen Gott. Judentum ist die Religion des Tuns. Die Gebote der Thora regeln den sozialen Umgang der Menschen untereinander, den Schabbat, das Eheleben und die Nahrungsaufnahme. Keine Handlung wird so oft wiederholt wie das Essen, deswegen ist jüdische Lebensführung eng mit den Speisegeboten verbunden. Die Speisegesetze heißen auf Hebräisch Kaschrut. Im Begriff Kaschrut ist das Wort «koscher» enthalten. Koscher bedeutet erlaubt, genehmigt, gestattet.

Die Kaschrut erzieht den Menschen zu einem bewussten Umgang mit der Nahrung und der Schöpfung. Nicht alle Tiere dürfen die Juden essen, sondern nur eine begrenzte Auswahl. Nicht beliebig dürfen die Lebensmittel gekocht werden, sondern die Zubereitung unterliegt Regeln. Und nicht gedankenlos darf die Nahrung einverleibt werden, sondern das Essen ist in einen Ritus eingebettet. Jede Mahlzeit wird mit einem Segensspruch eingeleitet, der zum Nachdenken zwingt, was man eigentlich isst. Der religiöse Jude muss stets überlegen, ob die Nahrung, die er zu sich nimmt, erlaubt ist, und nachfragen, wie sie zubereitet wurde.

Das Judentum ist die Wiege der monotheistischen Religionen und gehört zu den Weltreligionen, aber nur wenige Menschen, gemessen an der Weltbevölkerung, praktizieren es oder kennen seine Riten und Gebräuche. Weil aber das Christentum und der Islam auf den Geboten der Thora basieren, übt das Judentum auch auf viele Nichtjuden eine intellektuelle Faszination aus. Von einem wichtigen Teil der Thora, nämlich von den Speisegesetzen, handelt dieses Buch.

Die Absonderung des Volkes Israel
von den anderen Völkern

Das koschere Essen sondert das Volk Israel von den anderen Völkern ab. Am Tisch des religiösen Juden darf jeder essen, er hingegen darf keine Mahlzeiten bei Nichtjuden oder Juden einnehmen, die die Speisegebote der Thora nicht beachten. Nichtjuden verstehen häufig nicht, warum religiöse Juden nicht bei ihnen essen wollen. »Schmeckt den Juden unser Essen nicht?«, fragen sie und sind unter Umständen beleidigt und gekränkt, weil der nach den Geboten der Thora lebende Jude ihre Einladung ausschlägt. Derjenige, der zum Essen einlädt, gibt sich Mühe und will seinem Gast etwas Gutes tun. Er bietet mit der Mahlzeit ein Geschenk an und ist getroffen und verletzt, wenn man seine Gaben zurückweist. Aber fromme Juden können keine Ausnahme machen, denn Gottes Gebote stehen für sie höher als Höflichkeit ihren Gastgebern gegenüber. Deswegen pflegen sie in der Regel keinen gesellschaftlichen Umgang mit Nichtjuden, um dem Konflikt von vornherein aus dem Weg zu gehen. Dies führt zu Fremdheit in der Gesellschaft, in der sie leben. Ein Lied davon können diejenigen singen, die zum Judentum konvertiert sind, wie Nora, die ich in Jerusalem kennengelernt habe.

Nora ist eine ehemalige Studienrätin. Ihre Eltern waren evangelisch, aber nicht besonders religiös. Nora wurde getauft, nahm in der Schule am evangelischen Religionsunterricht teil und feierte mit vierzehn Jahren ihre Konfirmation. Ostern suchte sie bunte Eier im Garten, und in der Adventszeit dekorierte die Mutter das Wohnzimmer mit einem Kranz und vier großen roten Kerzen. Nora half beim Backen der Weihnachtsplätzchen, bastelte Strohsterne und hängte die glänzenden Kugeln an den Weihnachtsbaum.

Noras Großmutter väterlicherseits, Trude Grimmel, war eine geborene Oppenheimer und jüdischer Abstammung. Ein dichter Nebel lag über Großmutters Vergangenheit. Die gebrechliche Oma hatte während der Nazizeit Schlimmes erlebt. Was genau geschehen war, wusste Nora nicht. Weder die Großmutter noch der Vater verloren in ihrer Gegenwart jemals ein Wort über das Dritte Reich. Etwas Finsteres, Drückendes, Unaussprechliches lastete auf der Familie. Trude Grimmel lebte alleine in einer Zweizimmerwohnung. In der Adventszeit stellte sie keinen Kranz auf den Tisch, sondern einen neunarmigen silbernen Leuchter auf das Fensterbrett. Bevor sie die Kerzen ansteckte, verschloss sie sorgfältig die grünen Holzläden. Die Flämmchen tanzten und spiegelten sich in den dunklen Scheiben lustig wider und Nora freute sich über die vielen Lichter.

»Oma, woher hast du den schönen Leuchter?«

»Der gehörte meinen Eltern. Ich habe ihn geerbt.«

»Wirst du ihn mir auch vererben?«

»Ja, Nora. Eines Tages wird er dir gehören.«

Zwölf Jahre war Nora alt, als die Oma starb, und der Leuchter wanderte in ihr Kinderzimmer. Zur Erinnerung an die Großmutter steckte sie in der Adventszeit neun Kerzen hinein und in ihrem Schein sah sie das sorgenvolle, faltige Gesicht von Trude Grimmel. Kurz vor ihrem Abitur entdeckte Nora in einem Antiquariat ein Buch über jüdische Feiertage und Bräuche, auf dessen Deckblatt ein Leuchter abgebildet war, der ganz ähnlich aussah wie ihr Erbstück. Nora kaufte sich das Buch und las es begierig. Vor Aufregung konnte sie die ganze Nacht nicht schlafen. Sie erinnerte sich an Begebenheiten, die sie nicht verstanden hatte. Einmal war Nora bei der Oma, und die Großmutter gab ihr zu essen, wollte selber aber nichts in den Mund nehmen. »Heute faste ich, mein Kind. Es ist Jom Kippur«, hatte sie gesagt, und Nora hatte nicht weiter gefragt. Nun las sie, dass Jom Kippur der heilige Fasttag bei den Juden ist. Wie ein Detektiv, der aus Versatzstücken einen Weg zur Lösung eines komplizierten Falles konstruiert, begann Nora ihre jüdischen Wurzeln aufzuspüren. Sie besorgte sich Bücher und Schallplatten mit jiddischer Musik, sah sich im Fernsehen Sendungen über das Judentum an und reiste in den Semesterferien nach Israel. Aber das Leben entwickelte seine eigene Dynamik. Nach ihrem Studium begann Nora an einem Gymnasium Deutsch und Englisch zu unterrichten. Sie heiratete ihren Kollegen Willi, und die Schule und die Ehe verdrängten das Interesse am Judentum.

Nora hätte gerne ein Kind gehabt, aber Willi wollte keinen Nachwuchs. »Es gibt genug Menschen, denen es schlechtgeht. Die Überbevölkerung ist ohnehin das größte Problem der Menschheit, da müssen wir nicht auch noch Kinder in die Welt setzen«, meinte er. Gleichförmig zogen die Jahre vorbei. Unterricht, Konferenzen und Ferien strukturierten ihr Leben. Sie kauften ein Haus, hatten zwei Autos und fuhren im Sommer an die italienische Küste. Nora war sechsundvierzig Jahre alt, als ihr Mann sie unerwartet verließ. Er hatte sich in eine junge Kollegin verliebt und wurde Vater. Verbittert reichte Nora die Scheidung ein, zog aus dem Haus aus und mietete eine Dreizimmerwohnung. Sie zerriss die Alben mit den Bildern von Willi und warf die Souvenirs von den gemeinsamen Reisen in den Müll. Nora richtete sich neu ein, und Omas neunarmigen Leuchter platzierte sie auf die Fensterbank in ihrem Schlafzimmer. In der Adventszeit flackerten in ihm die bunten Kerzen, wie eh und je.

Nach der Scheidung wurde Nora krank. Depressionen, Rückenschmerzen und Migräne quälten sie. Morgendliche Verspannungen und plötzlich einsetzende Bewegungsunfähigkeit machten ihr das Unterrichten oft unmöglich. Immer häufiger musste sie krankgeschrieben werden, und mit dreiundfünfzig Jahren wurde Nora endgültig arbeitsunfähig. Nun litt sie neben den Schmerzen unter der bleiernen Untätigkeit. Die Tage waren elend lang, die Nächte ebenso, und die wenigen Freundschaften mit den Schulkollegen lösten sich auf. Nora verlor den Lebenswillen. Nach einem Selbstmordversuch wurde sie in eine psychiatrische Klinik eingewiesen. Mit ihrem Therapeuten sprach sie oft über ihre Oma Trude und die dumpfe Angst, die sie als Kind gespürt hatte. Die alte Großmutter war ihr gegenwärtiger als die ebenfalls bereits verstorbenen Eltern. Es dauerte ein halbes Jahr, bis Noras Zustand sich so weit stabilisiert hatte, dass sie entlassen werden konnte. Ihr Interesse für das Judentum war wieder erwacht. Sie nahm Kontakt zu einer jüdischen Gemeinde in der Nachbarstadt auf und bat um ein Gespräch mit dem Rabbiner. Von ihm erfuhr sie, dass es in Natanja eine Lehranstalt gibt, in der Kurse angeboten werden, die auf die Konversion vorbereiten. Nora packte ihre Koffer und flog nach Israel. Ein Jahr lernte sie intensiv die Gebote der Thora und vollzog den Übertritt zum Judentum. Sie beantragte die israelische Staatsangehörigkeit und siedelte sich in Jerusalem an. In der Synagoge lernte sie den Witwer Sam kennen, der aus New York eingewandert war. In ihm fand sie eine verwandte Seele, und nach einem halben Jahr heirateten sie. Sam und Nora führen einen jüdisch-orthodoxen Lebensstil.

Vor kurzem erhielt sie eine Einladung zu einem Klassentreffen. »Wir würden uns ganz besonders freuen, wenn du kommen würdest«, schrieb Uwe. Uwe war Jurist und arbeitete in der Stadtverwaltung. Es hatte ihn einige Mühe und Nachforschungen gekostet, Noras Adresse in Jerusalem ausfindig zu machen. Nach langen Überlegungen beschloss Nora, zu dem Klassentreffen in die Bundesrepublik zu reisen. Sie wollte den Kontakt zu ihren ehemaligen Mitschülern wieder aufnehmen und freute sich darauf, die Jugendfreunde wiederzusehen.

Zum ersten Mal reiste sie mit ihrem israelischen Pass. Sie war dieselbe und doch nicht dieselbe, die vor sechs Jahren nach Israel gekommen war. Nun hielt sie die Schabbatruhe ein, kochte anders als früher und trug keine Hosen und kurzärmligen T-Shirts mehr, sondern lange Röcke, weite Blusen und einen Hut. Wie würden ihre alten Freunde reagieren?

Die Stewardess servierte Getränke und brachte ein in Silberfolie eingeschweißtes Gericht.

»Sie hatten ein Koschermenü bestellt?«, erkundigte sie sich vorsichtshalber.

25

»Ja.«

Nora riss die Verpackung auf. Neben dem Plastikbesteck lag ein Koscher-Zertifikat: »Hiermit wird bezeugt, dass diese Mahlzeit koscher ist. Die verwendeten Lebensmittel entsprechen den Gesetzen der Thora. Die Kontrolle liegt in Händen von gottesfürchtigen Gutachtern unter der Aufsicht der nationalen Kaschrutabteilung des Israelischen Oberrabinats.« Dies war die letzte Fleischmahlzeit auf ihrer Reise. In Deutschland wollte sie sich ausschließlich von Brot, Käse, Gemüse und Obst ernähren.

Das Klassentreffen fand in einem noblen Hotel statt. Uwe hatte sich viel Mühe mit den Vorbereitungen gegeben. Mit dem Küchenchef hatte er die Speisefolge besprochen und, weil er wusste, dass Nora zum Judentum konvertiert ist, darauf geachtet, dass kein Schweinefleisch serviert wurde. Als Vorspeise standen Shrimps auf der Menükarte, als Hauptgang gab es Kalbsschnitzel in Sahnesoße, und zum Nachtisch hatte Uwe Vanilleeis mit heißen Himbeeren ausgesucht.

Nora saß zwischen Anita, mit der sie während der Schulzeit eng befreundet gewesen war, und Uwe. In bauchigen Gläsern waren Meeresfrüchte auf Salatblättern angerichtet, und eine Kellnerin mit einem schwarzen Rock und weißer Bluse nahm die Getränkewünsche auf.

Nora schob die Vorspeise beiseite: »Ich hätte gerne ein Glas Tee und ein Käsebrot.«

Uwe versuchte sie zu überreden:

»Ich habe als Hauptgang extra Kalbsschnitzel bestellt, denn ich weiß ja, dass du jetzt Jüdin bist und die Juden kein Schweinefleisch essen.«

»Es ist lieb, dass du dir Gedanken gemacht hast, aber bitte, sei mir nicht böse, dass ich trotzdem nicht mitesse. Ich möchte jetzt eigentlich keinen Vortrag über das koschere Essen halten, sondern nur ein Glas Tee und ein Brot haben«, beharrte Nora.

Ihr Essverhalten wurde nun Tischgespräch.

»Aber früher hast du doch gerne Schnitzel in Sahnesoße gegessen.

Nur weil du jetzt jüdisch bist, schmeckt es dir nicht?« Anita schüttelte missbilligend den Kopf.

»Lass sie doch. Jeder Mensch kann essen, was er will. Und wenn Nora jetzt nur ein Käsebrot will, dann müssen wir das respektieren. Es tut mir leid, Nora, dass ich nicht wusste, was du genau essen darfst«, entschuldigte sich Uwe.

»Du musst dich da gar nicht entschuldigen. Nora könnte ja auch einmal eine Ausnahme machen. Schon alleine der Gemeinschaft wegen«, argumentierte Anita, und zu Nora gewandt meinte sie: »Ich finde dein Verhalten elitär, als ob das, was wir alle essen, für dich auf einmal nicht mehr gut genug ist.«

»Da ich heute nach den Geboten der Thora lebe, kann ich keine Ausnahme machen«, erklärte Nora. Von der stillen Helga, die gegenüber saß, erhielt sie unerwartet Schützenhilfe:

»Das verstehe ich. Ich bin Vegetarierin und esse auch nicht mit.«

»Seit wann bist du Vegetarierin?«, staunte Anita.

»Seitdem ich vor zwei Jahren mit Yoga begonnen habe.«

»Jedem kann man es ohnehin nicht recht machen. Mir schmecken die Shrimps. Meinetwegen soll jeder nach seiner Fasson glücklich werden«, lenkte Anita nun ein.

»Mir war diese ganze Diskussion unangenehm«, erzählte Nora, »und Anitas Intoleranz hat mich wirklich überrascht.«

Warum hat Gott den Juden ein so kompliziertes Regelwerk bezüglich des Essens auferlegt?

Um diese Frage zu beantworten, müssen wir zu den Anfängen des Volkes Israel zurückgehen, bis zum Urvater Jakob. Die Thora berichtet:

Und Gott sprach zu ihm des Nachts in einer Offenbarung: Jakob, Jakob! Er sprach: Hier bin ich. Und Er sprach: Ich bin Gott, der Gott deines Vaters, fürchte dich nicht, nach Ägypten hinabzuziehen, denn daselbst will ich dich zum großen Volk machen. (1. Mose 46:2–3)

Jakob erhielt die Erlaubnis, das Land Kanaan zu verlassen und zu seinem Sohn Josef, der als Vizekönig in Ägypten regierte, zu ziehen.

Als sich die Familie Jakobs auf den Weg machte, zählte sie siebzig Personen. Es war eine Großfamilie, eine Sippe, aber bei weitem noch kein Volk.

In Ägypten war, wie überall in der antiken Welt, der Polytheismus – der Glauben an viele Götter – verbreitet. Die Pharaonen wurden als Reinkarnation des Gottes Horus und als Söhne des Sonnengottes Re verehrt. Es gab Götter, die über bestimmte Bezirke herrschten, und Götter, die für bestimmte Aufgaben zuständig waren. In der ägyptischen Mythologie heirateten die Gottheiten und bekämpften sich, zeugten Nachkommen und brachten sich gegenseitig um. Die ägyptischen Götter hatten die Gestalt von Katzen, Stieren und Menschen oder waren Mischwesen aus Tier und Mensch. Sie trugen Namen wie Anubis und Aton, Hapon und Maat, Isis und Nun. Auf Bildern und als Skulpturen wurden sie dargestellt und angebetet, gewaltige Tempelanlagen wurden für sie erbaut und Priester dienten ihnen. In diese Kultur wanderten Jakob und seine Familie ein. In ihrem geistigen Gepäck brachten sie den Glauben an einen einzigen, unsichtbaren Gott mit, einen Gott ohne Anfang und Ende, gestaltlos und allmächtig, einen Gott, der immer gegenwärtig und doch stets verborgen war.

Jakobs Sippe wuchs im Laufe der Jahrhunderte zum Volk Israel heran. Das zweite Buch Mose erzählt uns, dass ein neuer Pharao kam, der nichts von Josef und seinen Verdiensten wusste, aber die Israeliten fürchtete:
Denn wenn ein Krieg ausbräche, könnten sie sich auch zu unseren Feinden schlagen und gegen uns kämpfen. (2. Mose 1:10)
Der Pharao versklavte und unterdrückte die Israeliten und
machte ihnen ihr Leben sauer mit schwerer Arbeit in Ton und Ziegeln und mancherlei Frondienst auf dem Felde, mit all ihrer Arbeit, die sie ihnen auflegten ohne Erbarmen. Und der König von Ägypten sprach zu den hebräischen Hebammen, von denen die eine Schifra hieß und die andere Pua: Wenn ihr den hebräischen Frauen helft und bei der Geburt seht, dass es ein Sohn ist, so tötet ihn. (2. Mose 1:14–16)

Die Hebammen weigerten sich, den Befehl des Pharao auszuführen, und antworteten:

Die hebräischen Frauen sind nicht wie die ägyptischen, denn sie sind kräftige Frauen. Ehe die Hebamme zu ihnen kommt, haben sie geboren. (2. Mose 1:19)

Da befahl der Pharao, alle neugeborenen Knaben in den Nil zu werfen.

Und es ging hin ein Mann vom Hause Levi und nahm ein Mädchen aus dem Hause Levi zur Frau. Und sie ward schwanger und gebar einen Sohn. Und als sie sah, dass es ein feines Kind war, verbarg sie ihn drei Monate. Als sie ihn nicht länger verbergen konnte, machte sie ein Kästlein von Rohr und verklebte es mit Erdharz und Pech und legte das Kind hinein und setzte das Kästlein in das Schilf am Ufer des Nils. (2. Mose 2:1–3)

Die Tochter des Königs fand den Knaben. Sie setzte sich über den Befehl ihres Vaters hinweg und rettete das Kind. Sie nannte ihn Moses und zog ihn wie ihren eigenen Sohn auf. Moses lebte wie ein ägyptischer Prinz, wusste aber von seiner hebräischen Abkunft. Als er erwachsen geworden war,

ging er hinaus zu seinen Brüdern und sah ihren Frondienst und nahm wahr, dass ein Ägypter einen seiner hebräischen Brüder schlug. Da schaute er sich nach allen Seiten um, und als er sah, dass kein Mensch da war, erschlug er den Ägypter und verscharrte ihn im Sand. (2. Mose 2:11–12)

Der Vorfall wurde aber ruchbar, und Moses musste vor dem Pharao, der ihm nach dem Leben trachtete, fliehen.

Die Wehklagen des Volkes Israel über den schweren Frondienst und die Unterdrückung hallten im Himmel wider, und Gott erbarmte sich des geschundenen Volkes. Er rief Moses, der nach Midian geflohen war, und sandte ihn zum Pharao mit dem Auftrag, das Volk Israel von der Sklaverei zu befreien und aus Ägypten zu führen. Moses war der einzige Hebräer, der im Palast des Pharaos aufgewachsen war. Er war sowohl mit den Lebensgewohnheiten der Nachfahren Jakobs wie auch mit den Sitten und Gebräuchen am Hofe des Pharaos bestens vertraut. Ihm waren das Zeremoniell und die Sprache, die im königlichen Palast gesprochen wurde, ebenso geläufig wie die Denk- und Ausdrucksweise der Israeliten. Moses war in beiden Kulturen zu Hause.

Als er von Gott die Aufforderung erhielt, das Volk Israel aus Ägypten zu führen, war das Volk längst von der ägyptischen Kultur durchdrungen. Die Israeliten glaubten nicht mehr so recht an den abstrakten Gott der Väter Abraham, Isaak und Jakob, einen Gott, der keinen Namen und keine Gestalt hatte. Nun sollte Moses im Auftrag dieses unsichtbaren Gottes das ganze Volk zum Aufbruch bewegen. Er wusste genau, wie ungläubig die Israeliten reagieren würden, und bat Gott deshalb um Rat:

Siehe, wenn ich zu den Israeliten komme und spreche zu ihnen: Der Gott eurer Väter hat mich zu euch gesandt! Und sie mir sagen werden: Wie ist sein Name? Was soll ich ihnen sagen? Und Gott sprach zu Moses: Ich werde sein, der ich sein werde. (2. Mose 3:13–14)

Ein namenloser Gott beauftragt Moses mit der Befreiung eines gesamten Volkes. Was ist das für ein Gott? Man hat kein Bild von ihm und weiß nicht, wo er sich befindet, aber man soll daran glauben, dass es ihn gibt. Und dieses unfassbare Wesen soll den allmächtigen Pharao bezwingen und das Volk Israel aus Ägypten befreien können? Moses weiß, dass die Israeliten und der Pharao mitsamt seinem Hofstaat ihn für einen Verrückten oder Hochstapler halten werden, darum wendet er ein:

Siehe, sie werden mir nicht glauben und auf mich hören, sondern werden sagen: du hast den Herrn nicht gesehen. (2. Mose 4:1)

In der antiken ägyptischen Kultur waren die Menschen an das Anschauen von Göttern gewöhnt. Sehen kann man nur einen Gott, der eine Gestalt hat, wie die ägyptischen Götzen. Beeinflusst durch den jahrhundertelangen Aufenthalt in Ägypten hatte sich auch in die Denkweise vieler Nachfahren Jakobs die Vorstellung eines Gottes mit Namen und Gestalt eingeschlichen. Die Kinder Israels brauch-

30

ten etwas Sichtbares, etwas Konkretes, um zu glauben. Deswegen bittet Moses um einen sichtbaren Beweis, der von der Existenz des gestaltlosen Gottes zeugt. Er muss den Israeliten und dem Pharao ein Wunder zeigen, damit sie mit eigenen Augen sehen, dass er nicht lügt, sondern tatsächlich von Gott gesandt wurde.

Der Herr sprach zu ihm: Was hast du da in deiner Hand? Er sprach: Einen Stab. Der Herr sprach: Wirf ihn auf die Erde. Und er warf ihn auf die Erde, da ward er zur Schlange, und Moses floh vor ihr. Aber der Herr sprach zu ihm: Strecke deine Hand aus und erhasche sie beim Schwanz. Da streckte er seine Hand aus und ergriff sie, und sie ward zum Stab in seiner Hand. (2. Mose 4:1–3)

Moses war keineswegs begeistert über den Auftrag und versuchte mit allen Mitteln, sich dieser Aufgabe zu entziehen:
Ich bin von jeher nicht beredt gewesen, auch jetzt nicht, seitdem du mit deinem Knecht redest; denn ich habe eine schwere Zunge. (2. Mose 4:10)
Gott antwortet ihm:
Weiß ich denn nicht, dass dein Bruder Aaron aus dem Stamm Levi beredt ist? Und siehe, er wird dir entgegenkommen, und wenn er dich sieht, wird er sich von Herzen freuen. Du sollst zu ihm reden und die Worte in seinen Mund legen. (2. Mose 4:14–15)

Mit seinem Bruder Aaron ging Moses zu den Israeliten und zum Pharao. Nach einer langen Auseinandersetzung mit dem Pharao und nachdem Gott den Ägyptern die zehn Plagen geschickt hatte, führte Moses das Volk Israel aus Ägypten. Es zogen aus der Sklaverei in die Freiheit *sechshunderttausend Mann zu Fuß ohne die Frauen und Kinder* (2. Mose 12:37). Wenn man noch die Frauen und Kinder dazuzählt, kommt man auf über zwei Millionen Menschen, die Ägypten verließen. Diese Menschenmenge war der Sklaverei entkommen und war nun frei. Aber was bedeutet Freiheit? Überall, wo Menschen miteinander leben, kommt es zu Konflikten und Streitereien. Deswegen brauchen wir Gesetze, die das Zusammenleben regeln. In

Ägypten unterstand das Volk den Gesetzen des Pharao, die galten aber nun nicht mehr. Das Volk hatte zwar ein neues politisches Oberhaupt, nämlich Moses, aber keine neuen Gesetze. Ein Gesetz ist die Aufforderung, sich auf eine bestimmte Weise zu verhalten, auch wenn es den eigenen Gefühlen, den Wünschen und sogar der Logik widerspricht. Wir befolgen Gesetze, auch wenn sie uns nicht einleuchten oder wenn wir meinen, dass sie zu unserem Nachteil sind, entweder aus Angst vor Strafe oder weil wir der Autorität, die das Gesetz formuliert hat, mehr vertrauen als unseren Emotionen und unserem Denken.

In Ägypten war der Pharao die Autorität, aber nach ihrem Auszug mussten die Israeliten sich der göttlichen Autorität anvertrauen, einem Gott, den sie nicht sehen oder als Bildnis vor sich hertragen konnten. Nach einer siebenwöchigen Wanderung gelangten die Kinder Israels zum Berg Sinai, und dort verkündete Gott dem Volk Israel die Zehn Gebote. Aber das Volk fürchtete Gottes Stimme und sagte zu Moses: *Rede du mit uns, wir wollen hören; aber lass Gott nicht mit uns reden, wir könnten sonst sterben.* (2. Mose 20:19) Die Israeliten glaubten an den unsichtbaren Gott immer nur durch Moses. Durch Moses sprach der Herr zu ihnen, durch Moses sahen sie die Wunder, und durch Moses fühlten sie die göttliche Gegenwart. Kaum verließ Moses das Volk Israel für eine Weile, schmiedeten sie, ganz im Sinne der ägyptischen Kultur, einen Götzen, den sie sehen, anfassen und anbeten konnten.

Als aber das Volk sah, dass Moses ausblieb und nicht wieder von dem Berge zurückkam, sammelte es sich gegen Aaron und sprach zu ihm: Auf, mach uns einen Gott, der vor uns hergehe! Denn wir wissen nicht, was diesem Mann Moses widerfahren ist, der uns aus Ägyptenland geführt hat. Aaron sprach zu ihnen: Reißet ab die goldenen Ohrringe an den Ohren eurer Frauen, eurer Söhne und eurer Töchter und bringt sie zu mir. Da riss alles Volk sich die goldenen Ohrringe von den Ohren und brachte sie zu Aaron. Und er nahm sie von ihren Händen und bildete das Gold in einer Form und machte ein gegossenes Kalb. Und sie

sprachen: Das ist dein Gott Israel, der dich aus Ägyptenland geführt hat.
(2. Mose 32:1–4)

Von der konkreten figurativen Götterwelt in eine abstrakte Gottesvorstellung zu wechseln, ist ein langer und schwerer Weg, der Zeit braucht. Gott wusste, wenn er das Volk umziehen wollte, dann muss es über das Essen geschehen, denn essen muss jeder Mensch an jedem Tag. Die Speisegesetze der Thora hatten die Aufgabe, das Volk Israel abzusondern, damit es mit den anderen Völkern und ihren Götzen nicht in Kontakt kam. Dies war die Voraussetzung, um den Monotheismus zu stärken und dem Glauben an den Polytheismus entgegenzutreten.

Die Thora liefert die eine eindeutige Begründung für die Speisegesetze:

Denn ich bin der Herr, euer Gott. Darum sollt ihr euch heiligen, so dass ihr heilig werdet, denn ich bin heilig; und ihr sollt euch nicht unrein machen an irgendeinem Getier, das auf der Erde kriecht. Denn ich bin der Herr, der euch aus Ägyptenland geführt hat, dass ich euer Gott sei. Darum sollt ihr heilig sein, denn ich bin heilig. (3. Mose 11:45)

Gott gibt dem Volk Israel kein ökologisches, medizinisches oder logisches Argument für die Kaschrut, sondern ein spirituelles: *Ihr sollt heilig sein, denn ich bin heilig.*

Als die Kinder Israels aus Ägypten auszogen, war der Glauben an einen einzigen, unsichtbaren Gott eine revolutionierende Erkenntnis und wurde von keinem der umliegenden Völker geteilt. Um diese Überzeugung am Leben zu erhalten, musste das Volk Israel von den anderen Völkern so weit wie möglich getrennt werden. Ideen, Bräuche und Gewohnheiten sind ansteckend, und wo werden Ideen besser ausgetauscht als beim Essen? Man isst und trinkt gemeinsam, und dabei äußert man seine Ansichten und diskutiert über dieses und jenes. Das war damals nicht anders als heute. Wichtige politische oder wirtschaftliche Entscheidungen werden häufig im Restaurant gefällt. Die Details werden tagsüber im Büro ausgearbeitet, aber die grundsätzliche Entscheidung fiel am Abend davor bei einem Glas Wein und einem guten Essen. Freundschaften bahnen sich an, und Alkohol löst die Zunge. Ein erlesenes Mahl und ein edler Tropfen beschwingen das Gemüt und lockern die Umgangsformen.

Weil die Thora dem Volk Israel verbietet, die Speisen des Nichtjuden zu essen, trennt sie das Volk Israel von den umliegenden Völkern und verhindert die Vermischung. Nur auf diesem Wege konnte sich im Volk die Erkenntnis von einem einzigen unsichtbaren Gott festigen, denn wegen der strengen Speisegesetze waren die Israeliten weitgehend unter sich. Sie haben sich gegenseitig darin bestätigt, dass es den unsichtbaren und unfassbaren Gott gibt, auch wenn nicht jeder ein Offenbarungserlebnis hatte. Wenn die anderen überzeugt sind, dass der Ewige existiert, dann wird auch der Zögernde, Unentschlossene und Schwankende sich diesem Glauben anschließen. Dieser Glauben ist die Voraussetzung dafür, dass die Gebote der Thora eingehalten werden, denn wer nicht an Gott glaubt, wird auch nicht seine Gesetze befolgen. Allmählich erlangten die Israeliten eine innere Sicherheit in dem Glauben, dass Gott durch das Geschehen und nicht durch das Anschauen erfahrbar ist. Dieser Prozess dauerte Generationen. Die Israeliten durften nicht zu Gast bei Menschen sein, in deren Häusern Götzen aufgestellt waren. Und sie mussten sich von Feiern fernhalten, bei denen Standbilder angebetet wurden, denn immer wenn Menschen feiern, wird auch gegessen.

Trotz der Verbote berichtet der Tanach an vielen Stellen davon, dass das Volk Israel dazu neigte, fremde Götzen anzubeten.

Ahab, der Sohn Omris, wurde König über Israel und regierte über Israel zu Samaria über zweiundzwanzig Jahre und tat, was dem Herrn missfiel, mehr als alle, die vor ihm gewesen waren. Es war noch das Geringste, dass er wandelte in der Sünde Jereboams, des Sohnes Nebats; er nahm sogar Isebel, die Tochter Etbaals, des Königs der Sidonier, zur Frau und ging hin und diente Baal und betete ihn an und richtete ihm einen Altar auf im Tempel Baals, den er ihm zu Samaria baute, und machte ein Bild der Aschera, so dass Ahab mehr tat, den Herrn, den Gott Israels zu erzürnen, als alle Könige von Israel, die vor ihm gewesen waren. (1. Könige 16:29–33)

Weil der König Israels sich dem Götzenkult zuwandte, folgte ihm natürlich die Masse des Volkes. Schlimmer noch trieb es der König Menasse:

Menasse war zwölf Jahre alt, als er König wurde; und er regierte fünfundfünfzig Jahre zu Jerusalem. Seine Mutter hieß Hefzi-Bah. Und er tat, was dem Herrn missfiel, nach den gräulichen Sitten der Heiden, die der Herr vor Israel vertrieben hatte (…) Und er ließ seinen Sohn durchs Feuer gehen und achtete auf Vogelgeschrei und Zeichen und hielt Geisterbeschwörer und Zeichendeuter: so tat er viel von dem, was dem Herrn missfiel, um ihn zu erzürnen. (2. Könige 21:1–6)

Menasse ließ sich zum Menschenopfer hinreißen und opferte seinen eigenen Sohn. Bei den Nachbarvölkern war das Menschenopfer gang und gäbe, aber den Israeliten war die Opferung von Menschen streng verboten.

Im Volk Israel gab es immer die Menschen, die sich nicht beirren ließen und dem Ewigen und seinen Geboten folgten. Diejenigen, die die Speisegesetze streng beachteten, hielten sich vom Götzendienst fern, und sie waren es, die den Monotheismus aufrechterhalten haben. Ausgehend vom Volke Israel trat der Monotheismus seinen Siegeszug an und verbreitete die Gesetze der Thora weltweit. Inzwischen sind die Zehn Gebote, das Herz der Thora, unveräußerliches Menschenrecht geworden, gültig für alle Menschen aller Nationen und jeden Glaubens.

Der Ausflug

Fährt man in Jerusalem auf dem Herzl Boulevard in Richtung der Holocaust-Gedenkstätte Yad Vashem, liegt auf der linken Seite der Stadtteil Beit Wagan. In diesem Viertel leben vorwiegend religiöse Juden. Am frühen Morgen eilen die Männer in die Synagogen und Betstuben. Manche tragen dunkle Anzüge und Filzhüte mit hochgebogener Krempe, andere schwarze Hosen, weiße Hemden und farbige Käppchen auf dem Kopf. In einem Samtbeutel, den sie unter der Achsel festklemmen oder in der Hand halten, haben sie den Gebetsschal und die Gebetskapseln verstaut. Aus ihren Hosenbünden hängen lange Schaufäden heraus, die an einem kultischen Untergewand, dem Arba Kanfot, angenäht sind. Etwas später begegnet man jungen Frauen mit bunten Kopftüchern oder Hüten, die ihre Haare vollständig verdecken. Ihre weiten Blusen fallen locker über die langen Röcke. Zahlreiche Kinder scharen sich um sie. Die größeren Mädchen mit langen Zöpfen oder straff zurückgebundenen Pferdeschwänzen halten die Jüngeren an der Hand, während die Mutter den Kinderwagen auf dem Bürgersteig entlangschiebt und aufmerksam die Schar im Auge behält. Auf Wäscheleinen, die zwischen den Häuserwänden gespannt sind, flattern Hemden und Unterhosen im Wind. Allerlei Gerümpel steht auf den Balkonen und Höfen. Die Luft riecht im Sommer nach Staub, und im Winter bilden sich Pfützen auf den unebenen Gehwegen. Beit Wagan ist, wie die meisten Jerusalemer Stadtviertel, in denen eine kinderreiche religiöse Bevölkerung lebt, beengt und ärmlich.

In einer kleinen unscheinbaren Synagoge in Beit Wagan treffen sich montags vormittags um neun Uhr eine Handvoll Schülerinnen auf der Frauenempore. Von dort blickt man auf den geschnitzten Thoraschrein, auf dessen vorspringendem Gesims die zwei Gesetzestafeln mit den Zehn Geboten stehen. Auf die Parochet, den dunkelblauen samtenen Thoravorhang, sind mit silbernen Fäden zwei Löwen gestickt. Zwischen ihnen prangen golden die Worte »Denn von Zion geht die Lehre aus und das Wort Gottes von Jerusalem«. Das ewige Licht brennt über dem Schrein. Vor ihm steht auf einer Erhöhung, der Bima, ein breites Pult, das mit einem Samttuch bedeckt ist. Während des Gottesdienstes wird auf ihm die Thora ausgebreitet, und der Kantor rezitiert mit einer vorgeschriebenen Melodie den heiligen Text. Schwarze Gebetbücher und weiße Gebetschals stapeln sich auf einem Regal. An den gelb getünchten Wänden hängen keine Bilder, nicht eine einzige Skulptur schmückt den kargen Raum. Durch die hohen Fenster scheint die Morgensonne und zeichnet helle Flecken auf dem Fußboden. Einfache Holzbänke dienen zum Sitzen. Das Morgengebet ist längst vorbei, und im Gotteshaus befinden sich keine Männer mehr.

Die Frauen, die sich an diesem Ort eingefunden haben, sind unterschiedlich alt. Die jüngeren Teilnehmerinnen haben ihre Säuglinge mitgebracht. Mit den Füßen wippen sie die Kinderwagen, damit die Kleinen einschlafen. Eine junge, sehr schlanke Frau mit feinen Gesichtszügen strickt einen rot-weiß gestreiften Kinderpullover, als müsste sie die Zeit des Lernens ausnutzen, um Geistiges mit Praktischem zu verbinden. Bei den Älteren sieht man hässliche Zahnlücken. Ihre Gesichter sind von Furchen und Falten durchzogen, und an den Füßen tragen sie klobige Schuhe. Manche Frauen tragen kleine Ohrringe oder ein goldenes Kettchen mit einem Anhänger, einem Davidstern oder einem »Chai«, den Buchstaben Het und Jud für »Leben«. Keine ist geschminkt. Ihre Hände sind von der Hausarbeit rot und rau und die Fingernägel kurz und unlackiert. Es sind Hände, die gewohnt sind Gemüse zu schälen, Geschirr zu waschen, den Tisch abzuwischen und den Boden zu fegen. Hände, die füttern und trösten, Hände, die während des Tages nicht zur Ruhe kommen. Im Mittelpunkt des Denkens dieser Frauen steht die Sorge um die Familie und nicht ihr Aussehen oder das eigene Wohlergehen. Aber am Montagvormittag nehmen sie sich ein paar Stunden von der Hausarbeit und den Pflichten frei, um bei der Rabbanit Malka Thora zu lernen.

Die Rabbanit Malka Levin habe ich im Autobus Nummer 39 kennengelernt. Es war mitten im Berufsverkehr, und der Bus war vollgestopft mit Fahrgästen. Frauen und Männer mit schweren Plastiktüten und gefüllten Einkaufstaschen stiegen an der Haltestelle beim Markt zu, und am zentralen Busbahnhof drängelten noch Pendler und Soldaten mit grünen Uniformen und umgeschnallten Gewehren in das Fahrzeug. Schließlich rief der Fahrer: »Zurückbleiben, ich schließe die Türen. Keiner kann mehr einsteigen!«

In einer Kurve bremste er scharf, und ich verlor das Gleichgewicht. Instinktiv hielt ich mich an der Frau vor mir fest und rempelte sie dabei hart an.

»Entschuldigen Sie bitte. Habe ich Ihnen wehgetan?«

»Nein, nein«, beruhigte sie mich und fragte ihrerseits, ob ich mir etwas getan hätte. Ich versicherte ihr, dass es mir gutging. Zwei Stationen später leerte sich der Bus. Wir setzten uns nebeneinander.

»Ich meide ja normalerweise das Busfahren um diese Zeit«, sagte ich.

»Leider bin ich am Nachmittag auf den Bus angewiesen und erlebe dieses Gedrängel jeden Tag. Man kann es nicht ändern, sondern muss es mit Gelassenheit hinnehmen.«

»Kommen Sie gerade von der Arbeit?«

»Ja. Ich bin Lehrerin und unterrichte nachmittags an einer Mädchenschule.«

»Ich war auch Lehrerin, aber das ist schon eine Weile her«, bemerkte ich.

»Haben Sie in einer Jerusalemer Schule Unterricht erteilt?«, wollte meine Nachbarin wissen.

»Nein. Ich bin aus Deutschland eingewandert und habe in einer Stadt, die Offenbach heißt, gelehrt. Was unterrichten Sie?«

»Bibelkunde, Tanach.«

»Das ist ja interessant, da würde ich gerne zuhören.«

»Jeden Montagvormittag um neun Uhr unterrichte ich eine Frauengruppe in einer Synagoge. Sie können gerne kommen und zuhören. Mein Name ist Malka Levin.«

Aus einem kleinen Notizbuch riss sie einen Zettel heraus und schrieb mir die Adresse auf.

Die Rabbanit Malka ist eine fünfundfünfzigjährige Frau mit einem breiten Gesicht, roten Wangen und blauen Augen. Einige Strähnen der braunen Kurzhaarperücke fallen ihr in die Stirn, und gelegentlich wischt sie sich mit einem Papiertaschentuch die Schweißtropfen von der Nase und den Augenbrauen. Im Bereich der Achseln haben sich auf der weißen Hemdbluse feuchte Flecken gebildet. Die Rabbanit Malka neigt zur Fülle. Ein wadenlanger dunkelblauer Rock bedeckt ihre üppigen Hüften. Ihre stämmigen Beine stecken in bequemen Schuhen, bei denen man nicht ganz sicher ist, ob es sich um Hausschuhe oder Sandalen handelt. Auch in der ärgsten Augusthitze trägt sie Strumpfhosen. Ihre Kleidung und Statur strahlen etwas Biederes, Altbackenes, Überdauerndes aus. Jeglicher Modetrend geht an ihr spurlos vorbei. Sie nimmt ihn nicht einmal wahr. Sie hat keinen Fernseher, und Modezeitschriften schaut sie sich nicht an.

Die Rabbanit Malka hält mit ihren kräftigen Händen das Stehpult fest und doziert:

»Unsere Weisen lehren: Das Laster kommt zuerst als Gegenüber daher, danach als Gast, und zum Schluss wird es zum Herrn. Wie können wir das verstehen? Zum Beispiel sitzt ein junger Mensch nichtsahnend auf einer Bank im Park. Da spaziert das Laster mit einer Zigarette in der Hand vorbei. ›Willst du nicht auch einmal eine probieren?‹, fragt das Laster freundlich und verführt ihn mit süßen Worten: ›So viele Menschen rauchen, da kann Rauchen nicht schlecht sein. Du wirst dich erwachsen fühlen und dir wichtig vorkommen. Probiere doch einmal eine Zigarette.‹ Wenn der junge Mensch dann zugreift, schlägt das Laster vor: ›Lade mich doch einmal zu dir nach Hause ein, dann können wir gemütlich im Zimmer sitzen und rauchen.‹ Wenn der Jugendliche die Zigaretten mit nach Hause nimmt, ist er schon verloren. Irgendwann werden die Zigaretten nicht nur ein Gast sein, dem man jederzeit die Tür weisen kann, sondern das Rauchen wird ihn beherrschen. Die Zigaretten werden seine Lungen schädigen, seine Gesundheit zerstören und seinen Geldbeutel ruinieren. Hilflos muss er immer weiter rauchen. Deswegen muss man seine Augen sofort vom Laster abwenden, damit man es gar nicht wahrnimmt.«

»Das stimmt«, wirft eine Zuhörerin ein. »Mein Mann raucht jeden Tag ein Päckchen Zigaretten. Wir wohnen im vierten Stock, und wenn er die Treppen hochgeht, kriegt er keine Luft und keucht. Tausendmal hat er schon versucht aufzuhören. Aber er schafft es nicht.«

Malka nickt ihr zu: »Das meine ich. Deswegen muss man ständig auf der Hut sein. Das Laster kommt in tausend Verkleidungen daher und spricht mit betörenden Worten. Es gaukelt uns Glück und Freude vor. Aber alles ist Lüge, denn es will uns nur knechten und beherrschen.«

Eines Tages schlug die Rabbanit Malka vor:

»Wir können im nächsten Monat, so Gott will, zu den Gräbern von Rabbi Akiba und Rabbi Maimonides fahren. Wer an dem Ausflug nach Galiläa interessiert ist, trägt sich bitte in die Liste ein.«

Sie ließ eine Schreibunterlage mit einem linierten Blatt herumgehen. Bekannte Rabbiner und Schriftgelehrte sind im galiläischen Bergland begraben, und ihre Grabstätten haben sich zu Wallfahrtsorten entwickelt. Die Fahrt interessierte mich, und ich trug mich in die Liste ein.

Eine Woche vor dem Ausflug erinnerte uns Malka:

»Wir treffen uns am kommenden Montag um acht Uhr morgens vor dem Nationalgebäude auf der Salman-Schasar-Allee und fahren mit dem Bus nach Tiberias. Bitte seid pünktlich. Essen muss jede für sich mitbringen.«

Am Sonntagnachmittag, in Israel ist der Sonntag ein ganz normaler Werktag, ging ich in den Supermarkt, der sich am Dänischen Platz befindet, um Reiseproviant zu besorgen. Vor dem Eingang stehen die Einkaufswagen ineinandergeschoben, bei denen man fünf Schekel in das Münzschloss einlegen muss. An der Eingangstür wartet ein Sicherheitsposten, der in die Taschen schaut. Mit einem Detektor, den er in der Hand hält, tastet er die Kunden ab. Der Mann erkannte mich, nickte mir freundlich zu und warf nur einen flüchtigen Blick auf meine Stofftasche, die ich aus Deutschland mitgebracht hatte. In der Obstabteilung suchte ich Äpfel und Bananen aus, legte drei Vollkornbrötchen in den Einkaufswagen, und an der Fleischtheke ließ ich mir magere Geflügelwurst geben. Zu Hause belegte ich die Brötchen mit der Wurst, wickelte sie in Frischhaltefolie ein und packte sie mit dem Obst in die Stofftasche. Das Esspaket verstaute ich im Kühlschrank.

Am nächsten Morgen trafen wir uns mit der Rabbanit Malka am vereinbarten Treffpunkt. Alle Frauen waren guter Laune, und es herrschte eine heitere Stimmung wie bei einem Schulausflug. Für einen Tag waren alle wieder Schülerinnen, die keinen Mann, keine Kinder und keine Enkel zu versorgen hatten. Kurz nach acht Uhr stiegen wir in den klimatisierten Bus ein, und die Fahrt nach Galiläa begann. Malka nahm neben dem Busfahrer Platz. Er reichte ihr das Mikrophon, und sie las die Namen aller Eingetragenen vor. Niemand fehlte.

»Dann kann es ja losgehen. Zuerst fahren wir zum Grab von Rachel, der Frau von Rabbi Akiba, und dann nach Tiberias zum Grab von Rabbi Akiba.«

Der Bus setzte sich in Bewegung, und auf dem Weg erzählte Malka die Geschichte von Rabbi Akiba und seiner schönen und klugen Frau Rachel.

»Rabbi Akiba lebte im zweiten Jahrhundert der allgemeinen Zeitrechnung. Er arbeitete als Hirte bei Kalba Sawua, dem reichsten Mann Jerusalems. Kalba Sawua hatte eine wunderschöne Tochter namens Rachel, die sich in den Schäfer, der bereits vierzig Jahre alt war, verliebte. Rachel erkannte die Klugheit Akibas, und nachdem er ihr versprochen hatte, Thora zu lernen, nahm sie gegen den Willen ihres Vaters den Hirten Akiba zum Mann. Kalba Sawua war außer sich vor Zorn. Er verstieß und enterbte seine Tochter und gelobte, ihr niemals mehr etwas zu geben. Rachel veranlasste ihren Mann, zu Rabbi Elieser Ben Hyrkanos nach Lydda zu gehen und dort die Thora zu studieren. Nach zwölf Jahren kehrte Akiba mit zwölftausend Schülern nach Jerusalem zurück. Die Einwohner der Stadt liefen ihm entgegen, darunter auch seine Frau. Da hörte Rachel, wie ein Mann abfällig bemerkte:

›Schaut euch nur diesen Gelehrten an. Seine Frau ließ er in furchtbarer Armut zurück.‹ Rachel aber antwortete: ›Wenn es nach mir ginge, würde ich ihn für nochmals zwölf Jahre zum Studieren schicken.‹

Als dies Rabbi Akiba zugetragen wurde, kehrte er um und widmete sich weitere zwölf Jahre dem Thorastudium. Nach vierundzwanzig Jahren kehrte er mit vierundzwanzigtausend Schülern nach Jerusalem zurück. Die ganze Stadt war auf den Beinen, um den berühmten Rabbi zu begrüßen, und niemand, außer Rachel, ahnte, dass dieser Gelehrte der ehemalige Schafhirte von Kalba Sawua war. In Lumpen gekleidet lief sie ihm entgegen. Die Schüler Rabbi Akibas wollten die vermeintliche Bettlerin fortjagen, aber Rabbi Akiba hielt sie zurück und rief ihnen zu:

›Alles, was ich erreicht habe und was ihr mit mir erreicht habt, verdanken wir ihr.‹

Auch Kalba Sawua war dem berühmten Rabbi entgegengeeilt. Er wusste, dass seine Tochter in bitterer Armut lebte. Sie tat ihm leid, und er bat den Rabbi, ihn von seinem Gelübde zu entbinden.

›Weswegen hast du deine Tochter verstoßen?‹, fragte Rabbi Akiba.

›Weil sie einen Hirten, einen ungebildeten Mann, geheiratet hat.‹

›Wenn er wie ich wäre, hättest du genauso gehandelt?‹

›Wäre er in der Lage, auch nur einen Abschnitt aus der Thora zu lesen, dann würde ich ihm die Hälfte meines Vermögens geben.‹

Da gab sich Rabbi Akiba zu erkennen, und Kalba Sawua teilte sein Vermögen mit ihm. Rabbi Akiba ließ ein prachtvolles Geschmeide für Rachel anfertigen, das unter dem Namen ›Jerusalem, die Stadt aus Gold‹ berühmt wurde.«

»Was für eine schöne Geschichte. Aber wo findet man heute noch Frauen wie Rachel?« Miriam, eine schmächtige Frau mit einem blauen Hut, war zu Tränen gerührt.

»Ich bin sicher, dass es heute auch solche Frauen gibt«, antwortete Ilana, die neben ihr saß.

»Nie im Leben!«

»Na, dann eben nicht. Was werde ich mich mit dir streiten?«

Die Gräber von Rachel und Rabbi Akiba werden seit fast zweitausend Jahren von Gläubigen aufgesucht, und auch wir befanden uns auf der Fahrt zu ihrer letzten Ruhestätte.

Unser Bus hatte Jerusalem verlassen, fuhr an Jericho vorbei und durch die Jordansenke über Beth Schaan nach Tiberias. Die Sonne schien kräftig. Felsig und ausgedorrt bot sich die Landschaft dem Auge dar, der Himmel war wolkenlos blau. Hinter Maale Adumim tauchten schwarze Beduinenzelte auf. Ein schwarz gelockter Junge ritt auf einem mageren Esel und schlug mit einem Stock auf das Hinterteil des Tieres. Am Straßenrand boten junge Männer in primitiv zurechtgezimmerten Verkaufsständen Obst und Gemüse feil. Lattenkisten mit Tomaten und Gurken, Äpfeln und Pfirsichen lagerten im Schatten von dürftigen Überdachungen aus Rupfen und zerrissenem Sackleinen. Daneben lagen die großen Wassermelonen auf der Erde. Die Verkäufer feilschten mit Autofahrern, die angehalten hatten und das Obst begutachteten. Nachdem man sich handelseinig geworden war, halfen sie ihnen, die gekauften Waren im Kofferraum zu verstauen. Hinter einer Kurve umlagerte eine Touristenschar ein Dromedar, dem sein Besitzer einen bunt gewebten Sattel auf dem Höcker festgebunden hatte. Eine blonde Frau und ihre Tochter ließen sich lachend vom Vater fotografieren.

Allmählich bekam ich Durst und wurde hungrig. Aus meiner Plastikflasche nahm ich einen Schluck Wasser, kramte meine Wurstbrötchen aus dem Einkaufsbeutel und begann zu essen. Ein wenig befremdete es mich, dass die Rabbanit Malka und die anderen Frauen nichts zu sich nahmen, aber ich ließ mich dadurch nicht abhalten. Für mich beginnt seit jeher jeder Ausflug mit Essen. Schon bei den Schulausflügen holte ich, sobald sich der Bus oder der Zug in Bewegung gesetzt hatte, meine Brote heraus, und erst nach dem Essen wandte ich meine Aufmerksamkeit der Landschaft oder meinen Schulkameraden zu. Was ich mir als Kind angewöhnt hatte, ist mir als Erwachsene geblieben.

Nach zwei Stunden hielt der Autobus an einer Raststätte an, und die Frauen suchten die Toilette auf. Anschließend wuschen sie sich im Vorraum die Hände und murmelten, während sie sich die Hände abtrockneten, einen Segensspruch. Außen an der Raststätte war ebenfalls ein Waschbecken angebracht. Im Schatten von knorrigen Olivenbäumen befanden sich grob gezimmerte Holztische und Bänke. Ich stand etwas unschlüssig herum, bis die Rabbanit Malka mich aufforderte, neben ihr Platz zu nehmen. Aus ihrer Tasche holte sie zwei belegte Brote, einen Apfel und ein hartgekochtes Ei hervor und breitete die Speisen auf einem weißen Geschirrtuch aus. Sie stand auf und ging zum Waschbecken, wo die Frauen geduldig in einer Reihe warteten. An einer langen Metallkette, die in der Wand verankert war, hing ein braunes Plastikgefäß von der Form eines großen Bechers mit zwei Henkeln. Jede Frau füllte den Becher mit Wasser, goss es über ihre Hände und trocknete sie mit einem Papierhandtuch ab. Dabei murmelten sie einen kurzen Segensspruch:
»Gelobt seist Du Herr, unser Gott, König der Welt, der Du uns durch die Gebote geheiligt und geboten hast, die Hände zu waschen.«
Nach dem Händewaschen kam Malka zurück, nahm Platz und sagte, bevor sie in ihr Brot biss:»Gelobt seist Du Herr, unser Gott, König der Welt, der Du das Brot aus der Erde hervorbringst.«

Eine leichte Brise wehte, und die Bäume spendeten angenehmen Schatten. Ich aß meine Banane und beobachtete die schwatzende und lachende Gruppe. Genau wie Malka hatte jede Frau, bevor sie zu essen begann, einen kurzen Segensspruch gemurmelt, und nun kauten sie ihr Brot oder Obst und tranken aus Thermosflaschen Tee und Kaffee oder aus Plastikflaschen Wasser und Limonade. Eine Dicke mit wogenden Brüsten und einem Doppelkinn bot selbstgebackene Plätzchen an, eine andere löffelte aus einem Marmeladenglas Pflaumenkompott. Bei einer russischen Einwanderin blitzten Goldzähne zwischen den Lippen. Eine Alte hatte Schwierigkeiten mit ihrem Gebiss, sie nahm es kurzerhand aus dem Mund und wickelte es in ein Taschentuch.»Mir schmeckt das Essen ohne die falschen Zähne sowieso besser.«

Ilana, eine schlanke, vierzigjährige Frau mit klugen wachen Augen und einem ebenmäßigen Antlitz, setzte sich zu uns. Sie wollte noch mehr über Rachel, die Frau von Rabbi Akiba, erfahren und fragte Malka, ob sie ihr ein Buch empfehlen könne. Die Rabbanit nannte ihr den Titel eines Buches.

»Werden wir auch das Grab von Rambam besuchen?«, fragte sie.

»Ja. Wir fahren zuerst zum Grab von Rachel, Akibas Frau, dann zum Grab von Rabbi Akiba selbst und danach zum Grabmal von Rabbi Moses ben Maimon«, erläuterte Malka die Reiseroute.

»Beim Grabmal von Rambam war ich schon. Es ist sehr eindrucksvoll«, nickte Ilana.

»Sind Rambam und Rabbi Moses ben Maimon die gleiche Person?«, fragte ich.

»Ja«, bestätigte die Rabbanit Malka. »Rambam ist das Akronym von Rabbi Moses ben Maimon.«

»Wer war das?«

»Rambam lebte im zwölften Jahrhundert. Er war Religionsphilosoph und Arzt von Sultan Saladin in Ägypten. Er hat Kommentare zum Talmud verfasst, sein wichtigstes Werk heißt: ›Der Führer der Unschlüssigen‹. Rambam erkannte schon damals, dass Überernährung ein ernstes Problem für die Gesundheit darstellt, und so riet er, niemals so viel zu essen, bis man ganz satt ist, sondern aufzuhören, wenn man noch Hunger verspürt. Er selber aß nur einmal am Tag. Ich wäre froh, wenn ich seinen Ratschlägen folgen könnte. Aber ich schaffe es nicht«, gestand Malka.

Unter Reden und Erzählen verging die kurze Mahlzeit.

Einige Frauen waren mit dem Essen fertig. Sie verstauten die Reste in ihren Taschen, holten kleine Bücher oder Broschüren hervor und begannen, ein Gebet zu flüstern. Jede betete für sich alleine, und es störte sie nicht, dass die Nachbarinnen sich noch unterhielten oder weiteraßen. Auch Malka und Ilana beendeten die Mahlzeit, indem sie sich etwa zehn Minuten lang in das Lesen eines Gebetes vertieften.

Ich beobachtete die Szene und schämte mich, denn nun verstand ich, warum die Frauen im Bus nichts gegessen hatten. Vor dem Essen wuschen sie ihre Hände, ich hatte mit ungewaschenen Händen das Brot angefasst. Sie sprachen einen Segensspruch vor der Mahlzeit und beteten hinterher, mir hingegen war es nicht in den Sinn gekommen, mein Essen mit einer Andacht zu verbinden. Selbst eine kleine, unbedeutende Pausenmahlzeit betteten diese Frauen in eine Zeremonie ein.

»Wird jede Mahlzeit bei religiösen Juden mit einem Ritus zelebriert?«, fragte ich Malka.

»Ja.«

»Warum?«

»In der Thora fordert Gott vom Volk Israel: ›Ein heiliges Volk sollt ihr mir sein.‹ Die Gebote dienen zur Heiligung des Menschen, und jede Handlung wird durch sie auf eine spirituelle Ebene gehoben. Die häufigste und wichtigste Tätigkeit unseres Lebens ist das Essen. Die Speisegebote stellen die Verbindung zwischen der Nahrung, dem Menschen und Gott her. Das koschere Essen dient nicht nur der Sättigung des Körpers, sondern genauso der Heiligung der Seele.«

»Was bedeutet koscher essen?«, fragte ich.

»Die Kaschrutgebote regeln dreierlei: Erstens, was darf ich essen, zweitens, wie bereite ich die Speisen zu, und drittens, wie esse ich.«

»Können Sie mir beibringen, wie man koscher kocht und isst?«

»Gerne. Besuchen Sie mich am nächsten Sonntag, und wir werden mit dem Unterricht beginnen. Ich werde Ihnen die Koschergesetze beibringen. Schritt für Schritt«, versprach die Rabbanit Malka.

Die Küche ist der Tempel der Frau

Am verabredeten Nachmittag machte ich mich auf den Weg zur Rabbanit Malka. Es war ein drückend heißer Tag. Die Luft flirrte in der Hitze, die Sonne brannte erbarmungslos, und der Äther war dunstig und staubig. Es herrschte der Chamsin, der heiße Wüstenwind, der die Erde und die Haut austrocknet. Die Kiefern und Zypressen ächzten in der Glut, gelb und verdorrt stand das Gras, aber in den Zierkästen blühten üppig die Geranien und hingen wie bunte Blumenteppiche über die Balkongeländer. Ein paar Vögel kreisten am wolkenlosen Himmel, und der Staub färbte die Bäume grau. Im Schatten der grünen Mülltonne kauerte eine Katze und nagte an einem Hühnerknochen. Der Asphalt auf dem Herzl Boulevard dampfte. An der Haltestelle vor dem Gebäude von Yad Sarah wartete ich auf den Autobus.

Yad Sarah wurde im Jahre 1970 gegründet. Ein junger Jerusalemer Lehrer, Uri Lupolianski, benötigte für sein krankes Kind einen Zerstäuber und fragte in seinem Bekanntenkreis nach, ob jemand ihm so ein Gerät borgen könnte. Weil ihm niemand helfen konnte, kaufte er den Zerstäuber in der Apotheke. Als er das Gerät nicht mehr brauchte, stand es nutzlos in der Wohnung herum, aber er wollte den Zerstäuber nicht einfach in den Müll werfen. Uri kam auf die Idee, medizinische Hilfsmittel, die von den Kranken nicht mehr gebraucht werden, zu sammeln und diese kostenlos an diejenigen zu verleihen, die gerade darauf angewiesen sind. Er fand freiwillige Helfer, die seine Idee unterstützten, und gründete eine Hilfsorganisation, in der heute mehr als sechstausend Ehrenamtliche arbeiten. Seine Großmutter, die im Holocaust umgebracht wurde, hieß Sarah, und er benannte die Organisation nach ihr: Yad Sarah – Zum Gedenken an

Sarah. Uri Lupolianski wurde später Bürgermeister von Jerusalem. Auf dem Herzl Boulevard steht heute das mehrstöckige Gebäude von Yad Sarah. Zwei Olivenbäume flankieren den Eingang, und auf Messingtafeln sind die Namen der Spender, mit deren Hilfe das Haus gebaut wurde, vermerkt. In Yad Sarah können die Einwohner Jerusalems jedes beliebige medizinische Gerät ausborgen. Von der Krücke bis zur Atemmaske, vom Rollstuhl bis zu Inhalatoren ist dort alles vorhanden.

Ein aufgeregter junger Vater trug eine Kinderwiege aus dem Gebäude und wartete mit seiner schimpfenden Mutter auf den Autobus.

»Ich habe dir doch gleich gesagt, du kannst eine Wiege bei Yad Sarah ausborgen. Hast mir wieder einmal nicht geglaubt. Alles wisst ihr Jungen besser!«

»Ist ja gut, Mama. Ich habe die Wiege doch jetzt geholt.«

»Deine Frau glaubt auch, dass man alles neu kaufen muss. Nach drei Monaten ist die Wiege ohnehin zu klein für das Kind. Und was hättet ihr dann damit gemacht? Weggeschmissen. Eine Generation von Verschwendern ist in diesem Land herangewachsen.«

»Regen Sie sich nicht auf. Meine Tochter ist auch nicht besser«, beschwichtigte eine Passantin die zornige Mutter. »Allein was die jungen Leute für die Wegwerfwindeln im Monat ausgeben, davon konnte früher eine Familie leben. Aber wer will heutzutage noch Windeln waschen?«

Der Autobus 39 hielt. Die Rabbanit Malka wohnt in der Pisgastraße in Beit Wagan, und nach vier Haltestellen war ich da. Man muss die Straße überqueren und gelangt zu einem vierstöckigen Mehrfamilienhaus, das, wie fast alle Häuser in Jerusalem, mit rechteckigen Kalksteinen verkleidet ist. Die Eingangstür stand offen. Ein Fahrrad war an der Wand angekettet, ein aschblonder junger Mann mit einem schwarzen Käppchen schraubte an der Klingel herum.

»Wohnt hier Malka Levin?«

»Im dritten Stock.«

Neben dem Treppengeländer balgten sich zwei Kinder um einen Kinderwagen, weil sie sich beide gleichzeitig hineinsetzen wollten. Dem kleinen Jungen war das Käppchen vom Kopf gerutscht. Er hatte den Zopf seiner Schwester erwischt und zog mit aller Kraft daran.

»Au«, schrie sie. »Lass los, du Depp!«

»Ich war zuerst da!«, brüllte er.

»Menachem und Nechama, hört auf zu toben! Ihr versperrt ja den ganzen Durchgang«, donnerte die Stimme des Vaters dazwischen.

Eine schwache Birne ohne Lampenschirm beleuchtete den dunklen Treppenflur. Ich stieg die steinernen Stufen hinauf. Aus einer Wohnung war das Surren einer Nähmaschine zu hören, aus einer anderen roch es nach gekochtem Kohl. Irgendwo weinte ein Säugling. Ein Radio spielte chassidische Lieder. In der dritten Etage entdeckte ich das Namensschild aus Messing: Familie Levin. Am rechten Türpfosten war eine Holzkapsel, die Mesusa, angebracht. Ich klingelte zaghaft. Hinter der Tür regte sich nichts. Ich klingelte noch einmal, dieses Mal kräftiger.

»Einen Moment, ich komme gleich«, rief die Rabbanit Malka. Sie öffnete die Tür und stand mit verschlafenem Gesicht vor mir. Das Kissen hatte rote Striemen in ihre linke Wange gedrückt. Anstatt ihrer Perücke trug sie einen blauen Schawis, eine locker fallende Baumwollhaube.

»Bin ich zu früh? Es tut mir leid«, entschuldigte ich mich.

»Nein, nein. Ich hatte mich nur kurz ausruhen wollen und bin eingeschlafen. Diese Hitze raubt einem die ganze Kraft. Gut, dass Sie gekommen sind. Treten Sie bitte ein.«

Vom Treppenhaus gelangt man direkt in ein rechteckiges Wohnzimmer. Mein Blick fiel auf eine altmodische Vitrine mit geschwungenen Türen und Glasscheiben mit Schleifrahmen. In ihr waren silberne Kultgegenstände ausgestellt. Ein fünfarmiger Schabbatleuchter, zwei ziselierte Kidduschbecher und eine Besamimbüchse teilten sich den Platz auf dem oberen Bord, darunter standen ein neunarmiger Chanukkaleuchter, eine Etrogbüchse und ein dreiteiliger Matzeteller. Die unterste Ebene nahmen gerahmte Fotos von Brautpaaren und Kindern ein. Auf einem Blumenständer neben der Kredenz blühte eine rote Geranie. Ein müder Gummibaum schaute auf eine Agave und ein paar mickrige Kakteen. Unter dem Fenster befand sich eine Bettcouch mit einem farbigen Überwurf. Zwei kleine eingedrückte Kissen lagen auf dem Sofa. Die Rabbanit Malka hatte dort geschlafen. Ein einfaches, weißes Holzregal, vollgestopft mit Büchern, nahm die Wand gegenüber der Vitrine ein. Neben aufgereihten Talmudbänden und schweren Folianten mit Goldeindruck standen schwarze Gebetbücher. Davor und darüber stapelten sich Broschüren, Hefte und lose Blätter. Dazwischen thronte ein graues Faxgerät mit einem Telefon. Sechs Stühle und ein massiver dunkelbrauner Esstisch füllten die Mitte des Raumes aus. Auf ihm lagen Schreibpapier, aufgeschlagene Ordner, Kugelschreiber, Bleistifte, ein Radiergummi und ein Locher. Kein Teppich bedeckte die schwarzbraun gesprenkelten Fliesen. Dieses Zimmer diente offensichtlich gleichzeitig als Wohn-, Ess- und Studierzimmer. Den zusammengewürfelten Möbeln sah man an, dass sie preiswert in einem der billigen Möbelhäuser in Talpiot Misrach gekauft worden waren. Lediglich die Vitrine war ein altes Erbstück. Sie war der heilige Schrein der Rabbanit Malka.

Malka räumte die Schreibutensilien beiseite.

»Nehmen Sie bitte Platz«, forderte sie mich auf. »Möchten Sie Tee, Kaffee oder Saft trinken?«

»Bitte nur kaltes Wasser.«

Aus der Küche holte sie ein Tablett, darauf standen zwei Gläser mit Sprudel. Sie stellte das Wasser auf den Tisch und setzte sich mir gegenüber. Dann nahm sie ihr Glas in die Hand und betete:

»Gelobt seist Du Herr, unser Gott, König der Welt, der alles nach Seinem Wort erschaffen hat.«

Sie nahm einen Schluck. Ich fasste mein Glas und wollte auch trinken, aber es war mir peinlich, das Wasser wortlos an die Lippen zu führen.

»Lehren Sie mich den Segensspruch«, bat ich die Rabbanit.

Malka sprach mir die Worte langsam vor, und ich wiederholte: »Gelobt seist Du Herr, unser Gott, König der Welt, der alles nach Seinem Wort erschaffen hat«, und trank das kühle, sprudelnde Wasser.

»Das war schon die erste Lektion über das koschere Essen. Wir nehmen nichts in den Mund, ohne vorher mit einem Segensspruch Gott zu danken«, unterwies sie mich. Unvermittelt fragte sie: »Kochen Sie gerne?«

»Ich habe wenig Zeit zum Kochen.«

»Warum? Was tun Sie den ganzen Tag?«

»Mein Beruf nimmt mich sehr in Anspruch. Ich bin dauernd beschäftigt, und ehrlich gesagt, stehe ich nicht gerne in der Küche.«

»Die Küche ist der Tempel der Frau, und jeder Handgriff beim Kochen ist eine heilige Handlung«, erklärte die Rabbanit Malka.

Mir lief es bei diesem Satz, trotz der Hitze, eiskalt über den Rücken. In meiner Jugend kämpften wir Frauen gegen die drei K's – Kinder, Küche und Kirche –, und nun saß ich in Jerusalem bei einer Lehrerin in meinem Alter, die mir die Küche als heiligen Ort anpries.

»Was ist am Kartoffelschälen und Gemüseputzen heilig?«, entgegnete ich ein wenig aufgebracht.

»Unser Körper ist ein Heiligtum, in dem die göttliche Seele wohnt. Dieses Heiligtum dürfen wir nicht mit Speisen verunreinigen, die ihm schaden, sondern müssen es hegen und pflegen.«

»Das ist doch klar. Heutzutage machen sich doch die meisten Menschen Gedanken über das Essen. Tausende von Büchern beschäftigen sich damit, welche Nahrungsmittel der Gesundheit dienen und welche schädlich sind.«

Malka schüttelte den Kopf: »Wenn die meisten Menschen tatsächlich über das Essen nachdenken würden, dann hätten wir nicht so viele Krankheitsfälle, die auf ungesunde Ernährung und eine nervöse Lebensweise zurückzuführen sind.«

»Das liegt doch daran, dass minderwertige Nahrungsmittel billiger sind und sich die ärmeren Schichten kein teures Essen leisten können«, argumentierte ich.

»Ich kann Ihnen in diesem Punkt nicht ganz zustimmen. Sie glauben gar nicht, wie viele Menschen es gibt, die sich modische Kleider kaufen und gleichzeitig am Essen sparen oder teure Autos fahren und sich von ungesundem Fastfood ernähren. Sie arbeiten viel, leben im Stress und haben keine Zeit, in Ruhe zu essen. So zerstören sie ihren Körper und ihre Seele. Und warum tun sie es?«, fragte die Rabbanit und gab sich gleich selber die Antwort: »Weil sie den falschen Werten nachjagen. Das Wichtige nehmen sie nicht mehr wahr, und dem Unwichtigen dienen sie. Mütter und Väter sind bereit, ihre Zeit über das notwendige Maß hinaus der Arbeit zu opfern, Überstunden zu machen oder auf Messen oder Konferenzen zu reisen. Nicht etwa nur, um sich das Geld für den Lebensunterhalt zu verdienen, sondern um Karriere zu machen. Sie verdienen immer mehr Geld, das sie für überflüssiges Zeug ausgeben. Gleichzeitig haben sie keine Zeit, eine anständige Mahlzeit für sich und ihre Kinder vorzubereiten, weil sie am Abend zu müde und erschöpft sind. Schauen Sie sich doch nur die Kinderzimmer an. Die Kleinen ersticken in Spielsachen, in Puppen und Autos, in Plüsch- und Plastiktieren, aber zu essen bekommen sie eine Fertigsuppe oder eine Pizza aus der Tiefkühltruhe.«

»Ich habe immer noch nicht verstanden, was am Kartoffelschälen und Gemüseputzen Heiliges dran ist«, unterbrach ich ihren Redefluss.

»Wenn wir nur essen, um satt zu werden, damit wir uns möglichst schnell anderen Beschäftigungen zuwenden können, dann ist Kartoffelschälen und Gemüseputzen eine zeitraubende und überflüssige Arbeit. Dann kann man auch ein Glas geschälte Kartoffeln im Supermarkt kaufen und geputztes Gemüse aus der Tiefkühltruhe einpacken. Aber wenn Sie im Kartoffelschälen und Gemüseputzen eine heilige Handlung sehen und Gott dafür dankbar sind, dass Sie genug zu essen haben und es Menschen gibt, für die Sie kochen dürfen, dann werden Sie dieses Gefühl auch in die Mahlzeit hineinlegen. Die Gewürze ›Liebe zu Gott‹ und ›Liebe zu den Menschen‹ können nur Sie Ihrem Gericht beigeben, und glauben Sie mir, das Essen schmeckt ganz anders. Aber weil für Sie der Beruf im Mittelpunkt

Ihres Alltags steht, nehmen Sie sich keine Zeit zum Kochen. Und das geht den meisten von uns so. In unserem ach so fortschrittlichen Zeitalter dienen wir der Arbeit und der Karriere und vernachlässigen die Familie.«

Mich ärgerten ihre Bemerkungen. Ich war gekommen, um etwas über koscheres Essen zu erfahren und nicht, um mir Vorwürfe anzuhören.

»Es ist heute nun einmal so, dass Frauen ihr Leben nicht mehr ausschließlich am Kochtopf verbringen wollen. Und Männer, mögen sie sich noch so fortschrittlich gebärden, schon gar nicht.«

»Wichtig ist, dass wir begreifen, dass wir uns durch das Kochen und Essen mit Gott verbinden. Die Koschergesetze heiligen uns und das Essen.«

Ich sah Malka verständnislos an: »Das verstehe ich nicht. Wie meinen Sie das?«

»Die Koschergesetze erheben das Essen über die physische Notwendigkeit der Nahrungszufuhr für unseren Körper zu einer heiligen Handlung für unsere Seele.«

»Das müssen Sie mir genauer erklären.«

»Worin liegt denn der Unterschied, ob ein Mensch isst oder ein Tier frisst? Das Tier ist hungrig, sucht sich seine Nahrung und frisst sie. Genauso handeln viele Menschen. Sie spüren Hunger, belegen sich ein Brot oder wärmen eine Konserve auf und verzehren die Mahlzeit anschließend gedankenlos. Die Kaschrut hingegen fordert von uns, dass wir zuerst darüber nachdenken, was wir essen. Deswegen gibt es für verschiedene Nahrungsmittel unterschiedliche Segenssprüche. Einen davon haben Sie gerade gelernt, den Segensspruch für das Wasser.«

»Gibt es für jedes Nahrungsmittel einen eigenen Segensspruch?«

»Nein, ganz so kompliziert ist es nicht. Unsere Nahrung wird in sechs Kategorien eingeteilt.«

Nun zählte sie die sechs Speisekomplexe auf und ballte, um die Zählung zu verdeutlichen, die linke Hand zu einer Faust und streckte bei jeder Zahl einen Finger aus.

»Erstens: Brot. Zweitens: Nahrungsmittel aus Getreide, die kein

Brot sind. Drittens: Wein. Viertens: Früchte des Baumes. Fünftens: Früchte der Erde.« Nun nahm sie die andere Hand zur Hilfe. »Und sechstens: alle anderen Lebensmittel.«

»Wie soll man sich das alles merken?«

»Indem man allmählich lernt. Ein Kind, das in einem koscheren Haushalt aufwächst, lernt automatisch, die Lebensmittel in die sechs Bereiche einzuordnen, so wie es die Sprache annimmt, ohne viel Mühe. Aber genau wie man als Erwachsener eine neue Sprache erlernen kann, wenn auch mit wesentlich mehr Anstrengung, kann man auch die Kaschrut lernen.«

Malka schaute auf die Uhr. Die Stunde war vorbei.

»Sie sind doch Lehrerin, nicht wahr?«

»Ich war es. Jetzt bin ich Schriftstellerin.«

»Dann wissen Sie ja, dass es sich mit dem Lernen genauso verhält wie mit dem Essen. In kleinen Portionen genossen ist es bekömmlich und gesund, wenn man zu viel auf einmal isst, bekommt man Bauchschmerzen. Das Gleiche gilt für das Lernen. Wenn man zu viel auf einmal lernt, entsteht nur ein Durcheinander im Kopf, und als Lehrer muss man achtgeben, dass man seine Schüler nicht überfordert. Deswegen werden wir die erste Stunde jetzt beenden. Aber weil Sie Schriftstellerin sind, möchte ich Ihnen noch eine kleine Geschichte zum Abschluss erzählen.«

»Das finde ich aber schön.«

Malka stand auf und stellte sich hinter den Stuhl:

»Ein Wanderprediger kam in eine Stadt. Er mietete einen Saal und lud die Gelehrten, die Honoratioren und alle Bürger ein, seine geistreiche Rede zu hören. Gespannt wartete er auf das Publikum. Aber es kam nur ein einziger Mann.

›Was soll ich jetzt machen? Ich wollte doch alle an meinem Wissen teilhaben lassen‹, sagte der enttäuschte Prediger.

›Ich weiß es nicht‹, antwortete der Besucher. ›Ich bin nur ein einfacher Bauer. Aber ich hatte eine große Hühnerschar und fütterte das Federvieh jeden Tag. Eines Tages kam der Metzger und kaufte mir alle Hühner ab, bis auf eines. Aber auch wenn ich jetzt nur noch ein einziges Huhn habe, füttere ich es trotzdem.‹

55

›Gut‹, sagte der Prediger, der den Hinweis verstanden hatte. ›Dann werde ich eben nur dir alleine etwas beibringen.‹

Nun trug er sein langes Referat vor, es war gespickt mit Zitaten, komplizierten Textstellen und ungewohnten gedanklichen Querverbindungen. Als er fertig war, fragte er selbstgefällig: ›Wie hat dir die Lehrstunde gefallen?‹

›Ich weiß es nicht‹, antwortete der Mann. ›Ich bin nur ein einfacher Bauer. Aber als ich noch die vielen Hühner hatte, verfütterte ich jeden Tag eine große Schüssel Futter. Dem einzelnen Huhn gebe ich nur eine Handvoll Körner und zwinge es nicht, die ganze Schüssel leerzuessen.‹«

»Danke für die Handvoll Körner«, verabschiedete ich mich mit einem Lächeln von der Rabbanit Malka.

Händewaschen

»Kommen Sie herein«, empfing mich die Rabbanit Malka. Dieses Mal machte sie einen frischen, ausgeruhten Eindruck. Sie hatte ihre Perücke aufgesetzt und eine hellblaue Hemdbluse angezogen. Auf dem großen Esstisch lag eine gelbe Decke. Eine Blumenvase mit roten Nelken und weißem Schleierkraut stand darauf.

»Soll ich Ihnen wieder ein kaltes Wasser bringen oder vielleicht doch einen Tee oder ein Glas Saft?«

»Bitte nur ein Wasser.«

Während ich auf das Getränk wartete, fiel mein Blick auf die Wand über der Vitrine. Dort war der Verputz zerkratzt, als habe jemand mit einem spitzen Gegenstand ein abstraktes Muster in die Wand geritzt. Malka kam mit dem Wasser aus der Küche und bemerkte, dass ich auf den Fleck starrte.

»Das ist kein Makel am Verputz, sondern der Maler hat ihn an dieser Stelle absichtlich zerstört.«

»Warum?«

»In einem religiösen jüdischen Haus wird immer eine Stelle an der Wand unvollendet gelassen, um an die Zerstörung des Tempels in Jerusalem zu erinnern.«

Das Telefon klingelte, und die Rabbanit hob den Hörer ab.

»Was ist los, mein Schatz? Du musst eine Geschichte für die Schule lesen? Komm in einer Stunde vorbei und dann werden wir gemeinsam üben. Danach kannst du mir beim Auslesen der Linsen und Kichererbsen helfen. Willst du? Fein, bis bald, meine Süße.«

Zu mir gewandt bemerkte sie: »Das war meine Enkelin Schira. Haben Sie Enkelkinder?«

»Eine Enkeltochter.«

»Meine gottselige Mutter sagte immer, bei Enkelkindern hat man keine Bauchschmerzen. Sie sind wirklich ein reines Vergnügen. Aber nun zur Kaschrut. Heute möchte ich mit Ihnen über das Händewaschen sprechen.«

»Darf ich Ihre Toilette benutzen, bevor wir mit dem Unterricht beginnen?«

»Selbstverständlich. Links, die zweite Tür.«

Ich ließ meine Handtasche auf dem Stuhl liegen und suchte das Klo auf. Von einem kleinen Flur führte eine Tür zur Toilette, eine andere zum Badezimmer. Das Klosett war ein weiß gekachelter Raum. In der Ecke links vom WC stand eine Waschmaschine und neben der Tür ein Besenschrank. In der Toilette befand sich kein Waschbecken. Das war außerhalb des WCs in einer Nische angebracht. Ein großer roter Plastikbecher mit zwei Henkeln stand auf dem Beckenrand. Dort, wo normalerweise ein Spiegel über dem Waschbecken hängt, hing ein Text in einem braunen Rahmen, den ich nicht entziffern konnte, weil meine Lesebrille in der Handtasche lag. Ich wusch mir die Hände und trocknete sie mit dem Handtuch, das an einem Haken hing, ab.

Die Rabbanit Malka hatte aus dem Bücherregal einen Tanach hervorgeholt. Die schwarzen Buchdeckel waren vom häufigen Benutzen abgegriffen und die Kanten abgerieben. Sie deutete auf das Buch:

»Ohne die Thora können wir das koschere Essen nicht verstehen. Deswegen werden wir immer wieder die Textstellen im Tanach befragen, die uns die Kaschrut erklären. Unser wichtigstes Nahrungsmittel ist das Brot. Bevor wir es essen, müssen wir die Hände waschen. Sie haben doch beobachtet, wie sich die Frauen beim Ausflug die Hände wuschen.«

»Ja. Sie benutzten ein Gefäß mit zwei Henkeln, genau so eines wie dasjenige, das auf Ihrem Waschbecken vor der Toilette steht.«

»Richtig. Dieses Gefäß nennt man Natlah. Die Pflicht des Händewaschens vor dem Brotessen ist auf die Reinheitsgesetze zurückzuführen, denen die Priester im Tempel gehorchen mussten. Schauen wir in der Thora nach, was dort zu den priesterlichen Reinheitsgeboten steht.«

Malka schlug das Buch auf und blätterte die dünnen Seiten so lange um, bis sie die Stelle fand. Dabei blinzelte sie mit den Augen und kniff sie zusammen, als wollte sie das Schriftbild besser fokussieren.

»Und der Herr redete mit Moses und sprach: Du sollst auch ein Becken aus Kupfer machen mit einem Gestell aus Kupfer zum Waschen und sollst es setzen zwischen die Stiftshütte und den Altar und Wasser hineintun, dass Aaron und seine Söhne ihre Hände und Füße darin waschen. (2. Mose 30:17–19)

Die Priester unterstanden besonderen Reinheitsgesetzen. Jede Woche wurden zwölf Brote gebacken und in der Stiftshütte und später im Tempel in Jerusalem zur Schau gestellt. Diese Brote durften nur von den Priestern verzehrt werden. Bevor die Priester sie anfassen durften, mussten sie sich die Hände waschen.«

»Aber nach der von Ihnen vorgelesenen Textstelle galt das doch nur für Aaron und seine Söhne. Warum muss sich jeder vor dem Brotessen die Hände waschen?«

»Sie haben recht. Die Thora verlangt das Händewaschen nur von den Priestern. Aber diese Handlung wurde zur Zeit des Zweiten Tempels von unseren Weisen für das gesamte Volk Israel eingeführt. Deswegen waschen wir jedes Mal unsere Hände, bevor wir Brot essen. Das ist eine Halacha – eine religiöse Vorschrift. Es gibt Gläubige, die sich auch nach dem Essen, bevor sie das Tischgebet sagen, die Hände waschen. Diese Sitte war früher weit verbreitet, denn man benutzte das Salz aus Sodom, und dieses Salz war für die Augen gefährlich. Das Händewaschen nach dem Essen ist ein Brauch, den man befolgen kann oder nicht, aber das Händewaschen vor dem Brotessen ist eine religiöse Pflicht.«

»Und wenn man etwas anderes isst, zum Beispiel Kuchen?«

»Beim Essen von anderen Lebensmittel ist das Händewaschen keine Halacha, also keine religiöse Vorschrift. Wie ernst unsere Weisen das Händewaschen genommen haben, lernen wir von Rabbi Akiba.«

»Meinen Sie den Rabbi Akiba, dessen Grab wir besucht haben?«

»Ja.«

»Sie haben die Liebesgeschichte von Rabbi Akiba und seiner Frau Rachel erzählt. Ich würde aber gerne noch mehr über Rabbi Akiba erfahren.«

»Über Rabbi Akiba gibt es viel zu erzählen. Sein Wirken ist im Talmud festgehalten, wie in Stein gemeißelt. Generationen hat er geprägt und wird er in Zukunft prägen. Er ist das Beispiel eines Menschen, der aus armen Verhältnissen kommt und zunächst keinen Zugang zu Bildung hat. Erst in der zweiten Lebenshälfte begann er zu lernen und entwickelte sich zu einem Meister der Schrift.«

Die Rabbanit Malka holte einen schwarzen Talmudfolianten vom Regal und blätterte darin.

»Beginnen wir mit dem Anfang von Rabbi Akibas Laufbahn. Vierzig Jahre war er alt und konnte weder lesen noch schreiben. Ein Mensch in diesem Alter traut sich für gewöhnlich nicht, wie ein Schulkind Buchstaben zu lernen, denn er denkt, dass er viel zu alt ist. Wenn er sich mit Gelehrten vergleicht, fühlt er sich dumm und verzagt und glaubt, an seinem Leben sei ohnehin nichts mehr zu ändern. So ging es auch Rabbi Akiba. Er schämte sich und war mutlos, weil er ein Analphabet war. Eines Tages stand er an einem Brunnen und sah eine tiefe Rille im Stein.

›Wer hat diese Kerbe geschlagen?‹, fragte er.

›Niemand, das Wasser hat sie im Laufe der Zeit ausgewaschen‹, antwortete man ihm.

›Wenn das weiche Wasser wie Eisen den harten Stein formen kann, um wie viel mehr kann die Thora mein Herz formen, das ja nur Fleisch und Blut ist‹, sagte er.

Von Rabbi Akiba lernen wir, dass das Wort Gottes des Menschen Herz verändert. Nicht auf einmal, nicht plötzlich, sondern in einem langsamen, stetigen Prozess. Aber man muss die Thora auf sich wirken lassen und die Mitzwot, die religiösen Pflichten, ausführen, und ohne dass es wehtut und ohne dass man es merkt, führen sie zu Gott und dem Glauben an ihn. Aber die meisten Menschen sind auf ein geistiges Offenbarungserlebnis erpicht. Wie ein Blitz soll sie Gottes Gegenwart treffen und das Leben mit Sinn erfüllen.«

»Das wünscht sich doch jeder.«

»Natürlich. Aber wenn sie das Offenbarungserlebnis nicht haben, dann bleiben sie wie ein Esel an das Mühlrad der unerfüllten Sehnsucht nach dem Glück gekettet. Wahrsagerinnen, Hellseher, Reisen nach Indien und in den Fernen Osten haben Hochkonjunktur, denn von all dem versprechen sich die Suchenden das Heil.«

»Aber diejenigen, die auf der Suche sind, sind doch zumindest zu der Erkenntnis gekommen, dass in einem Mehr an Konsum und der Jagd nach materiellen Gütern das Glück nicht zu finden ist.«

»Das Glück ist aber auch nicht in der Armut und im Verzicht zu finden. Es gibt kein Glück ohne die göttliche Gegenwart, deswegen beten wir jeden Tag: ›Verhülle deine Gegenwart nicht vor mir.‹ Rabbi Akiba war arm und später reich. Beides hat für ihn keine Rolle gespielt. Sein Lebensinhalt war die Thora. Mit vierzig Jahren begann er, wie ein kleines Kind die Buchstaben und die Worte der Thora zu lernen. Er wurde ein scharfsinniger Gelehrter und Schriftexeget, und zahlreiche Gesetzesauslegungen in der Mischna, dem Talmud, sind auf ihn zurückzuführen. Zu seiner Zeit herrschten die Römer im Lande Israel und untersagten bei Todesstrafe den Juden das Thorastudium, aber Rabbi Akiba scherte sich nicht um das Verbot. Er wurde deswegen von den Römern ins Gefängnis geworfen. Als der Wärter ihn fragte, warum er die Gefahr auf sich genommen und trotz des Verbotes Thora gelehrt hatte, antwortete er mit einem Gleichnis:

›In einem Fluss schwammen Fische, und Fischer versuchten, sie mit ihren Netzen zu fangen. Da kam ein Fuchs und riet ihnen: ›Flüchtet doch auf das Land.‹ Die Fische antworteten: ›Wenn es schon im Wasser, das unser Element ist, so gefährlich für uns ist, um wie viel größer wird die Gefahr, wenn wir das Wasser verlassen.‹ Wenn die Thora, die unser Lebenselement ist, schon so gefährlich ist, um wie viel größer wird die Gefahr, wenn wir sie verlassen.‹

Rabbi Akiba wurde öffentlich hingerichtet. Mit eisernen Kämmen rissen ihm die Römer sein Fleisch ab. Als seine Schüler, die diesem furchtbaren Schauspiel beiwohnten, verzweifelt weinten, rief er ihnen zu: ›Mein ganzes Leben wollte ich den Satz verstehen: Du sollst den Herrn deinen Gott mit ganzer Seele lieben. Erst jetzt verstehe ich ihn! Höre Israel, der Herr ist unser Gott, der Herr ist Einer.‹ Und bei dem Wort ›Einer‹ hauchte er seine Seele aus.«

»Er war wirklich eine sehr beeindruckende Persönlichkeit«, pflichtete ich der Rabbanit Malka bei. »Aber Sie sagten doch, dass wir von Rabbi Akiba die Bedeutung des Händewaschens lernen können.«

»Genau. Weil Rabbi Akiba ein bekannter Gelehrter und ein wichtiger Mann war, beschloss die römische Obrigkeit, ihm einen Schauprozess zu machen und ihn danach öffentlich hinzurichten. Rabbi Akiba war schon alt und gebrechlich und weigerte sich, das Essen, das ihm seine Wärter hinstellten, auch nur anzurühren. Weil die Römer fürchteten, er könnte im Gefängnis zugrunde gehen, erlaubten sie einem Schüler, Rabbi Jehoschua Hagarsi, ihm täglich kscheres Essen und Wasser zum Händewaschen und Trinken zu bringen. Eines Tages bewachte ein neuer Wärter Rabbi Akiba, und als Rabbi Jehoschua zu seinem Meister in die Zelle gehen wollte, herrschte ihn der Aufseher an:

›Wozu braucht der Gefangene so viel Wasser? Ihr wollt wohl die Erde aufweichen und einen Tunnel graben!‹

Er nahm den Krug und schüttete die Hälfte des Wassers weg.

›Warum hast du so wenig Wasser gebracht?‹, fragte Rabbi Akiba seinen Schüler.

›Der Gefängniswärter hat die Hälfte ausgegossen‹, antwortete Rabbi Jehoschua.

›Dann gib mir das Wasser, damit ich mir die Hände wasche.‹

›Rabbi, das Wasser reicht ja kaum zum Trinken. Zum Händewaschen ist nicht genug drin.‹

›Unsere Weisen haben uns zum Händewaschen verpflichtet. Lieber will ich zugrunde gehen, als diese Weisung zu übertreten‹, antwortete ihm sein Meister.«

»Die Geschichten über Rabbi Akiba stehen alle im Talmud?«

»Ja. Sie werden auch den Kindern erzählt, und die Kleinen wachsen mit ihnen auf, wie mit den biblischen Erzählungen. Von Rabbi

Akiba lernen die Kinder von klein auf, wie wichtig das Händewaschen ist«, erklärte die Rabbanit Malka.

»Ich wusste nicht, dass das Händewaschen als religiöser Ritus im jüdischen Alltag verankert ist. Neulich habe ich im Internet einen Artikel über den Ausbruch der Pest im Jahre 1630 in Venedig gelesen. Das Judenviertel war überbevölkert, und aus Platzmangel wurden die Häuser bis zu neun Stockwerke hoch gebaut. Im Ghetto drängelten sich mehr als tausend Menschen auf einem Hektar Fläche, viermal so viele wie in der restlichen Stadt. Trotzdem forderte die Seuche hier weitaus weniger Opfer als in anderen Stadtteilen Venedigs. Ist es möglich, dass die relativ geringe Anzahl der Pesttoten unter den Juden auf die religiöse Pflicht zurückging, sich vor dem Essen die Hände zu waschen?«, fragte ich.

Die Rabbanit Malka griff den Gedanken auf:

»Die Pestepidemien im Mittelalter waren eine Plage für die Menschheit und eine zusätzliche Geißel für die jüdischen Gemeinden. Weil die Christen beobachteten, dass die Todesrate unter den Juden geringer war als bei ihnen, suchten sie nach einer Erklärung für diesen Umstand. Sie beschuldigten die Juden, die Brunnen vergiftet zu haben. Mit barbarischer Folter wurden falsche Geständnisse erpresst, und verheerende Pogrome gegen die jüdische Bevölkerung waren die Folge. Überall in Europa brannten die Scheiterhaufen, auf denen unschuldige Menschen ermordet wurden. Dabei waren es mit Sicherheit die rituellen Waschungen, die zu einer größeren Hygiene und damit zur Verhütung von Krankheiten führten.«

»Welche rituellen Waschungen, außer dem Händewaschen vor dem Brotessen, gibt es noch?«

»Das rituelle Händewaschen nach dem Austreten.«

»Das Händewaschen, nachdem man auf der Toilette war, ist in einen Ritus eingebunden?«, fragte ich verwundert.

»Ja. Wenn Sie auf der Toilette waren und sich die Hände danach waschen, denken Sie da an nichts?«

»An was sollte ich denken?«

»Daran, dass Sie gesund sind. Dafür müssen Sie dem Schöpfer

danken. Das Judentum fordert, dass wir, nachdem wir uns auf der Toilette erleichtert haben, uns die Hände waschen und ein Gebet sprechen.«

»Was für ein Gebet?«

»Gelobt seist Du Herr, unser Gott, König der Welt, der Du den Menschen in Weisheit geschaffen hast und ihn mit Öffnungen und Öffnungen, Ausgängen und Ausgängen versehen hast. Unbedeckt und unverhüllt sind wir vor Dir. Wenn einer der Ausgänge krankheitsbedingt offen oder geschlossen ist, können wir nicht einmal eine Stunde leben und vor dir stehen. Gelobt seist Du Herr, unser Gott, König der Welt, der Arzt allen Fleisches, der Wunder an uns tut.«

»Jedes Mal, wenn man auf der Toilette war, spricht man dieses Gebet?«

»Ja. Wir waschen uns die Hände und danken mit diesen Worten dafür, dass wir gesund sind und an keinen Krankheiten leiden.«

»Hängt der Text dieses Gebetes in dem Rahmen über dem Waschbecken, das vor Ihrer Toilette angebracht ist?«

»Ja«, nickte Malka.

»Eine Freundin von mir leidet an Harninkontinenz. Wenn wir ausgehen, ist sie dauernd auf der Suche nach einer Toilette. Es ist eine Beeinträchtigung der Lebensqualität, und man muss wirklich Gott danken, dass man gesund ist. Aber warum haben Sie das Waschbecken außerhalb des Klos anbringen lassen?«

»Weil wir auf dem Abtritt nicht beten. In der Toilette soll man sich auf seine Körperfunktionen konzentrieren und nicht auf Gebete.«

»Gibt es noch weitere rituelle Waschungen?«, wollte ich wissen.

»Die rituellen Waschungen sind ein wichtiger Bestandteil des Judentums. Der Mann geht vor Schabbat und den Feiertagen in das Tauchbad, die Mikwe. Ebenso, wenn er sexuellen Umgang mit seiner Frau oder einen nächtlichen Samenerguss hatte. Die Frau muss nach ihrer Menstruation sieben Tage lang kontrollieren, ob die Blutungen gänzlich aufgehört haben. Danach sucht sie das Tauchbad auf. Während der Menstruation und den folgenden sieben Tagen darf sie keinen Geschlechtsverkehr haben. Erst nachdem sie in der Mikwe war, ist es ihrem Mann erlaubt, sich ihr wieder zu nähern. Vierzig Tage nach der Geburt oder nach krankheitsbedingten Uterusblutungen ist sie ebenfalls verpflichtet, das Tauchbad aufzusuchen. Heute hat jeder ein Badezimmer, und Reinlichkeit ist ein Bestandteil der zivilisierten Kultur geworden, aber das war keineswegs immer so. Zu Zeiten, als anderen Völkern noch nicht klar war, wie wichtig Waschungen sind, haben die Juden darauf geachtet, sich regelmäßig die Hände zu waschen und ins Tauchbad zu gehen.«

»Ich habe von einer Studie gelesen, nach der sich ein Drittel aller amerikanischen Männer nicht die Hände nach einem Toilettengang wäscht. Ich spreche nicht vom Mittelalter, sondern von heute. Aber können Sie mir zeigen, wie man sich die Hände rituell wäscht?«, fragte ich.

»Gerne. Kommen Sie mit.«

Malka erhob sich und ging in die Küche, ich folgte ihr. Auf der Abstellfläche neben der Spüle stand eine Natlah. Sie war aus Kupfer, etwa zwölf Zentimeter hoch und hatte ein Volumen von ungefähr einem dreiviertel Liter. Mit der linken Hand fasste sie einen Henkel der Natlah und füllte das Gefäß mit Wasser aus dem Hahn. Dann goss sie einen Schwall über ihre rechte Hand. Danach fasste sie die Natlah mit der rechten Hand am anderen Henkel und goss das Wasser über die linke Hand. Das wiederholte sie noch zweimal. Nun stellte sie das Gefäß zurück an seinen Platz und sagte den Segensspruch:

»Gelobt seist Du Herr, unser Gott, König der Welt, der Du uns durch die Gebote geheiligt und geboten hast, die Hände zu waschen.«

Malka nahm ein blau kariertes Geschirrtuch von einem Haken und trocknete ihre Hände ab.

»Durch das Händewaschen und das kurze Gebet werden unsere Hände nicht nur sauber, sondern wir bringen sie in den Zustand der spirituellen Reinheit«, erklärte sie und reichte mir das Gefäß.

»Waschen Sie jetzt Ihre Hände mit der Natlah«, forderte sie mich auf.

Ich goss mir dreimal das Wasser über meine Hände, so wie ich es gerade gesehen hatte. Malka sprach mir langsam den Segensspruch für das Händewaschen vor, und ich wiederholte jedes Wort. Es war ein ganz anderes Händewaschen, als ich es gewohnt war. Nie zuvor hatte ich mit dem Händewaschen ein Gebet verbunden, nie zuvor eine Zeremonie aus einer so profanen Handlung wie Händewaschen gemacht. Ich fühlte mich, als ob ich meine Seele gewaschen hätte und nicht nur meine Hände.

Es klingelte. Malkas Enkelin Schira stand vor der Tür. Es war ein neun Jahre altes, dünnes Mädchen. Ihre braunen Zöpfe waren zerzaust, ihre Wangen rot und das Gesicht vom Laufen verschwitzt. Sie trug eine rosa Bluse und einen dunkelblauen Faltenrock, der die Waden bedeckte. Obwohl es heiß war, hatte sie dunkle Strumpfhosen an. In der Hand hielt sie ein Buch. Bevor sie eintrat, stellte sie sich auf die Zehen und berührte die Mesusa mit den Fingerspitzen, die sie danach küsste. Das Kind schaute mich scheu an und drückte sich verlegen an Malka, die ihr zärtlich über das Haar streichelte.

»Das ist Schira«, stellte mir die Rabbanit Malka ihre Enkelin vor und nahm ihr das Buch ab.

»Welche Geschichte müsst ihr heute üben?«

»Die vom Händewaschen«, antwortet Schira.

»Na so etwas! Wir haben die ganze Zeit über das Händewaschen gesprochen.«

»Ich werde mich jetzt verabschieden. Es hat mich gefreut, dich kennenzulernen, Schira«, nickte ich dem Mädchen zu. Das Blut schoss dem Kind ins Gesicht, und es blickte zu Boden.

»Bleiben Sie doch noch einen Moment, bis ich die Geschichte vorgelesen habe. Es ist eine talmudische Erzählung, aufbereitet für Kinder. Sie sind doch Lehrerin, vielleicht wird es Sie interessieren, welche Geschichten die Schulkinder hier lernen. Außerdem ist es doch kein Zufall, dass Schira gerade jetzt mit einer Geschichte über das Händewaschen ankommt.«

Sie wandte sich an Schira: »Was willst du trinken, mein Schatz?«

»Himbeerlimonade.«

Malka brachte ein Glas mit Wasser, das sie mit rotem Sirup vermischt hatte. Schira nahm das Getränk und setzte das Gefäß an ihre Lippen.

»Was sagt man?«, fragte Malka streng.

»Gelobt seist Du Herr, unser Gott, König der Welt, der alles nach Seinem Wort erschaffen hat«, flüsterte die Kleine.

»Amen«, antwortete die Rabbanit.

»Ich habe auch eine Enkelin, Schira. Sie heißt Siwan. Aber die ist noch klein und kann noch gar nicht sprechen.«

Das Mädchen schaute mich an. »Ich habe zwei Brüder und eine Schwester. Meine Schwester kann nur auf dem Boden krabbeln und Mama sagen.«

»Und passt du manchmal auf sie auf?«

»Ja. Ich schiebe den Kinderwagen und trage sie auch herum. Ich darf auch beim Baden helfen. Gestern habe ich sie eingeseift. Aber mein Bruder Joni hat mit dem Wasser geplanscht und alles nass gemacht, und die Mama hat geschimpft. Stimmt es, Oma?«, vergewisserte sich Schira.

»Ja, es stimmt. Du bist ein gutes Mädchen und hilfst deiner Mama schon viel.«

Schira nickte zustimmend.

»Jetzt lese ich die Geschichte vom Händewaschen einmal vor, und später werden wir sie gemeinsam üben. Oder willst du vorlesen?«, fragte die Rabbanit Malka.

»Nein. Du zuerst.«

Wir setzten uns an den Esstisch im Wohnzimmer. Malka schlug das Buch auf:

Vor vielen Jahren herrschten im Lande Israel die Griechen. Sie waren Götzendiener und unterdrückten das Volk Israel. Sie wollten, dass die Juden sich genauso wie die Griechen verhalten. Sie verboten den Juden, zu Gott zu beten und die Gebote der Thora zu befolgen:

»Ihr müsst euch kleiden wie wir, die Haare wie wir schneiden und auch wie wir Schweinefleisch essen«, verlangten die Griechen und drohten:

»Wer sich widersetzt, wird getötet!«

Viele Juden hielten sich aus Furcht versteckt, andere rasierten und kleideten sich wie die Heiden, um nicht aufzufallen.

In jener Zeit lebte ein jüdischer Gastwirt. Auch er fürchtete die Gewalt der griechischen Machthaber, aber auf keinen Fall wollte er seinen jüdischen Gästen Schweinefleisch auftischen. Deswegen hatte er in der Küche eine Ecke eingerichtet, in der er heimlich koscheres Fleisch zubereitete. Viele Gäste, Juden und Griechen, aßen in seinem Restaurant. Woher wusste der Gastwirt, welcher Gast ein Jude war? Er kannte ja nicht alle, und zu fragen traute er sich nicht, aus Angst, dass einer der heidnischen Gäste ihn anzeigen würde. Die Juden durften keine Bärte und Schläfenlocken tragen, auch keinen Hut oder Kleider anziehen, die sie von den anderen unterschieden hätten. Alle Gäste sahen wie Griechen aus. Was tat der Wirt? Wenn ein neuer Gast das Restaurant betrat, achtete er auf ein bestimmtes Zeichen: Wusch der Gast sich die Hände und flüsterte ein Gebet, dann wusste der Wirt, dass er einen Juden vor sich hatte, und servierte ihm koscheres Essen. Wenn der Gast sich nicht die Hände wusch und kein Gebet murmelte, dann wusste der Wirt, dass er es mit einem Heiden zu tun hatte, und brachte ihm Schweinefleisch.

Eines Tages betrat ein Jude das Restaurant und setzte sich an einen freien Tisch, ohne die Hände zu waschen. Der Gastwirt glaubte, er sei ein Heide. Trotzdem beobachtete er ihn ganz genau, ob er vielleicht vor dem Brotessen die Lippen bewegen würde. Aber der Gast biss einfach in das Brot, ohne Segensspruch. Nun war der Wirt sicher, dass es sich um einen Griechen handelte, und tischte ihm eine Portion Schweinefleisch auf. Nachdem der Gast gegessen hatte, brachte der Wirt die Rechnung.

»Warum ist das Fleisch so teuer?«, fragte der Gast.

»Es war Schweinefleisch. Das ist teuer.«

Der Mann erbleichte, schaute sich um, ob auch niemand ihn hören konnte, und flüsterte dem Wirt zu: »Du hast mir Schweinefleisch zu essen gegeben? Aber ich bin doch Jude!«

Der Wirt erschrak. Er hatte sich doch immer so viel Mühe gegeben zu erkennen, ob seine Gäste Juden oder Heiden waren.

»Woher hätte ich das wissen sollen? Bevor du das Brot gegessen

hast, hast du deine Hände nicht gewaschen und auch keinen Segensspruch gesagt. Deswegen dachte ich, du bist ein Grieche.«

Da tat es dem Juden leid, dass er sich nicht die Hände gewaschen
und keinen Segensspruch gesagt hatte, denn nun hatte er Schweinefleisch gegessen und gegen ein Gebot der Thora verstoßen. Beschämt
verließ der Gast das Restaurant.

»Ich wasche mir immer die Hände vor dem Brotessen und sage auch
den Segensspruch. Stimmt es, Oma?«

Schira war sichtlich stolz auf ihr Benehmen.

»Ja, es stimmt.«

Und du sollst feinstes Mehl nehmen

Brotbacken ist eine Kulturtechnik, die, als ich Ende der siebziger Jahre nach Jerusalem einwanderte, in Israel vollkommen unterentwickelt war. Es gab zwar Cafés und Konditoreien, in denen Kuchen und Torten, Kleingebäck und Pralinen zur Auswahl standen, aber keine Bäckereien, wo man zwischen verschiedenen Brotsorten und diversen Brötchen wählen konnte. Im Supermarkt und in den Tante-Emma-Läden wurde nur Weiß- und Mischbrot angeboten sowie längliche Weizenbrötchen, deren Kruste weich und Konsistenz schwammig war, und schlaffes Fladenbrot. Vollkornbrot, Pumpernickel oder knusprige Brötchen waren dem israelischen Verbraucher fremd. Weil ich kein Körnerbrot kaufen konnte, beschloss ich, es mir selber zu backen. Aber wie? Dafür brauchte ich ein paar Rezepte. Ich schrieb an meine Freundin Renate nach Darmstadt.

Renate kenne ich seit meiner Studienzeit. Morgens saßen wir in den überfüllten Hörsälen der Johann-Wolfgang-Goethe-Universität und hörten Vorlesungen über Sexualerziehung, pädagogische Psychologie oder Identitätsfindung in der Kindheit. Mittags aßen wir in der Mensa, nachmittags diskutierten wir im Café Bauer, und abends redeten wir uns die Köpfe heiß im Club Voltaire in der Kleinen Hochstraße. Wir trugen enge Jeans oder flatterige Kleider, färbten uns die Haare mit Henna rot und richteten unsere Wohnungen mit Möbeln vom Flohmarkt ein. Renate fuhr eine Ente und ich einen Käfer. Die Ideen der 68er rissen uns mit. Gegen Kapitalismus, gegen Unterdrückung, gegen Fremdherrschaft. Wir sahen uns Aufführungen im Kabarett»Die Schmiere« an, während der Buchmesse wirbelten wir von einer Autorenlesung zur anderen und debattierten in den Studentenkneipen mit Verve über Emanzipation, Springer-Presse, Dritte

Welt und Beziehungskrisen. Einmal trafen wir im Club Voltaire den Dichter Erich Fried. Er saß an einem Ecktisch und las in einem Buch, und vor lauter Hochachtung wagten wir nicht, ihn anzusprechen. Mir fiel auf, dass er Hausschuhe trug, und ich wunderte mich. Renate studierte, genau wie ich, Pädagogik. Nach dem Studium verloren wir uns aus den Augen. Sie begann in Darmstadt in einem Erziehungsheim mit Drogenabhängigen zu arbeiten und ich an einer Schule in Wiesbaden zu unterrichten. Kurz bevor ich auswanderte, trafen wir uns im Café Laumer in der Bockenheimer Landstraße.

»Ich verstehe nicht, warum du die Schule verlässt. Wir müssen kämpfen. Wir müssen das System verändern. Du kannst doch nicht einfach abhauen!«, warf sie mir vor.

»Es ist nicht einfach, sondern schwer. Aber ich kann auf die Dauer in der Schule nicht atmen. Sie korrumpiert mich und zerstört meine Energien. Ich habe das Gefühl, dass nicht ich das System verändere, sondern das System mich.«

»Und warum willst du ausgerechnet nach Israel auswandern? Dort unten ist doch immer Krieg.«

»Ich möchte die Bibel im Original lesen können.«

»Warum interessierst du dich auf einmal für die Bibel?«

»Ich weiß es nicht.«

»Ich verstehe dich nicht. Aber wenn du etwas brauchst, bin ich jederzeit für dich da.«

Renate schloss sich der Friedensbewegung an, war aktiv in der Frauenbewegung und wählte grün, während ich in Jerusalem mühsam hebräische Verben konjugierte. Sie hatte nicht geheiratet und hatte keine Kinder, musste also keine Familie versorgen, legte aber auf gutes Essen großen Wert. Renate kaufte ihre Lebensmittel in Bioläden und achtete darauf, wie sie produziert worden waren. Für Nahrungsmittel aus ökologischem Anbau war sie bereit, viel Geld auszugeben. Lange bevor es Mode wurde, ernährte sie sich vegetarisch.

»Ich möchte nicht, dass man meinetwegen Tiere umbringt«, begründete sie ihre Entscheidung. Ihr Brot buk sie selber.

Wenn Renate Brot backen kann, dann kann ich es auch, überlegte ich und schrieb ihr einen Brief, in dem ich sie um ein paar Rezepte und Tipps bat. Sie schickte mir umgehend eine hektographierte Broschüre aus ungebleichtem Papier. »Lillis Brotkorb« stand handgeschrieben auf dem Deckblatt, und ich vertiefte mich in das hellbraune Heftchen.

Es gelang mir nicht, anständiges Brot zu backen. Vergeblich schlug ich mich mit dem Sauerteig herum. Wie beschrieben verrührte ich Mehl und Wasser zu einem Brei und ließ das Gemisch tagelang gären. Dauernd kontrollierte ich, ob sich schon irgendwelche Bläschen gebildet hatten, aber obwohl ich mich genau an das Rezept hielt, wurde nichts aus dem Sauerteig. Danach versuchte ich, Brotteig aus Vollkornmehl mit Hilfe von Hefe herzustellen, aber anstatt außen knusprig und innen weich, wurden meine Brötchen entweder steinhart oder pappig. Sie hatten nicht die geringste Ähnlichkeit mit den Brötchen, die man in Frankfurt beim Bäcker kaufen konnte. Das Brot, das ich zustande brachte, war schwer verdaulich und schmeckte nicht. Nach einigen erfolglosen Versuchen gab ich das Unternehmen auf. Irgendwann erzählte mir meine Schwester Rosa, dass in Tel Aviv ein junger, deutscher Bäcker einen Laden eröffnet hatte.

»Egal wann du kommst, die Schlange reicht bis auf die Straße. Bei Hans reißen sich die Leute um die Brötchen und das Vollkornbrot.«

»In Jerusalem gibt es keinen Bäcker Hans.«

Inzwischen hat sich auch in Jerusalem das Angebot an dunklem Vollkornbrot und Körnerbrötchen verbessert, aber mit einer deutschen Bäckerei kann es kein Laden hier aufnehmen.

»Heute werden wir über das Brot sprechen«, begann die Rabbanit Malka den Unterricht.

»Ich habe ja schon beim letzten Mal erzählt, dass in der Stiftshütte und im Tempel zu Jerusalem zwölf Schaubrote auslagen, gemäß den zwölf Stämmen Israels. Die Stelle in der Thora wollen wir uns jetzt ganz genau ansehen.«

Sie schlug den Tanach auf.

»Und du sollst feinstes Mehl nehmen und davon zwölf Brote backen –
zwei Zehntel soll ein Brot haben – und sollst sie legen in zwei Reihen, je
sechs in einer Reihe, auf den Tisch von feinem Gold vor dem Herrn.
Und sollst auf sie legen reinen Weihrauch, dass er als Gedenkopfer bei
den Broten sei, ein Feueropfer für den Herrn. An jedem Schabbat soll er
sie zurichten vor dem Herrn als beständige Gabe der Israeliten, eine
Ordnung für immer, und sie sollen Aaron und seinen Söhnen gehören.
Die sollen sie essen an heiliger Stätte: denn als ein Hochheiliges von den
Opfern des Herrn gehören sie Aaron als ewiges Recht. (3. Mose 24:5–9)

Die Schaubrote gehörten Aaron und seinen Söhnen, das bedeutet
allen Nachkommen von Aaron. Aaron war der Bruder von Moses
und der erste Priester im Volke Israel. Nur die Nachfahren von Aaron
sind Priester bei den Juden. Das Priestertum wird im Judentum über
die männliche Linie vererbt und kann nicht, wie in anderen Religionen, durch Studium erworben werden. Rabbiner können ordiniert
werden, Priester nicht. In der hebräischen Sprache heißt der Priester
Kohen, die Mehrzahl Kohanim. Die Namen Kohn, Kahn oder Katz
deuten auf eine priesterliche Abkunft hin. Haben Sie nichts von der
genetischen Studie über die jüdischen Priester gehört?«, fragte die
Rabbanit Malka.

»Nein.«

»Professor Karl Skorecki von der Universität in Haifa hat folgende
These aufgestellt: Wenn alle Priester von Aaron abstammen, dann
muss das auch nachweisbar sein, und zwar anhand der DNA. Und
tatsächlich wurde eine genetische Verwandtschaft zwischen den Kohanim festgestellt.«

»Hat es denn heute noch irgendeine Bedeutung, ob man priesterlicher Herkunft ist?«

»Ja. Die Kohanim dürfen weder eine geschiedene Frau heiraten
noch eine, die zum Judentum konvertiert ist. Es ist ihnen nicht erlaubt, einen Friedhof zu betreten. Bei der Thoravorlesung in der Synagoge werden sieben Gemeindemitglieder nacheinander zum Almemor aufgerufen. Ist ein Priester anwesend, muss er als Erster
aufgerufen werden.«

»Es ist also eine besondere Ehre, zu den Priestern zu gehören?«

73

»Es ist schon etwas Besonderes. Die Priester segnen das Volk Israel. In Gemeinden, in denen es keinen Kohen gibt, wird der aaronitische Segen vorgelesen, aber nicht mit einem besonderen Ritus vorgetragen. Ist aber ein Kohen anwesend, dann kommt dieser nach vorne und stellt sich vor die Gemeinde. Er bedeckt sein Haupt mit dem Gebetsschal, streckt seine Arme aus und spreizt seine Finger. Mit den Worten *Der Herr segne dich und behüte dich; der Herr lasse Sein Angesicht leuchten über dir und sei dir gnädig; der Herr hebe Sein Angesicht über dich und gebe dir Frieden* (4. Mose 6:24–26) segnet er die Gemeinde. Das ist eine besondere Zeremonie im Gottesdienst.«

Mir kommt David, der Segensspender, in den Sinn. Vor dem Busbahnhof auf der Jaffastraße ist stets ein reger Betrieb. Reisende mit Rucksäcken und Koffern warten auf Busse oder versuchen, ein Taxi anzuhalten. Junge Soldaten in Uniformen und mit geschulterten Gewehren kommen aus ihrer Einheit nach Hause. Ein Blumenhändler hat seine Kübel aufgestellt und schützt die Pflanzen mit einem Sonnenschirm. »Kauft Blumen, eure Frauen werden euch dankbar sein. Wunderschön und ganz billig.« Straßenhändler haben Decken auf dem Bürgersteig ausgebreitet und bieten Käppchen, Socken, Stecknadeln und Psalmbüchlein feil. Vor dem Geldautomaten der Bank Leumi warten Kunden in einer Reihe.

»Schon wieder muss ich Schekel ziehen. Das Geld verschwindet, als würde es sich in Luft auflösen. Ich weiß gar nicht, wo es bleibt«, beschwert sich eine junge Frau.

»Du solltest ein Haushaltungsbuch führen«, rät ihr die Freundin.

»Für so etwas habe ich keine Zeit. Verdammt, jetzt klingelt das Handy. Wo habe ich es nur hingesteckt?« Ungeduldig kramt sie in ihrer Handtasche und sucht den Apparat. Dabei wirft sie einen Kugelschreiber und einen Lippenstift auf den Boden. Zwei junge Äthiopierinnen, die ihre krausen Haare zu vielen dünnen Zöpfen geflochten und diese zu einem Pferdeschwanz zusammengebunden haben, stehen an der Haltestelle und kichern. Ein dicker Mann, dessen Schmerbauch über den Hosenbund hängt, schleppt mehrere vollgepackte Plastiktüten aus dem Supermarkt. Eine neue Straßenbahnbrücke wird gebaut, und der Lärm der Presslufthämmer konkurriert mit dem Krach der Fahrzeuge. Fahrbahnen sind gesperrt, Staus bilden sich, und eine niemals abreißende Autokette verpestet die Luft. Busse hupen, Passanten hasten, Menschen drängeln, von früh bis spät brodelt dieser Platz wie ein aufgeheizter Kessel.

Jeden Nachmittag kann man dort einen älteren, dürren Mann beobachten, der auf dem Trottoir auf und ab geht. Sein weißer Bart ist zerzaust, die halblangen Haare hängen ihm bis auf den Kragen seines karierten Hemdes, und auf dem Kopf trägt er im Sommer eine Schirmkappe, die ihn vor der Sonne schützt, und im Winter eine Wollmütze gegen den scharfen Wind. Sein zerfurchtes Gesicht sieht aus wie Leder. In einer Hand hält er den Tanach und in der anderen ein Tamburin. Um seinen Hals hängt ein Verstärker, und er singt in das Mikrophon: »Seid fröhlich und dankt Gott für all das Gute, das er uns tut«, oder »Komm mein Freund der Braut entgegen, den Schabbat wollen wir empfangen«, oder »Schenke uns Freude, Segen und Glück auf dieser Welt«.

David war technischer Zeichner. Er ist geschieden, seine Exfrau und die Söhne leben im Ausland. Nachdem er pensioniert wurde, wusste er mit sich nichts mehr anzufangen. Er stand morgens immer später auf, aß nicht mehr zu geregelten Zeiten und kochte sich selten eine warme Mahlzeit. Er stopfte in den Mund, was er gerade im Kühlschrank fand. Immer seltener verließ er die Wohnung und verbrachte immer häufiger seine Tage im Sessel vor dem Fernseher oder im Bett. Die Einsamkeit lastete schwer auf ihm, und er wurde dick, antriebslos und depressiv. Nachts konnte er nicht einschlafen, und tagsüber döste er niedergeschlagen vor sich hin. Sein Leben schleppte sich zäh dahin, von Woche zu Woche, ohne Aussicht auf Besserung oder Veränderung. Bis zu jenem Frühlingstag, der sein Dasein von Grund auf verwandeln sollte. Es war Purim, ein Freudenfest. Gefeiert wird die Rettung der Juden aus einer ausweglos scheinenden Situation. Die Bibel berichtet, dass Haman, der Minister des persischen Königs Ahasveros, die Juden umbringen wollte, aber durch das beherzte

Eingreifen von Königin Esther wurde das Unglück abgewendet. Die Kinder liefen in ihren Königin-Esther-Verkleidungen und Cowboy-kostümen herum, und auch die Erwachsenen waren froh und ausgelassen, im Fernsehen tanzten die Schauspieler, und aus dem Radio tönten beschwingte Melodien. David hatte das Gefühl, dass er der einzige Mensch auf der Welt sei, dem es schlechtgeht. Keiner dachte an ihn, keiner kümmerte sich um ihn, und keiner brauchte ihn. Er wollte sich gerade ins Bett legen, als es klingelte. Joaw, ein Nachbars-junge, hielt in seinen Händen einen mit einer bunten Papierserviette abgedeckten Plastikteller, auf dem Hamantaschen, Trockenfrüchte, Nüsse und Schokolade lagen. Es waren Mischloach Manot, süße Gaben, die Nachbarn und Freunde einander schenken, um die Laune zu heben.

»Meine Mutter hat gesagt, ich soll Ihnen die Mischloach Manot bringen.«

»Danke, Joaw.«

Der Junge, froh seinen Auftrag ausgeführt zu haben, rannte auf die Straße. David stellte sich ans Fenster und schaute ihm nach. Er sah lauter fröhliche und angeheiterte Gesichter.

»Ich muss mich auch freuen, sonst komme ich in der Trübsal um. Die ganze Welt ist heute besoffen, da werde auch ich mir einen Schnaps genehmigen«, beschloss er, zog seinen Mantel an, setzte einen Hut auf und steckte sein ledernes Portemonnaie ein. Er schloss die Wohnung ab und fuhr mit dem Autobus zur King-George-Straße. Auf der Suche nach einer Kneipe stieß er auf einen Laden mit Musikinstrumenten. Im Schaufenster lagen Blockflöten, Triangeln, eine Geige und ein Saxophon. David spielte kein Instrument, aber er hatte eine schöne Stimme und sang gerne. Kurz entschlossen betrat er das Geschäft und kaufte ein Tamburin. Als er wieder auf der Straße war, tänzelte und rasselte er und stimmte ein Lied an:

»Ich bin der Purim, lustig und witzig, ich komm einmal im Jahr und mache euch glücklich.« Während er so trällerte, kam ein be-schwipster Mann zu ihm und lallte:

»Segne mich.«

»Was meinst du?«

»Ich will einen Segen«, beharrte der Torkelnde.

Da fiel David ein, dass er zu den Nachfahren Aarons gehörte und es die Aufgabe der Kohanim ist, das Volk Israel zu segnen.

»Was für einen Segen willst du?«

»Eine Braut will ich endlich finden. Meine Mutter drängt, ich soll heiraten.«

»Wie heißt du und wie heißt deine Mutter?«

»Abraham, der Sohn von Tamar.«

»Wer unsere Väter, Abraham, Isaak und Jakob, Moses und Aaron, David und Salomon gesegnet hat, möge auch Abraham, den Sohn von Tamar, segnen. Ihre Verdienste mögen dir beistehen, damit du bald eine gute Frau findest und in Kürze heiratest«, segnete ihn David.

»Amen«, antwortete Abraham und warf eine Münze auf das Tamburin. Eine Frau mit einem gestreiften Tuch auf dem Kopf und einem Blumentopf in der Hand hatte die Szene aufmerksam beobachtet. Sie kam auf David zu und eröffnete ihm ohne Umschweife:

»Ich habe Angst, dass mein Mann mich verlässt.«

»Warum?«

»Weil wir seit zehn Jahren verheiratet sind und ich nicht schwanger werde. Bitte, ich will auch einen Segen.«

»Wie heißt du und wie heißt deine Mutter?«

»Rifka, die Tochter von Jaqueline.«

»Wer unsere Väter, Abrahm, Isaak und Jakob, Moses und Aaron, David und Schlomo gesegnet hat, möge auch Rifka, die Tochter von Jaqueline, segnen. Ihre Verdienste mögen dir beistehen, damit Gott, gelobt sei Er, deinen Schoß öffnet und du Söhne und Töchter gebären sollst.«

»Amen«, sagte die Frau.

Inzwischen hatte sich eine Menschenmenge um David geschart, und jeder bat um einen Segensspruch. Es war das erste Mal, dass David Menschen auf der Straße segnete. Es gefiel ihm so gut, dass er am nächsten Tag, obwohl nicht mehr Purim war, mit dem Tamburin in die Innenstadt ging und sang. Und wieder hielten ihn Passanten an und baten um einen Segen oder einen Ratschlag.

David, der Anfang der fünfziger Jahre mit seinen Eltern und Geschwistern aus Marokko nach Israel eingewandert war, erinnerte sich an seine Kindheit in Casablanca. An das große Haus, das der Familie gehörte, an die Werkstatt seines Vaters, wo Stiefel für die französischen Soldaten gefertigt wurden, und an den Bruder seiner Mutter, Onkel Pinchas, und seine Frau Masal. Sie wohnten im Erdgeschoss neben dem Hühnerstall. Tante Masal sammelte jeden Morgen die Eier ein und buk mit ihnen wundervolle Soufflés. Onkel Pinchas war ein ausgemergelter Mann mit einem gekrümmten Rücken, der einen roten Fez mit einer Quaste und eine Galabia, ein bodenlanges Hemd, trug. Sein Bart und die Schläfenlocken waren grau mit einem Stich ins Gelbliche. Er saß eigentlich immer in seinem Zimmer, einem schmalen Raum vollgestopft mit alten Büchern, studierte die Thora und den Talmud, ging früh morgens und abends zum Gottesdienst in die Synagoge und aß nur eine Mahlzeit am Tag. In der ganzen Umgebung war bekannt, dass Onkel Pinchas den Tanach befragen konnte. Wenn jemand ein Problem hatte, suchte er den Onkel auf, der das heilige Buch willkürlich öffnete und mit göttlicher Inspiration die Lösung fand. Nicht nur Juden kamen zu ihm, sondern auch Araber. Onkel Pinchas genoss großes Ansehen in der Stadt und in der Familie. Nach fast sechzig Jahren entdeckte David, dass auch er die Fähigkeit besaß, den Tanach zu befragen.

Ein junger Mann mit einem blau-weiß gehäkelten Käppchen und zwei Einkaufstüten in den Händen stellte sich neben David.

»Ich habe ein Problem und weiß nicht, wie ich mich entscheiden soll.«

»Was für ein Problem?«

»Seit zwei Jahren arbeite ich in einer Speditionsfirma. Die Arbeit ist anstrengend und stressig, aber durch das Unternehmen bin ich zu einer billigen Wohnung gekommen. Die ist sehr schön, und ich fühle mich wohl in ihr. Nun hat mir eine andere Firma einen Job angeboten. Ich würde eigentlich gerne wechseln, aber dann müsste ich umziehen, und das wiederum gefällt mir nicht. Wo finde ich schon wieder so eine preiswerte Wohnung? Ich überlege die ganze Zeit, was ich tun soll.«

»Wir schauen im Tanach nach. Mal sehen, was uns der Himmel sagt«, entschied David und öffnete das Buch. Laut las er vor:
»*Geh aus deinem Vaterland und von deiner Verwandtschaft und aus deines Vaters Haus in ein Land, das ich dir zeigen werde.* (1. Mose 12:1) Hier haben wir doch die Antwort! Geh weg von deiner alten Arbeit, nimm die neue Stelle an. Du wirst eine passende Wohnung finden. Wie heißt du, und wie heißt deine Mutter?«

Seit jenem Purimfest singt David auf der Straße und segnet alle, die ihn darum bitten. Immer mehr Menschen kommen mit ihren Problemen und Wünschen zu ihm. Der eine sucht eine Braut, der andere will seine Ehe verbessern, der eine bittet um Gesundheit, der andere ersehnt Kinder, der eine möchte eine bessere Stelle finden, der andere einen Prozess gewinnen. Sie alle erleichtern ihr Herz und suchen geistige Unterstützung.

»Diese Aufgabe erfüllt mein Leben, und ich danke Gott, gelobt sei Er, dass Er mich dazu ausersehen hat, dem Volk Israel zu helfen«, sagt David und trällert: »Seid fröhlich und danket Gott für all das Gute, das Er uns gewährt.«

»Den Priestern gehörte auch die Teighebe«, riss mich die Rabbanit Malka aus meinen Gedanken.

»Teighebe? Was ist das?«

»Von jedem Teig musste ein Teil abgenommen und den Priestern gegeben werden. Diese Hebe nennt man Challa.«

»Challa ist doch das Schabbatbrot«, warf ich ein.

»Der Name des Schabbatbrotes erinnert an das Gebot, einen Teil des Teiges an die Priester abzutreten. Die Kohanim mussten ja vom Volk ernährt werden, damit sie ihren Dienst im Heiligtum versehen konnten. Heute gibt es zwar keinen Tempel mehr, aber die Pflicht, die Teighebe abzusondern, besteht immer noch.«

»Was macht man mit dem Stück Teig?«

»Es wird entweder verbrannt oder weggeworfen.«

»Ist das nicht Verschwendung?«

»Man darf nicht immer in den Kategorien von Sparsamkeit und Nützlichkeit denken. Vielleicht wird eines Tages der Tempel wieder erbaut, so dass die Priester in ihm ihre eigentliche Aufgabe erfüllen können. Wer weiß es? Das Volk Israel ist jedenfalls daran gewöhnt, einen Teil der Nahrung abzusondern.«

»Gilt das Gebot von der Teighebe auch für das Brot, das wir im Supermarkt kaufen? Wird in den Brotfabriken die Hebe abgesondert?«

»Ja, sonst ist das Brot nicht koscher und der Verzehr für fromme Juden nicht erlaubt.«

Die Rabbanit Malka stand auf und suchte im Bücherregal nach einer Broschüre.

»Wir wollen heute lernen, wie man Brot isst. Dazu brauchen wir die Segenssprüche. Wo habe ich sie nur hingelegt?«

Sie wühlte in einem Papierstapel und zog ein dünnes Heftchen hervor.

»Da sind sie ja. Kommen Sie mit in die Küche. Wir werden die Zeremonie lernen, in die das Brotessen eingebettet ist. Die Broschüre nehmen wir mit.«

Auf einem kleinen Tisch mit einer geblümten Plastikdecke standen ein Salzfässchen, ein Pfefferstreuer und ein hölzerner Brotkasten. Die Rabbanit schob den Rolldeckel hoch und holte einen halben Laib Weißbrot hervor. Sie schnitt zwei Scheiben ab und legte sie auf zwei weiße Porzellanteller mit einem blauen Rand. An der Spüle wusch sie sich die Hände mit der kupfernen Natlah.

»Gelobt seist Du Herr, unser Gott, König der Welt, der Du uns durch die Gebote geheiligt und geboten hast, die Hände zu waschen.«

Dann nahm Malka eine Brotschnitte, streute etwas Salz darauf und betete:

»Gelobt seist Du Herr, unser Gott, König der Welt, der Du das Brot aus der Erde hervorbringst.« Nun biss sie ein Stück ab.

»Die zweite Schnitte ist für Sie.«

Ich goss mir das Wasser über meine Hände, so wie ich es gelernt hatte, und sagte den Segensspruch für das Händewaschen. Dann nahm ich das Brot in die Hand und wiederholte:

»Gelobt seist Du Herr, unser Gott, König der Welt, der Du das Brot aus der Erde hervorbringst«, und steckte mir ein Stückchen vom Brot in den Mund. Es war ein Weißbrot, dessen Kruste mit Sesam bestreut war.

»Es schmeckt gut, wie selbst gebacken.«

»Die Challa ist selbst gebacken. Das Backen der Challa am Freitag verbindet mich geistig mit dem Tempel. Ich backe zwar keine zwölf Brote, sondern nur drei, aber wenn ich das Mehl siebe, denke ich an die Stelle: *und du sollst feinstes Mehl nehmen.*«

»Backen Sie jeden Freitag die Challas selber?«

»Das gehört für mich zur Schabbatvorbereitung. Natürlich achte ich, wenn ich das Schabbatbrot backe, darauf, die Teighebe abzusondern. Der Duft aus dem Backofen erfüllt die ganze Wohnung mit Feiertagsstimmung. Ganz selten kaufe ich das Schabbatbrot, denn mein Mann ist an meine Challa gewöhnt. Die gekaufte mag er nicht, und mir schmeckt sie auch nicht. Selbst wenn alle Frauen die gleichen Zutaten nehmen und nach dem selben Rezept die Challa backen, wird sie bei jeder anders schmecken. Die Männer muss man an das eigene Essen gewöhnen. Sie wissen ja, die Liebe geht durch den Magen.«

»Das hat meine Mutter auch immer gesagt.«

»Die Thora hat der Frau drei Pflichten auferlegt: Die Absonderung der Teighebe beim Brotbacken, das Einhalten der Reinheitsgebote während und nach der Menstruation und das Anzünden der Kerzen am Schabbat und den Feiertagen.«

»Ich muss gestehen, ich habe noch nie eine Challa gebacken. Können Sie mir das Rezept geben?«

»Aber gerne. Am besten, Sie schreiben sich alles auf:

Rezept für 3 Challas
1 kg Weizenmehl
50 g frische Hefe
4 Esslöffel Zucker
100 ml Öl
2 Teelöffel Salz

2 Gläser lauwarmes Wasser
2 Eier
1 Eigelb zum Bestreichen der Challas
Mohn oder Sesam zum Bestreuen

Mehl in eine Schüssel sieben. In eine Vertiefung die Hefe hineinbröckeln und mit einem Esslöffel Zucker und etwas warmem Wasser einen Vorteig anrühren. Zehn Minuten gehen lassen. Den restlichen Zucker, das Öl, das Salz und die Eier auf das Mehl geben und ein Glas Wasser hinzufügen und kneten. Vom zweiten Glas Wasser nur so viel dazugeben, bis ein geschmeidiger Teig entsteht, der nicht an den Händen klebt.«

»Und was macht man, wenn man zu viel Wasser hinzugefügt hat?«

»Dann schüttet man noch etwas Mehl in den Teig«, antwortete die Rabbanit und fuhr fort:

»Den Hefeteig eine Stunde mit einem Handtuch bedeckt an einem warmen Ort aufgehen lassen. Eine Handvoll Teig für die Teighebe abnehmen. Den restlichen Teig in drei Teile teilen. Jedes Drittel nochmals in drei gleiche Teile teilen und aus ihnen Stränge rollen. Diese zu einem Zopf flechten. Ebenso mit den zwei anderen Teigdritteln verfahren. Die Hefezöpfe auf ein gefettetes Backblech legen und noch einmal eine halbe Stunde zugedeckt gehen lassen. Den Ofen auf 180 Grad vorheizen. Die Challas mit Eigelb bestreichen, mit Mohn oder Sesam bestreuen und etwa 50 Minuten backen, bis sie goldgelb sind.«

Nachdem wir unser Brot verspeist hatten, schlug die Rabbanit Malka die Broschüre auf.

»Nach allen Mahlzeiten, bei denen Brot gegessen wurde, beendet man das Essen mit dem langen Tischgebet. Es wurde von unseren Weisen nach der Zerstörung des zweiten Tempels im ersten Jahrhundert verfasst.«

Sie las langsam und deutlich:

»Gelobt seist Du Herr, unser Gott, König der Welt, der die ganze

Welt in Seiner Güte speiset mit Gnade und Barmherzigkeit. Er gibt allen Geschöpfen Brot, denn ewig währet Seine Gnade. Durch Seine große Güte hat uns nie Nahrung gefehlt und möge sie uns niemals fehlen in aller Ewigkeit um Seines großen Namens willen. Denn Er ernährt und unterhält alle Lebewesen. Er ist gütig gegen alle und bereitet die Speise für alle Seine Geschöpfe, die Er erschaffen hat. Gelobt seist Du Herr, der alle ernährt.

Wir danken Dir Herr unser Gott, für das gute und große Land, das Du unseren Vätern gegeben hast, und dafür, dass Du uns, Herr unser Gott, aus Ägypten, dem Sklavenhaus, erlöst und den Bund auf unserem Fleisch geschlossen hast, und für Deine Lehre, die Du uns gelehrt hast, und für die Gesetze, die Du uns kundgetan hast, und für das Leben, die Gunst und die Gnade, die Du uns bescherst, und für die Nahrung, mit der Du uns speisest und unterhältst, stets an jedem Tag, zu jeder Zeit und jeder Stunde.

Für dies alles, Herr unser Gott, danken wir Dir und preisen Dich. Mögen alle Geschöpfe Deinen Namen preisen in alle Ewigkeit. So wie es geschrieben steht: Du sollst essen, satt werden und preisen den Herrn, Deinen Gott, für das gute Land, das Er dir gegeben hat. Gelobt seist Du Herr für das Land und für die Nahrung.

Erbarme Dich, Herr unser Gott, Deines Volkes Israel und Deiner Stadt Jerusalem, Zion, die Stätte Deiner Herrlichkeit, der Herrschaft des Hauses David, Deines Gesalbten, und Deines großen und heiligen Hauses, in dem Dein Name genannt wird. Unser Gott, unser Vater, weide uns, speise uns, ernähre uns, unterhalte uns und befreie uns. Befreie uns bald von all unseren Sorgen, damit wir nicht auf die Gaben unserer Mitmenschen und ihre Darlehen angewiesen sind, sondern nur auf Deine volle, offene, heilige und freigiebige Hand, und damit wir niemals beschämt und gedemütigt werden. Und baue in Kürze die heilige Stadt Jerusalem noch in unseren Tagen auf. Gelobt seist Du Herr, der in Erbarmen Jerusalem erbaut. Amen.

Gelobt seist Du Herr, unser Gott, König der Welt, der Gott, unser Vater, unser König, unser Erhabener, unser Schöpfer, unser Erlöser, unser Erschaffer, unser Heiliger, Heiliger Jakobs, unser Hirte, der Hirte Israels, der gute König, der allen wohltut an jedem Tag. Er war gütig, Er ist gütig und Er wird gütig sein. Er vergalt uns mit Gutem, Er vergilt uns mit Gutem und wird uns mit Gutem vergelten. Er lässt uns stets Gunst, Gnade und Barmherzigkeit angedeihen. Er gibt uns Verdienst, Rettung und Erfolg, Segen und Heil, Trost, Ernährung und Unterhalt, Erbarmen und Leben und Frieden und alles Gute. Es wird uns an nichts mangeln.

Der Barmherzige möge uns stets führen. Der Barmherzige wird im Himmel und auf der Erde gelobt. Der Barmherzige wird von Generation zu Generation gepriesen und bis in alle Ewigkeit von uns gerühmt und in alle Zeiten von uns geschätzt. Möge der Barmherzige das Joch, das auf unserem Hals liegt, zerbrechen und möge Er unser Land zu Unabhängigkeit führen. Der Barmherzige schicke Segen in dieses Haus und an diesen Tisch, an dem wir gegessen haben. Möge der Barmherzige den Propheten Elijahu, der uns in guter Erinnerung ist, senden, damit Er uns gute Nachrichten, Rettung und Trost verkündet. Möge der Barmherzige uns, die wir hier speisen, und alle, die zu uns gehören, segnen, so wie Er unsere Väter Abraham, Isaak und Jakob, mit allem und von allem gesegnet hat. So möge Er auch uns mit einem vollkommenen Segen beglücken. Saget Amen. Im Himmel möge man ihrer und unserer Verdienste gedenken, sie seien der Garant für Frieden. Der Segen des Herrn begleite uns, ebenso wie die Wohltaten, die wir vom Herrn, unserem Retter, erfahren. Mögen wir Gunst und Wohlgefallen in den Augen Gottes und der Menschen finden.

Der Barmherzige lasse uns das Kommen des Messias erleben und schenke uns das Leben in der kommenden Welt.

Verbreitet die rettende Herrschaft Seines Königreiches, denn Er übt Gnade mit Seinem Gesalbten, mit David und dessen Samen bis in alle Ewigkeit. Der Frieden macht in den Höhen wird auch Frieden uns und dem Volk Israel schenken, und saget Amen.

Ehret Seine heiligen Werke, es gibt keine Grenze in der Gottesfurcht. Die Ketzer sind arm dran und darben, aber den Gottesfürchtigen wird es am Guten nicht mangeln. Danket Gott, gut und groß ist Seine Gnade in Ewigkeit. Er öffnet Seine Hand und sättigt jedes Lebewesen. Gesegnet sei der Mensch, der dem Herrn vertraut und dem der Herr vertraut. Jung war ich und alt bin ich geworden, und nie sah ich einen Gerechten darben und dessen Nachkommen um Brot betteln. Der Herr wird Seinem Volk Mut geben und Sein Volk mit Frieden segnen.«

Die Rabbanit Malka überreichte mir die Broschüre:

»Das Heftchen schenke ich Ihnen. Darin stehen alle Segenssprüche.«

»Danke. Das war aber ein langes Gebet. Wiederholt man es jedes Mal, wenn man etwas gegessen hat?«

»Nein, nur wenn man Brot bei einer Mahlzeit isst.«

»Warum muss man so ein langes Gebet sprechen? Reicht es nicht, wenn man im Herzen Gott für das Essen dankt?«, fragte ich und gab zu bedenken:

»Ist es nicht häufig so, dass die vorgeschriebenen Gebete beim Händewaschen und vor und nach dem Essen bei vielen zu einer gedankenlosen Formalität herabgesunken sind? Bei unserem Ausflug habe ich einige Frauen beobachtet, die wie ein Automat das Tischgebet herunterleierten.«

»Selbstverständlich sollen die Gebete nicht nur dahergeleiert, sondern mit Andacht gesprochen werden. Aber bei vielen Menschen ist der Glaube an Gott schwankend und von Stimmungen abhängig. Es gibt Zeiten, in denen das religiöse Gefühl schwächer ist, aber es können auch wieder Zeiten kommen, in denen es stärker wird. Wenn das Händewaschen und die Segenssprüche nicht mehr verpflichtend sind, dann wäscht man sich an einem Tag vor dem Brotsegen die Hände und am anderen lässt man es bleiben. Manchmal erinnert man sich an Gott und manchmal nicht. Je mehr wir im alltäglichen Arbeitsstress gefangen sind, desto eher werden wir dazu neigen, gedankenlos zu essen und irgendwann die Verbindung zwischen Gott und der Nahrung überhaupt nicht mehr wahrzunehmen. Der Ritus aber zwingt uns, den Schöpfer mit unseren Lippen und unserer Stimme zu preisen. Wer über Gott spricht, wird an ihn erinnert. Dasselbe passiert ja, wenn wir über einen Menschen sprechen, dann denken wir auch an ihn. Es sind die täglichen Gewohnheiten, die uns Gott nahebringen. Zu ihnen gehört, vor dem Essen die Hände zu waschen und einen Segensspruch zu sagen, den Brotsegen vor der Mahlzeit und das Tischgebet nach dem Essen. Derjenige, der die Segenssprüche sagt, sogar wenn er sie nur aus Gewohnheit dahermurmelt, dem ist Gott gegenwärtig. So verliert der religiöse Jude niemals die Verbindung zum Schöpfer, und es wurde eine Kontinuität hergestellt, die Jahrtausende und alle Verfolgungen überdauert hat.«

Die Rabbanit Malka schloss die Unterrichtsstunde:

»Für heute haben wir genug gelernt. In der kommenden Woche werden wir die anderen Segenssprüche kennenlernen. Vergessen Sie nicht, die Broschüre zur nächsten Unterrichtsstunde mitzubringen.«

Alles Beste von Öl, Wein und Korn

»Nun, was sagen Sie dazu? Ein schönes Bild, nicht wahr?«
Nissim Saken deutet auf eine Fotografie und strahlt. Er ist Besitzer eines Gemüsestandes auf dem Markt Machane Jehuda. Links davon befindet sich ein Fischgeschäft. Der Inhaber Pinchas Misrachi, der eine schwarze Gummischürze umgebunden hat, greift mit seinen roten Pranken in ein Bassin und holt einen Karpfen heraus. Mit zwei kräftigen Schlägen auf den Kopf tötet er das Tier. Geübt nimmt er den Fisch aus, schneidet ihn in Scheiben und packt ihn in eine Plastiktüte und Zeitungspapier ein.

»Noch etwas?«, fragt er die Kundin.

»Ein Kilo tiefgefrorenen Kabeljau. In letzter Zeit essen wir fast kein Fleisch mehr, sondern nur noch Fisch. Aber Fisch ist teuer!«

»Es gibt nichts Gesünderes als Fisch!«

Rechts von Nissim verkauft Michael Saken Gewürze. In Säcken lagern getrocknete Paprika, Pfefferschoten, Lorbeerblätter und Ingwer. In hohen Glasgefäßen sind gelber Curry, grüner Kümmel, schwarze Pfefferkörner und brauner Zimt aufbewahrt. Michael ist ein Cousin von Nissim.

»Wenn ich ihm nicht das Geschäft besorgt hätte, wüsste er nicht, womit er seine Kinder ernähren sollte«, brüstet sich Nissim. In seinem Laden beschäftigt er drei Arbeiter. Sie schleppen die Obstkisten, sortieren das Gemüse und bedienen die Kunden. Ein junger Mann mit ausgebeulten Hosen karrt auf einem Handwagen, der dicke Gummiräder hat, Pappkartons voller Auberginen herbei.

»Mach schon«, schnauzt ihn Nissim an. »Warst du mit den Kisten tanzen? Glaubst du, die Kunden warten, bis du endlich eintrudelst? Sie rennen sofort zum nächsten Gemüsehändler.«

Ein anderer Gehilfe preist die Waren an: »Frische Feigen, kauft frische Feigen, süß wie die Liebe«, und wiegt dabei einer jungen Frau ein Schälchen mit lila Feigen ab.

Ein älterer Mann mit einem grauen Stoppelbart und einer kreisrunden Kappe auf dem Kopf zupft an den Trauben und probiert eine nach der anderen. »Was ist das hier? Eine Armenküche, wo man umsonst isst? Wollen Sie die Trauben oder nicht?«, regt sich Nissim auf.

»Die Trauben sind sauer!«, entgegnet der Alte.

»Dann suchen Sie sich einen Stand mit süßen Trauben.«

Nissims Vater ist im Jahre 1950 aus Mosul, einer Stadt im Irak, nach Israel eingewandert.

»Mit leeren Händen, einer kranken Frau und fünf Töchtern ist er gekommen. In einem Zeltlager hatte man die Familie untergebracht. Der Regen tropfte im Winter durch die Planen, und meine Schwestern bibberten vor Kälte und Nässe. Mein Vater erzählte, dass es einmal sogar geschneit hatte und bei dem frostigen Wetter keiner einschlafen konnte. Was hat er getan? Er hat alle fünf Mädchen genommen, ist zur Einwanderungsbehörde gegangen und hat gedroht, sein Lager auf dem Flur aufzuschlagen. Erst da hat man ihm eine Wohnung zugewiesen.«

Nissim, der einzige Sohn, ist in Jerusalem geboren. Seine Kindheit spielte sich zwischen Bezalel- und Jaffastraße und dem Markt ab. Nach der Schule half er seinem Vater Gemüsekisten schleppen, pries Tomaten und Gurken an, kehrte den Stand, holte türkischen Kaffee und passte auf, dass niemand Geld aus der Kasse klaute. Die Schule interessierte ihn nicht sonderlich. Von klein auf wusste Nissim, dass er in die Fußstapfen des Vaters treten und Obst auf dem Markt verkaufen würde.

»Vor dem Unterricht bin ich schon auf dem Markt gewesen und habe meinem Vater geholfen. Der hätte mir was gehustet, wenn ich nicht aufgestanden wäre. Aber meine Kinder sind sich viel zu fein für den Markt. Sie interessieren sich nur für Hightech und Computer und noch so neumodisches Zeugs. Früher hat eine Familie mit zehn

Kindern in zwei Stuben gelebt, heute braucht jeder sein eigenes Zimmer mit einem eigenen Fernseher.«

»Alles war früher anders!«

»Das stimmt. Ich hatte ja noch Respekt vor meinem Vater, aber meine Söhne bleiben bequem im Bett liegen, wenn ich im Morgengrauen aufstehe. Um halb sechs bringen die Lastwagen die Ware, und bis spät abends bin ich hier auf den Beinen. Und wenn man nicht aufpasst, beklauen einen die Arbeiter und die Kunden, von der Regierung ganz zu schweigen.«

Nissim ist ein massiger Mann mit grauem, schütterem Haar, einer breiten Stirn und einem dichten Schnurrbart. Auf dem Kopf trägt er ein gehäkeltes Käppchen und um den Hals eine massive Goldkette. Sein runder Bauch hängt ihm über den Hosenbund, und am Gürtel hat er sein Handy festgeschnallt. Trotz seiner Leibesfülle ist er behände und schnell. In seinen behaarten Händen hält er eine Zigarettenschachtel, und im Mundwinkel klemmt eine Zigarette. Er ist Kettenraucher.

»Nur am Schabbat rühre ich keinen Glimmstengel an. Der Arzt hat mir gesagt, ich soll mit dem Rauchen aufhören und abnehmen. Der hat gut reden. Er sitzt den ganzen Tag ruhig in seiner Praxis und verschreibt hier ein paar Tabletten und da ein bisschen Medizin. Er hat ja nicht so einen Stress wie ich. Wenn ich mit dem Rauchen und Essen aufhöre, was bleibt mir da noch vom Leben? Ariel Scharon ist auch nicht dünn«, sagt er und zeigt dabei auf das Foto.

»Wann wurde das Bild aufgenommen?«, frage ich ihn.

Die Fotografie zeigt Nissim Saken mit Ariel Scharon vor dem Gemüsestand. Er hat seine breite Hand auf die Schulter des populären Politikers gelegt und lächelt in die Kamera.

»Vor den Wahlen. Dann kommen alle Politiker auf den Markt. Alle. Aber Scharon ist der Beste.«

Das Foto hat Nissim rahmen lassen. Ein doppeltes Passepartout und eine silberne Fassung unterstreichen die Bedeutung, die das Bild für den Standbesitzer hat. Es hängt an der staubigen Wand neben einem verknitterten Poster von Baba Sali, einem verstorbenen Rabbiner, dem Wunderkräfte nachgesagt wurden. An einem Nagel baumelt eine kupferne Chamsa, und über Scharon klebt ein Zertifikat:

Koscher-Bescheinigung für Obst und Gemüse
Wir bescheinigen, dass das Obst und Gemüse im Laden von Nissim Saken koscher sind. Von ihnen wurden Abgaben und der Zehnte laut unseren Geboten abgenommen. Eingehalten wurden das dreijährige Nichternten und das Schabbatjahr. Das Obst und Gemüse wurden nicht am Schabbat geerntet.
Das Jerusalemer Rabbinat

»Heute werden wir uns mit den Pflanzen beschäftigen. Mit Obst und Gemüse«, eröffnete die Rabbanit Malka die Unterrichtsstunde. »Wir wollen einmal sehen, was die Thora uns über die Pflanzen und den ersten Menschen erzählt.«

Sie schlug den Tanach ganz vorne auf.

»*Und Gott der Herr pflanzte einen Garten in Eden gegen Osten hin und setzte den Menschen hinein, den er gemacht hatte. Und der Herr ließ aufwachsen aus der Erde allerlei Bäume, verlockend anzusehen und gut zu essen, und den Baum des Lebens mitten im Garten und den Baum der Erkenntnis des Guten und Bösen. (…) Und Gott der Herr nahm den Menschen und setzte ihn in den Garten Eden, dass er ihn bebaute und bewahrte. Und Gott der Herr gebot dem Menschen und sprach: Du darfst essen von allen Bäumen im Garten, aber von dem Baum der Erkenntnis des Guten und Bösen sollst du nicht essen.* (1. Mose 2:8–17)

Wir wissen natürlich nicht, wie der Baum der Erkenntnis und der Baum des Lebens ausgesehen haben, aber die anderen Bäume kennen wir. Es sind die Bäume, die auf unserer Erde wachsen«, erklärte sie und fuhr im Lesen fort:

»*Und Gott machte aus Erde alle die Tiere auf dem Felde und alle die Vögel unter dem Himmel und brachte sie zu dem Menschen, dass er sähe, wie er sie nennte; denn wie der Mensch jedes Tier nennen würde, so sollte es heißen.* (1. Mose 2:19)

Gott erlaubte Adam, die Tiere anzusehen und sie zu benennen. Essen durfte er sie nicht. Als Nahrung dienten ihm lediglich die Pflanzen. Nur von ihnen durfte er sich ernähren. Adam war Veganer.«

»Ist eine fleischlose Küche koscher?«

»Eine vegane Küche schon, weil keine Tierprodukte, sondern nur pflanzliche Nahrungsmittel verwendet werden. Aber auch die Pflanzen, jedenfalls die, die im Lande Israel angebaut und geerntet werden, unterliegen einer Reihe von Geboten, damit sie koscher werden.«

»Ich habe noch nie etwas von koscheren Pflanzen gehört. Allerdings habe ich bei meinem Gemüsehändler Nissim ein Zertifikat gesehen, über das ich mich sehr gewundert habe. Es war eine Koscher-Bescheinigung für Obst und Gemüse.«

»Das bedeutet, dass die Abgaben bereits entrichtet wurden«, erklärte die Rabbanit.

»Abgaben?«

»Vom Obst, Gemüse und Getreide, das im Heiligen Land wächst, müssen Abgaben entrichtet werden, sonst sind die Pflanzen nicht koscher und dürfen nicht gegessen werden. Wenn der Bauer keine Abgaben leistet, muss der Händler die Abgabe vornehmen, wenn der es nicht tut, muss der Verbraucher einen Teil abgeben.«

»Wovon genau sprechen Sie? Was für Abgaben meinen Sie?«

»An dieser Stelle müssen wir von den Leviten sprechen. Unser Urvater Jakob hatte zwölf Söhne, und aus ihnen entwickelten sich die zwölf Stämme. Alle Stämme zusammen bildeten das Volk Israel, das Moses aus Ägypten führte. Als das Volk Israel vierzig Jahre später das verheißene Land eroberte, erhielten elf Stämme einen Anteil am Boden und konnten Landwirtschaft betreiben. Nur der Stamm Levi nicht.«

»Warum wurde der Stamm Levi benachteiligt?«

»Er wurde nicht benachteiligt, sondern ihm wurde eine andere Aufgabe zugewiesen. Die Leviten waren für den Tempeldienst ausersehen. Sie mussten, genauso wie die Priester, vom Volk ernährt werden. Die Juden wissen heute nicht mehr, zu welchem Stamm sie einst gehörten, bis auf die Leviten. Die Namen Löw, Levy, Levin deuten auf die Abstammung von den Leviten hin.«

»Sie heißen Malka Levin. Hat Ihre Familie etwas mit den Leviten zu tun?«

»Ja, mein Mann ist Levi, und deswegen gehören meine Kinder auch zum Stamm Levi. Die Zugehörigkeit zu diesem Stamm wird über die männliche Linie vererbt. Wenn der Vater ein Levite ist, dann sind es seine Kinder ebenso.«

»In der letzten Stunde haben wir gelernt, dass die Nachkommen von Aaron Kohanim, also Priester sind und jeder Jude weiß, ob er priesterlicher Herkunft ist oder nicht.«

»Stimmt genau.«

»Nun sagen Sie, dass die Juden wissen, ob sie zu den Leviten gehören oder nicht.«

»Genauso ist es.«

»Aber wenn nun jemand weder Kohen noch Levite ist, was ist er dann?«

»Ist er weder Priester noch Levite, dann gehört er zur Gruppe der Israeliten.«

»Das bedeutet, dass die jüdische Bevölkerung in drei Gruppen aufgeteilt ist: in Priester, Leviten und Israeliten«, vergewisserte ich mich.

»Richtig«, bestätigte Malka.

»Aber was hat diese Einteilung des jüdischen Volkes mit den koscheren Pflanzen zu tun?«

»Wie ich schon sagte, erhielt jeder Stamm einen Anteil am Boden in dem verheißenen Land, außer den Leviten. Weil sie den Tempeldienst versahen, mussten sie, genauso wie die Priester, vom übrigen Volk versorgt werden. In der Thora wird genau aufgeführt, was den Kohanim zustand und was den Leviten.«

»Wo steht das geschrieben?«

»Im vierten Buch Mose heißt es:

Und der Herr sagte zu Aaron: Siehe, dies überlasse ich dir bei dem Dienst an meinen Opfergaben: von allen heiligen Gaben der Israeliten gebe ich dir einen Anteil, dir und deinen Söhnen, als ewiges Anrecht. (4. Mose 18:8)

Die Priester erhielten als heilige Gaben:

Alles Beste vom Öl und alles Beste vom Wein und Korn, die Erstlings-
gaben, die sie dem Herrn bringen, habe ich dir gegeben. (4.
Mose 18:12)

Gott fordert von jedem, der Landwirtschaft betreibt:

Du sollst nehmen die Erstlinge aller Feldfrüchte, die du von deinem
Lande einbringst, das der Herr, dein Gott, dir gibt, und sollst sie in
einen Korb legen und hingehen an die Stätte, die der Herr, dein Gott,
erwählen wird, dass sein Name daselbst wohne, und sollst zu dem Pries-
ter kommen, der zu der Zeit sein wird, und zu ihm sagen: Ich bekenne
heute dem Herrn, deinem Gott, dass ich gekommen bin in das Land,
das der Herr, wie er unsern Vätern geschworen hat, uns geben wollte.
Und der Priester soll den Korb aus deiner Hand nehmen und ihn vor
dem Altar des Herrn deines Gottes niedersetzen. (5. Mose 26:2–4)«

»Können Sie mir das noch einmal genauer erklären?«

»Es ist doch ganz einfach. Alle Stämme, außer den Leviten,
mussten die Erstlinge jeder Ernte dem Tempel zur Verfügung stellen. Diese ersten Abgaben durften nur die Kohanim, die Priester,
essen.«

»Die ersten Früchte sind immer die Teuersten. Letztes Jahr koste-
ten die ersten Erdbeeren auf dem Markt zwanzig Schekel das Kilo.
Nach einem Monat musste man nur noch fünf Schekel für das Kilo
bezahlen. Die Priester konnten also vor allen anderen von der Ernte
essen, nicht wahr?«

»So verlangt es die Thora. Man durfte ihnen keine Reste oder
minderwertige Produkte bringen. Damit würde man ja den Tempeldienst gering schätzen und sich vor dem Herrn versündigen. Die
Erstlinge reichten aber nicht aus, um die Priester zu ernähren, und
außerdem mussten auch die Leviten versorgt werden. Deswegen erhielten die Leviten ein Anrecht auf den zehnten Teil der Ernte.

(…) denn den Zehnten der Israeliten, den sie dem Herrn als Opfer-
gabe geben, habe ich den Leviten zum Erbgut bestimmt. (4. Mose
18:24)«

»Wenn ich es recht verstehe, war der Landbesitzer verpflichtet, die
ersten und besten Früchte und zusätzlich zehn Prozent seiner Ernte

dem Tempel zur Verfügung zu stellen für die Priester und die Leviten.«

»Richtig. Und die Leviten mussten ihrerseits von ihrem Anteil ein Zehntel den Kohanim geben.

Und der Herr redete mit Mose und sprach: Sage den Leviten und sprich zu ihnen: Wenn ihr den Zehnten nehmt von den Israeliten, den ich euch von ihnen bestimmt habe als euer Erbgut, so sollt ihr davon eine heilige Abgabe dem Herrn geben, je den Zehnten von dem Zehnten. (…) So sollt auch ihr die heilige Abgabe dem Herrn geben von allen euren Zehnten, die ihr nehmt von den Israeliten, und sollt diese heilige Abgabe für den Herrn dem Priester Aaron geben. (4. Mose 18:26–28)«

»Das bedeutet, die Israeliten mussten die Leviten mit Obst und Gemüse versorgen und diese wiederum die Priester«, vergewisserte ich mich, dass ich auch alles verstanden hatte.

»Genau. Aber damit waren noch nicht alle Abgaben geleistet. Es gab ja auch Arme, Witwen und Waisen, die keinen eigenen Boden hatten. Auch die mussten ernährt werden. Deswegen wurde jedes dritte Jahr ein zusätzlicher Zehnter abgeführt. Der Landwirt hatte die Auflage, jedes Jahr zehn Prozent seiner Ernte abzuführen und alle drei Jahre von den restlichen neunzig Prozent nochmals zehn Prozent, das bedeutet zusätzlich neun Prozent der Ernte«, erklärte die Rabbanit Malka.

»Langsam wird es kompliziert. Zwei Jahre gab der Bauer zehn Prozent der Ernte her, im dritten Jahr neunzehn Prozent. Habe ich das richtig verstanden?«

»Genau so war es. Die Thora fordert:

Wenn du den Zehnten deines ganzen Betrages zusammengebracht hast im dritten Jahr, das ist das Zehnten-Jahr, so sollst du ihn dem Leviten, dem Fremdling, der Waise und der Witwe geben, dass sie in deiner Stadt essen und satt werden. (5. Mose 26:12)«

Diese Abgabe nannte man die Armenabgabe. Die Armen hatten aber auch noch andere Rechte:

Wenn du ein Feld aberntest, sollst du nicht alles bis an die Ecken deines Feldes abschneiden, auch nicht Nachlese halten. Auch sollst du in deinem Weinberg nicht Nachlese halten noch die abgefallenen Beeren

*auflesen, sondern dem Armen und Fremdling sollt du es lassen; ich bin
der Herr, euer Gott.* (3. Mose 19:9–10)

Oder: *Wenn du deine Ölbäume geschüttelt hast, sollt du nicht nach-
schütteln; es soll dem Fremdling, der Waise und der Witwe zufallen.
Wenn du deinen Weinberg abgelesen hast, so sollst du nicht nachlesen;
es soll dem Fremdling, der Waise und der Witwe zufallen.* (5. Mose
24:20–21).«

»Das war ja ein ausgeklügeltes Wohlfahrtssystem«, stellte ich fest.

»Das haben Sie gut erfasst«, lobte mich die Rabbanit Malka und
fuhr in ihren Erklärungen fort: »Besonders wenn man bedenkt, dass
die Israeliten aus Ägypten ausgezogen sind, einem Land, in dem sie
Sklaven waren und in dem die Armen und Bedürftigen nicht unter-
stützt wurden. Wer beim Pharao nicht arbeiten konnte, wurde umgebracht.«

»Das war in den Konzentrationslagern bei den Nazis nicht anders«, stellte ich fest.

»Die Gesetzgebung der Thora ist die Basis für unseren modernen
Wohlfahrtsstaat. Jeder, der Einkommen hat, muss einen Teil seines
Verdienstes als Steuer dem Staat zur Verfügung stellen. Damit wer-
den Lehrer, Richter und andere Beamte besoldet, aber auch die Be-
dürftigen versorgt. Der Staat leistet keine Wohltätigkeit, sondern die
Armen haben ein Recht auf staatliche Unterstützung.«

»Aber wie ist das heute? Wir zahlen doch Steuern. Muss man den
Zehnten dann nicht mehr abgeben?«, wollte ich wissen.

»Doch. Die Verpflichtung, ein Zehntel seines Verdienstes abzugeben, hat sich bis heute bei den religiösen Juden erhalten. Viele geben
zehn Prozent von ihrem Nettogehalt für Wohltätigkeit. Aber es gibt
keine festen Regeln mehr. Wenn jemand selbst wenig hat, spendet er,
so viel er kann.«

»Muss man spenden?«

»Ja. So arm ist niemand, dass er auf gar nichts verzichten kann.
Die Gebote der Thora erziehen zum Geben. Aber mehr als zwanzig
Prozent seines Vermögens darf man nicht spenden.«

»Warum?«

»Wenn jemand alles hergäbe, dann würde er selbst zu den Bedürftigen gehören, und die anderen müssten ihn versorgen. Er könnte nicht mehr geben, sondern nur noch nehmen, er könnte nicht mehr helfen, sondern wäre auf die Hilfe anderer angewiesen. Die Gebote der Thora machen den Menschen nicht arm und hilflos, aber sie zügeln seine Gier und begrenzen seinen Besitz.«

»Das ist ja alles sehr interessant, aber was hat das mit dem koscheren Obst und Gemüse zu tun? Heute gibt es doch keinen Tempel mehr, in dem Priester und Leviten dienen. Was sollen da Abgaben von landwirtschaftlichen Erzeugnissen?«

»Heutzutage wird der Zehnte von der Ernte, der den Leviten einst zustand, nicht mehr abgetreten, aber die Anteile, die den Priestern gehören, werden nach wie vor abgegeben, und zwar an Priester, die Tiere halten. Es handelt sich um ein Prozent der Ernte. Weil die Kohanim in unserer Zeit keinen Tempeldienst versehen, dürfen die Abgaben von ihnen nicht verzehrt werden. Aber die Tiere dürfen das Obst und Gemüse fressen. Deswegen werden die Tiere in den Tierparks einem Kohen symbolisch verkauft, und die Zoos erhalten von den großen Genossenschaften Obst und Gemüse gratis. Damit ist allen gedient: Das Gebot der Thora, Abgaben an die Priester zu leisten, wird eingehalten. Obst, Gemüse und Getreide werden koscher, und die Tiere bekommen ihr Futter«, erläuterte die Rabbanit Malka.

»Irgendwie erscheint mir das sehr trickreich konstruiert. Eigentlich gehören den Priestern die Tiere nicht, trotzdem wird so getan, als wären sie in ihrem Besitz. Man hält zwar dem Buchstaben nach das Gebot der Thora ein, aber Abgaben, die ursprünglich den Kohanim zustanden, werden an Tiere verfüttert. Es kommt mir vor wie Wortklauberei!«

»Sie sprechen einen wichtigen Sachverhalt an. Viele Auslegungen der Gebote im Judentum erscheinen spitzfindig, und manche Interpretation kommt einem wie Wortdeutelei vor. Aber dem ist nicht so. Gott hat uns aufgetragen, die Gebote der Thora einzuhalten, und zwar für immer und alle Zeiten. Die Gebote stehen fest, aber die Gegebenheiten ändern sich. Seit fast zweitausend Jahren gibt es keinen Tempel mehr in Jerusalem, und die Priester dienen nicht mehr im Heiligtum. Aber kein Mensch weiß, ob es den Tempel nicht irgendwann einmal wieder geben wird. Wer kennt denn schon Gottes Wege? Wenn das Volk Israel die Gebote der Thora nicht mehr einhält, dann wird es die Thora vergessen. Die Gebote, auch wenn uns viele mit unserem kleinen Verstand unsinnig erscheinen, erhalten die Glut der Thora im Volk Israel am Leben. Und zu diesen Geboten gehören auch die Abgaben von jeder Ernte, damit Obst, Gemüse und Getreide koscher werden.«

»Aber es ist doch dasselbe Obst und Gemüse, auch wenn man keine Abgabe leistet!«

»Beim koscheren Essen geht es nicht um die Lebensmittel, sondern um eine Lebenshaltung. Von allen Gaben, die der Herr uns gibt, müssen wir einen Teil abtreten, sonst ist die Lebensführung nicht koscher, und Gottes Segen ruht nicht auf unserer Arbeit. Hierzu gibt es eine Geschichte im Talmud:

Einem wohlhabenden Mann gehörte ein Acker, der jedes Jahr tausend Maß Getreide hervorbrachte. Der Reiche gab davon, solange er lebte, regelmäßig hundert Maß als den Zehnten für die Leviten ab. Gott segnete seine Arbeit, und das Feld trug immer reiche Ernte. Als der Mann merkte, dass seine Stunde geschlagen hatte, rief er seinen Sohn und sprach zu ihm: ›Das Land, das ich dir vererbe, trägt alljährlich tausend Maß. Aber davon musst du jeweils den Zehnten abgeben. Halte dieses Gebot, und der Herr wird dich segnen.‹ Dann starb er.

Der Sohn hielt sich im ersten Jahr an das Vermächtnis seines Vaters und spendete den Zehnten, und wieder trug der Acker tausend Maß. Aber den Sohn dünkte es sehr viel, hundert Maß abzugeben, und so spendete er im zweiten Jahr nur neunzig Maß. Im Jahr darauf trug der Acker ein Zehntel weniger. Deswegen verringerte er die Abgaben, aber auch das Feld verringerte seine Abgaben, so dass er nach einigen Jahren einen unfruchtbaren Acker hatte.

Darüber wurde er sehr traurig und klagte sein Leid einem Freunde. ›Du bist selber schuld an deinem Unglück‹, tadelte dieser ihn. ›Weil du immer weniger geben wolltest, hat auch Gott dir immer weniger gegeben. Du hast das Gebot der Thora nicht befolgt und das Vermächtnis deines Vaters nicht gehalten. Tue Buße und spende von nun an den Zehnten aller Erträge.‹ So tat der Sohn, und siehe, auch der Acker spendete mehr Getreide. Nach einigen Jahren erntete er wieder tausend Maß Getreide, und von diesen erhielten die Tempeldiener hundert Maß.«

Erst im fünften Jahr sollt ihr die Früchte essen

Damit Pflanzen, die im Lande Israel geerntet werden, koscher sind, müssen drei Auflagen eingehalten werden: die Entrichtung der Abgaben, das dreijährige Nichternten und die Einhaltung des Schmittajahrs. Von den Abgaben war schon die Rede, und um das dreijährige Nichternten und das Schmittajahr wird es in diesem Kapitel gehen.

Gott gebot dem Volk Israel:

Wenn ihr in das Land kommt und allerlei Bäume pflanzt, von denen man isst, so lasst ihre ersten Früchte stehen, als wären sie unrein wie Unbeschnittene. Drei Jahre lang sollt ihr die Früchte als unrein ansehen, dass ihr sie nicht esst;

im vierten Jahr sollen alle ihre Früchte unter Jubel dem Herrn geweiht werden;

erst im fünften Jahr sollt ihr die Früchte essen, damit ihr künftig um so reicheren Ertrag einsammelt; ich bin der Herr euer Gott. (3. Mose 19:23–25)

Moses Maimonides, einer der großen jüdischen Rechtsgelehrten des Mittelalters, begründet dieses Gebot damit, dass die Erstlinge dem Herrn geweiht sind. Aber weil die ersten drei Ernten eines Baumes mickrig und noch nicht genießbar sind, dürfen sie dem Herrn nicht dargebracht werden. Erst ab der vierten Ernte sind die Früchte wohlschmeckend. Diese Ernte musste den Priestern im Tempel, und damit dem Herrn, gebracht werden. Ab der fünften Ernte durften die Früchte von allen gegessen werden. Rabbi David Zwi Hoffmann, ein jüdischer Thoragelehrter, der von 1843 bis 1921 in Deutschland lebte, erklärt, dass dieses Gebot die Menschen dazu erziehen soll,

Verzicht zu üben und eine tiefe Beziehung zum Baum aufzubauen. Erst wenn er den Baum jahrelang gepflegt und drei Ernten erlebt hat, ist der Landwirt würdig, die Früchte dieses Baumes zu ernten. Den Ertrag des vierten Jahres muss er dem Herrn darbringen, damit ihm bewusst wird, dass der Baum nicht ihm, sondern dem Schöpfer gehört. Durch die Darbringung der vierten Ernte wird er zum Geben erzogen. Erst im fünften Jahr darf er selber einen Nutzen vom Baum ziehen und seine Früchte genießen.

Eine weitere Erklärung fand ich in dem Buch »Am Anfang war die Ökologie« von Aloys P. und Aloys H. Hüttermann. Aloys P. Hüttermann lehrt als Professor für Forstbotanik und Technische Mykologie in Göttingen. Er ist Mitherausgeber der »Encyclopaedia of Judaism«. Sein Sohn Aloys H. Hüttermann ist Chemiker. Sie machen darauf aufmerksam, dass das Gebot einen ganz handfesten ökologischen Nutzen hat: Wenn in den ersten drei Jahren die Früchte des Baums nicht geerntet, sondern der Natur überlassen werden, wird aus ihnen Humus. Erst nach drei Jahren ist die Humusschicht dick genug, um Wasser zu speichern und den Baum zu nähren, der dann auch groß und kräftig genug ist, um dauerhaft abgeerntet zu werden. Die Autoren vergessen nicht zu erwähnen, dass sich durch die Schonzeit auch die Ernteerträge deutlich erhöhen.

Neben den Abgaben an die Kohanim, Leviten und Bedürftigen und den Verzicht darauf, den Baum in den ersten drei Jahren abzuernten, fordert die Thora die Schonung des Bodens:

Sechs Jahre sollst du dein Land besäen und seine Früchte einsammeln. Aber im siebenten Jahr sollst du es ruhen und liegen lassen, dass die Armen unter deinem Volk davon essen; und was übrig bleibt, mag das Wild auf dem Felde fressen. Ebenso sollst du es halten mit deinem Weinberg und deinen Ölbäumen. (2. Mose 23:10–11)

Der Sinn dieses Gebotes ist, dass der Bodenbesitzer begreift, dass das Land nicht ihm gehört, sondern dem Schöpfer. Er darf den Boden bearbeiten, aber hat nicht das Recht, mit dem Land zu verfahren, wie er will. Der Mensch darf es nicht unbegrenzt ausnutzen, sondern muss den Boden in Ehren halten. Dazu gehört, dass er ihn alle sieben Jahre in Ruhe lässt, damit er sich regenerieren kann. Diese Auszeit für den Boden nennt man Schmittajahr. Was der Boden im Schmittajahr trägt, gehört nicht dem Besitzer, sondern jedem. Das Land ist besitzerlos, jeder kann von dem, was dort ohne menschliches Zutun gewachsen ist, nehmen.

Solange die Juden nach der Vertreibung durch die Römer im Jahre 70 nach Christus in der Diaspora lebten, hatte dieses Gesetz keine Bedeutung, weil es in Israel keine jüdischen Bauern gab. Erst mit der allmählichen Rückkehr des jüdischen Volkes aus dem Exil Ende des 19. Jahrhunderts begann die Diskussion, ob man in einer modernen Landwirtschaft tatsächlich ein Jahr lang den Boden brachliegen lassen kann. Wie soll die Bevölkerung ernährt werden? Wie soll der Landwirt, der seine Erzeugnisse exportiert, wettbewerbsfähig bleiben? Man fand auf diese Fragen vorläufig keine andere Antwort als die, das Schmittajahr in Israel praktisch nicht mehr einzuhalten. Es wird umgangen, indem das Land symbolisch einem Nichtjuden verkauft wird. Aber die Diskussion um dieses Gesetz ist noch nicht beendet. Ein Teil der Bevölkerung, die Haredin – sehr orthodox lebende Juden –, kauft im Schmittajahr kein israelisches Obst und Gemüse, sondern nur Importware.

Der Sinn des Schmittajahres besteht nicht nur in der Schonung des Bodens, sondern auch darin, eine soziale Gerechtigkeit herzustellen. Im Schmittajahr gibt es keine Grundeigentümer und keine Besitzlosen. Das Land gehört dem Schöpfer, kein Mensch hat einen Anspruch darauf. Der Gedanke, eine ausgleichende Gerechtigkeit herzustellen, kommt auch in dem Gesetz vom Schuldenerlass zum Tragen.

Das Schmittajahr war in biblischen Zeiten auch ein Schuldenerlassjahr:
Alle sieben Jahre sollst du ein Erlassjahr halten. So aber soll's zugehen mit dem Erlassjahr: Wenn einer seinem Nächsten etwas geborgt hat, der soll's ihm erlassen und soll's nicht eintreiben von seinem Nächsten oder

von seinem Bruder; denn man hat ein Erlassjahr ausgerufen dem Herrn. (5. Mose 15:1–2)

Aber schon in antiken Zeiten machten die jüdischen Autoritäten die Erfahrung, dass die Besitzenden den Bedürftigen keinen Kredit geben wollten, weil im Schmittajahr die Schuld erlassen wurde. Hillel Hasaken, ein Rechtsgelehrter, der im ersten nachchristlichen Jahrhundert lebte, entschied, dass durch eine Erklärung, die bei Gericht hinterlegt wird, die Schulden auch nach dem Erlassjahr eingetrieben werden können und sie im Schmittajahr nicht automatisch verjähren. Diese Erklärung, die von Richtern und Zeugen unterschrieben werden muss, heißt Prosbul. Hillel Hasaken setzte mit dem Prosbul faktisch das Gebot vom Schuldenerlass im Schmittajahr außer Kraft.

Heute wird in der israelischen Gesellschaft wieder ernsthaft über einen Schuldenerlass im Schmittajahr diskutiert. Bei einer Podiumsdiskussion im August 2007 zum Thema »Schmittajahr und Israel« führte Rabbiner Joel Ben Nun aus, dass heutzutage der größte Kreditgeber die Banken seien und Kreditnehmer, die ihre Schuld nicht begleichen können, wirtschaftlich für ihr Leben ruiniert würden.

»Deshalb ist es notwendig, das biblische Gebot vom Schuldenerlass wieder wörtlich zu nehmen, um Schuldnern eine Chance zu geben, ihr Leben wieder in den Griff zu bekommen. Es kann nicht angehen, dass die Banken immer reicher werden und sie gleichzeitig immer mehr Menschen ins wirtschaftliche Elend stoßen«, wetterte der Rabbiner vom Podium.

Das Publikum applaudierte lebhaft.

Ein Beamter des Ministeriums für Erziehung und Bildung legte dar, dass der Gedanke des Schmittajahres, nämlich ein Ruhejahr einzulegen, sich auch im Schabbatjahr findet. Alle Arbeitnehmer, die in erzieherischen Berufen tätig sind – von der Kindergärtnerin bis zum Professor –, müssen in Israel ein Schabbatjahr einlegen. Sechs Jahre wird ein Teil ihres Gehaltes für das siebte Jahr eingespart. Während des Schabbatjahres sind sie nicht in ihrem Beruf tätig, sondern dazu verpflichtet sich weiterzubilden.

Dieser Gedanke gefällt mir sehr gut. Als ehemalige Studienrätin weiß ich, wie sehr der Beruf des Lehrers, im wahrsten Sinne des Wortes, den Lehrer ausleert. Er muss in seinem Berufsleben unentwegt Wissen vermitteln, das Verhalten der Schüler disziplinieren und Defizite des Elternhauses ausbügeln. Anstatt Dankbarkeit erntet er oft Unmut. Die Früchte seiner Arbeit werden erst Jahre später sichtbar, und häufig nimmt er gar nicht wahr, wie sehr er die Persönlichkeit seiner Zöglinge geprägt hat. Es besteht die Gefahr, dass die Erzieher während des langen Arbeitslebens abstumpfen. Deswegen ist ein Schabbatjahr notwendig, damit sie ihre Kräfte erneuern und geistige Anregungen erhalten.

Eine andere Podiumsteilnehmerin sprach von der Notwendigkeit der Weiterbildung in allen wirtschaftlichen Unternehmen. Sie führte aus, dass es keinen Automechaniker gebe, der nicht eine berufliche Fortbildung nötig hätte, um die neuen Automodelle und ihre Ersatzteile kennenzulernen, keinen Versicherungsvertreter, der nicht eine Fortbildungszeit brauche, um von Neuerungen des Marktes und der Klientel zu erfahren. Um es genauer zu sagen – es gibt keinen Menschen, der nicht eine Auszeit nötig hätte, um sich über die laufenden Veränderungen auf seinem Arbeitsgebiet zu informieren.

»Jeder Mensch benötigt eine Befreiung von der täglichen Arbeit, um seine schöpferischen Kräfte zu aktivieren und zu sich selbst zu finden«, erklärte sie.

Mein Sitznachbar stimmte lauthals zu:»Bravo.«

»Genauso wie es sich durchgesetzt hat, dass jeder Mensch ein Anrecht auf einen Ruhetag in der Woche hat, müsste es sich durchsetzen, dass jeder Arbeitnehmer die Möglichkeit hat, ein Schabbatjahr einzulegen, das seiner persönlichen Weiterbildung und Fortentwicklung dient«, rief die Rednerin in das Publikum.

Drei Freunde

Die Rabbanit Malka öffnete die Tür. Ihr linkes Fußgelenk war mit einer weißen elastischen Binde umwickelt. Sie trug Hausschuhe aus blauem Plüsch und hinkte. An der linken Hand hatte sie eine bräunlich verkrustete Abschürfung.

»Haben Sie sich verletzt?«

»Nicht der Rede wert. Ich bin gestolpert, aber Gott sei Dank habe ich mir nichts gebrochen.«

»Man sieht aber, dass Sie nicht richtig auftreten können.«

»Der Schreck war größer als die Verletzung«, winkte sie ab und fragte sogleich:

»Soll ich Ihnen ein Wasser bringen?«

»Bitte machen Sie sich keine Mühe.«

»Das macht mir keine Mühe.«

Sie humpelte in die Küche. Als wir uns hingesetzt hatten, berichtete ich:

»Am Donnerstag habe ich an einer Tagung über das Schmittajahr teilgenommen.«

»Wo?«

»In Beit Avi Chai. Wir sprachen über den Prosbul und davon, dass durch eine Anordnung von Rabbi Hillel Hasaken der Schuldenerlass praktisch außer Kraft gesetzt wurde.«

»Das stimmt. Das Schuldenerlassjahr ist ein wichtiges Gebot, aber es lässt sich nicht verwirklichen.«

»Warum eigentlich nicht?«

»Dem Schuldenerlassjahr erging es ähnlich wie dem Kommunismus. Idealvorstellungen von der Gleichheit der Menschen und immerwährender Glückseligkeit spukten in den Köpfen der kommunistischen Vordenker. Sie strebten eine klassenlose Gesellschaft an, in der die Produktionsmittel der Gemeinschaft gehören. Aber am Ende führten die hehren Ideen zu korrupten, wirtschaftlich haltlosen und unfreien Staaten. Auch das Schuldenerlassjahr wurde nicht so umgesetzt, wie die Thora es eigentlich fordert. Die Besitzenden haben den Armen einfach überhaupt keine Kredite mehr gegeben, weil im Schmittajahr die Schuld verjährte und sie fürchteten, ihr Geld niemals wiederzusehen.«

»Warum gibt es dann überhaupt ein Gebot wie das Schuldenerlassjahr? Gott hätte doch wissen müssen, dass sich das praktisch nicht durchführen lässt. Er kennt doch die menschliche Natur. Warum sollte jemand einem anderen Geld borgen, wenn er diesem die Schuld im Schmittajahr erlassen muss? Wer verschenkt schon gerne sein Vermögen?«

»Die Gebote der Thora stellen höchste ethische Anforderungen an die Gläubigen. Sie fordern Idealzustände, und auch wenn sie nicht immer eingehalten werden können, so geben sie zumindest Anlass zum Nachdenken. Auch wenn das Schuldenerlassjahr im Allgemeinen nicht durchgeführt wird, so gibt es doch Menschen, die es ernst nehmen. Es gibt Gläubige, die borgen und erlassen die Schuld im Schmittajahr. Es ist eine höhere Form der Wohltätigkeit.«

»Jemandem Geld zu borgen und es im Schmittajahr zu erlassen, beschämt den Empfänger weniger, als wenn man ihm den Betrag von vornherein schenkt«, stimmte ich ihr zu.

»So ist es. Aber in der Regel wird durch eine Erklärung bei Gericht die Verjährung aufgehoben.«

»Glauben Sie, dass man irgendwann ein Schuldenerlassjahr für eine moderne Gesellschaft wird einführen können? Tatsache ist doch, dass sich immer mehr Menschen bei den Banken verschulden und nicht wissen, wie sie die Darlehen zurückzahlen sollen.«

»Da bin ich überfragt. Aber schauen wir uns doch einmal den Schabbat an. In den Zehn Geboten fordert Gott:

Am siebten Tage ist der Schabbat des Herrn, deines Gottes. Da sollst du keine Arbeit tun, auch nicht dein Sohn, deine Tochter, dein Knecht, deine Magd, dein Vieh, auch nicht dein Fremdling, der in deiner Stadt lebt. (2. Mose 20:10)

Das war ein Idealzustand, und für die Zeitgenossen von Moses völlig undenkbar. Ein freier Tag in der Woche! Der Knecht, die Magd, der Sklave, sogar das Vieh sollten ein Recht auf einen Ruhetag haben! Das gab es in biblischen Zeiten nicht. Aus den alten Schriften wissen wir, dass die Römer sich über die Juden lustig machten, weil sie am Schabbat nicht arbeiteten und auch ihren Sklaven einen Ruhetag gönnten. Im Altertum gab es keine freien Tage für die arbeitende Bevölkerung. Patrizier arbeiteten nie, die Sklaven immer. Aber heute, mehr als dreitausend Jahre nachdem dieses Gebot verkündet wurde, haben die meisten Kulturen diese göttliche Forderung akzeptiert. Mögen sie den Schabbat nicht in der strengen Form wie im Judentum übernommen haben, so hat sich doch der Gedanke durchgesetzt, dass jeder Mensch das Recht auf einen wöchentlichen Ruhetag hat. Vielleicht werden wir eines Tages eine Gesellschaftsform finden, in der das Schuldenerlassjahr eine feste Einrichtung ist. Eines ist klar, es können nicht die einen immer reicher und die anderen immer ärmer werden. Das muss langfristig zu neuen Gesetzen in einer Gesellschaft führen.«

»Da bin ich ganz Ihrer Meinung!«

»Wenn jemand in biblischen Zeiten sein Feld verkaufen und sich selbst als Sklave verdingen musste, dann kehrte sein Besitz nach sieben mal sieben Jahren, also im fünfzigsten Jahr wieder zu ihm zurück, und er musste freigelassen werden. Dieses Jahr nannte man das Jobeljahr. Die Thora lehrt, dass erworbener Boden und dessen Ertrag uns nicht für ewig gehören und angehäuftes Vermögen nicht immer im Familienbesitz bleibt. Das Geld ist flüchtig, wir können es nicht ewig halten. Entweder wird der Besitz von uns genommen oder wir werden von ihm genommen. Ins Jenseits mitnehmen können wir nur unsere guten Taten, sie werden vor Gott unsere Fürsprecher sein.«

Das Telefon klingelte, und die Rabbanit Malka hinkte zum Apparat.

»Ja, ich war bei der Schiwe. Sie war so ein wunderbarer Mensch. Für die Familie ist es tragisch. Ja, ja, sie starb durch den Kuss Gottes.

Sie haben erzählt, dass es eine große Beerdigung war. Nichts liegt in unserer Hand, alles ist beim Schöpfer. Ich rufe dich später an!«

Sie legte auf und setzte mich ins Bild:

»Ein unerwarteter Todesfall hat sich in der Familie ereignet. Meine Cousine Amalia, die in Tel Aviv lebte, ist plötzlich verstorben. Sie war erst vierundsechzig Jahre alt, kerngesund und klagte nie über Schmerzen. Amalia war immer gut aufgelegt und fühlte sich pudelwohl. Dienstagmorgen fuhr sie mit dem Bus zum Carmel Markt, und während sie einkaufte, wurde ihr plötzlich schlecht. An einem Obststand fiel sie hin. Man hat natürlich sofort einen Krankenwagen gerufen, aber der Arzt hat nur noch den Tod feststellen können.«

»Ist sie einem Herzschlag erlegen?«

»Keiner weiß es genau. Vielleicht war es auch ein Hirnschlag. Man hat keine Obduktion durchgeführt. Am nächsten Morgen war die Beerdigung, aber ich konnte nicht hinfahren. Ich musste unterrichten und konnte mir nicht freinehmen.«

»Hatte Ihre Cousine nahe Angehörige?«

»Ja, einen Mann und drei Töchter. Die Mädchen sind erwachsen und wohnen nicht mehr zu Hause.«

»Für die Familie muss es ja ein großer Schock gewesen sein.«

»Das kann ich Ihnen sagen. Am Donnerstag bin ich zur Schiwe gefahren, um mein Beileid zu bekunden. Mittags habe ich den Autobus nach Tel Aviv genommen. Eine Fahrt nach Tel Aviv ist für mich nicht nur eine Reise in eine andere Stadt, sondern fast wie in ein anderes Land. Schon am Busbahnhof bemerkt man, dass die Menschen anders gekleidet sind als in Jerusalem. Man sieht kaum Frauen in langen Röcken und Hüten, und vom Lärm der Musik, die aus den Lautsprechern in den Läden dröhnt, wird man regelrecht betäubt. Die Geschäfte in Tel Aviv sind eleganter als hier, und ein Wolkenkratzer nach dem anderen wird aus dem Boden gestampft. Ich habe die Straße, in der meine Cousine wohnte, fast nicht gefunden, weil ich von den neuen Wohnblocks so irritiert war. Ihr Mann hat bitterlich geweint, die Töchter waren gefasster. Wie soll man auch trösten? Alles liegt in Gottes Hand. Auf dem Rückweg habe ich mir dann den Fuß verstaucht.«

»Wie ist das geschehen?«

»Wie so etwas eben geschieht. Man denkt an nichts, und plötzlich fällt man hin. Aber alles hat einen tieferen Sinn und wird uns vom Himmel geschickt. Ich habe ein Dankgebet gesprochen, dass mir nichts Ernsthaftes passiert ist.«

»Sind Sie gestolpert?«

»Ich war schon auf dem Rückweg zur Bushaltestelle auf der Rothschild-Allee. Die Straße ist nicht wiederzuerkennen. Versicherungen und Banken haben sich dort Paläste gebaut, und ich, anstatt auf den Bürgersteig zu achten, hob meine Augen auf zu diesen Tempeln des Geldes. Wie hoch sie sind, wie viel Glas blitzt in der Sonne, wie viel Marmor schmückt die Eingänge! Aus den rotierenden Flügeltüren kamen schlanke Männer mit dunklen Anzügen und weißen Hemden, sie waren gekleidet, als wäre ein Feiertag. Frauen mit kurzen, engen Röcken flanierten auf dem Trottoir. Es sah alles so heiter und unbeschwert aus, und in diesem Moment stolperte ich über einen Pflasterstein und fiel hin.«

»Sie Ärmste!«

»Aus einem Café kam eine junge Kellnerin heraus und half mir auf die Beine. Sie führte mich an einen Tisch unter einem Sonnenschirm. ›Setzen Sie sich‹, sagte sie. ›Ich bringe Ihnen ein Glas Wasser.‹ So saß ich in dem Café und dankte dem Schöpfer, dass mir nichts passiert ist. Viele junge Leute waren dort. Sie tranken Kaffee oder aßen Salate und Sandwiches, und ich hatte Zeit, sie mir genauer anzuschauen.«

»Und was haben Sie gesehen?«

»Manche Kaffeehausbesucher hatten ihre Laptops dabei, und während sie aßen, schauten sie auf Daten und Tabellen. Zwei junge Frauen unterhielten sich über eine Ausstellung, die sie gerade besucht hatten. Kein einziger sprach einen Segensspruch, bevor er sein Essen in den Mund schob. Die Kaffeehausbesucher wussten nicht einmal, was sie zu sich nehmen, weil sie die ganze Zeit abgelenkt waren. Sie sprachen von Börse, Aktienkursen und Kunst. Es kam mir alles so absurd vor, insbesondere weil ich gerade von einem Beileidsbesuch kam.«

»Die Welt dreht sich weiter. Die Menschen im Café haben doch wahrlich nichts mit dem Tod Ihrer Cousine zu tun.«

»Aber sie verhalten sich, als würden sie ewig leben. Als gebe es keinen Schöpfer, dem sie irgendwann Rechenschaft ablegen müssten, als könnte man sich Sicherheit kaufen. Am Nachbartisch versuchte eine gestresste Vertreterin in einem grauen Hosenanzug einem Mann eine Versicherung zu verkaufen. ›Für so wenig Geld erwerben Sie so viel Sicherheit‹, erklärte sie. Von welcher Sicherheit sprach sie? Am liebsten hätte ich ihr gesagt: ›So wie meiner Cousine Amalia kann es jedem ergehen. Sie fuhr gesund zum Markt, und auf der Bahre hat man sie weggetragen.‹«

»Versicherungen sind sehr wichtig, Rabbanit Malka. Stellen Sie sich vor, es gäbe keine Krankenversicherungen. Die Reichen könnten sich eine ärztliche Behandlung leisten, aber die Armen würden ohne Arzt zugrunde gehen.«

»Sie haben recht. Und trotzdem kann die beste Versicherung den Tod nicht fernhalten. Wenn unsere Zeit kommt und wir dem Tod ins Auge schauen müssen, dann erhalten wir von der Versicherung keine Stütze und keinen Trost. Helfen kann uns nur das Vertrauen in den himmlischen Vater. Darum sollte man ihm dienen und gute Werke tun, denn sie werden in der kommenden Welt unsere Fürsprecher sein. Am liebsten wäre ich aufgestanden und hätte den Kaffeehausbesuchern die Geschichte von den drei Freunden erzählt. Aber ich habe das natürlich nicht getan, sondern geschwiegen. Denn erstens tat mir der Knöchel weh, und zweitens hätten sie mich wohl für eine alte Verrückte gehalten und mich ausgelacht.«

»Erzählen Sie mir die Geschichte.«

Wie es ihre Gewohnheit war, wenn sie eine längere Erzählung zum Besten gab, stand die Rabbanit Malka, trotz ihres verletzten Fußes, auf und stellte sich hinter den Stuhl. Sie umklammerte die Lehne und begann:

»Ein reicher Mann hatte drei Freunde. Den ersten liebte er und hing an ihm mit jeder Faser seines Herzens. Er liebte ihn so sehr, dass er sich für ihn aufopferte. Er arbeitete für ihn, scheute keine Mühe, um ihn zufriedenzustellen, und nahm jede Plackerei in Kauf, um ihm zu dienen. Wenn es dem Freund gutging, war der Mann glücklich, und wenn es dem Freund schlechtging, nahm er es sich so sehr zu Herzen, dass ihm die Tage vergällt waren und er die Nächte schlaflos zubrachte. Den zweiten Freund hatte er auch gern, wenn auch weniger als den ersten. Aber auch ihm war er zugetan, kümmerte sich um ihn, sorgte für ihn und zeigte Ehrfurcht und Respekt. Den dritten Freund hingegen beachtete er wenig. Gelegentlich erkundigte er sich nach ihm, tat ihm auch ab und zu einen Gefallen, aber da er sich von diesem Freund nichts versprach, ließ er ihn die meiste Zeit links liegen.

So ging es viele Jahre, aber irgendwann wendete sich das Schicksal unseres Mannes. Er machte Verluste, verlor sein Vermögen, seine Gläubiger zeigten ihn an, und der oberste Richter erklärte ihn für schuldig und verhängte eine schwere Strafe. Er sollte ins Gefängnis gehen und dort seine Strafe abbüßen. Da wusste der Mann nicht, was er tun sollte, und wandte sich an seine Freunde. Er ging zum ersten und bat:

›Du weißt doch, wie sehr ich dich liebe. Alles habe ich für dich getan, mein Leben hätte ich für dich hergegeben. Aber nun bin ich selber in Not geraten und bedarf deiner Hilfe. Du bist doch mein bester Freund. Bitte weise mich nicht ab, sondern stehe mir bei und helfe mir aus meiner Not.‹

Aber der Freund wandte sich von ihm ab und antwortete: ›Gehe von dannen und zieh deines Weges. Jetzt, wo du nichts mehr hast, mag ich dich nicht. Nur ein weißes Hemd kann ich dir geben, damit magst du deine Blöße bedecken. Mehr kannst du von mir nicht erwarten.‹

Nun suchte der Mann seinen zweiten Freund auf und sagte: ›Siehe, ich bin dir immer mit Achtung begegnet und habe für dich zeitlebens gesorgt. Wenn es dir schlechtging, war ich für dich da, warst du in Bedrängnis, so kümmerte ich mich um dich. Aber nun bin ich selber in Not geraten und mir ist nichts verblieben. Ich brauche deine Hilfe, bitte versage sie mir nicht.‹

Da antwortete der Freund: ›Sei mir nicht böse, aber ich habe an meinen eigenen Sorgen genug zu tragen. Dein Leiden kann ich nicht lindern, ich habe meine eigenen Schmerzen. Mir geht es selber nicht gut und ich kann nichts entbehren. Aber ich werde dich auf dem Weg bis zum Gefängnis begleiten, dann kehre ich um. Wie es dir dort ergeht, damit musst du selber zurande kommen. Mehr verlange nicht von mir, denn mehr kann ich für dich nicht tun.‹

In seiner Not wandte sich der Mann an den dritten Freund und sprach zu ihm: ›Ich schäme mich, zu dir zu kommen, denn als es mir gutging, habe ich dich vernachlässigt. Nur ab und zu habe ich dich besucht und nur widerwillig dir Gefälligkeiten erwiesen. Aber nun hat mich das Unglück ereilt. Mein Vermögen habe ich verloren, eine schwere Strafe wartet auf mich, und meine Freunde können mir nicht mehr helfen. Du bist der Letzte, an den ich mich wenden kann.‹

Da umarmte ihn der dritte Freund und antwortete: ›Wisse, alles, was du mir jemals gegeben hast, habe ich gut angelegt, und es hat Zinsen und Zinseszinsen gebracht. All dies gehört dir. Damit will ich dir helfen und dich von deiner Strafe erlösen.‹ Da freute sich der Mann, und es tat ihm leid, dass er diesem Freunde, als es ihm gutging und er ein vermögender Mann war, nicht noch viel mehr gegeben hatte.

Wer sind diese Freunde? Der erste ist das Geld, der Reichtum und all die irdischen Güter, für die wir schwer arbeiten und uns plagen, um sie zu erhalten. Wenn der oberste Richter sein Urteil gefällt hat und wir den letzten Gang antreten müssen, können wir von diesen Gütern nichts mitnehmen. Das Einzige, was sie uns ins Grab mitgeben, ist ein weißes Totenhemd. Der zweite Freund sind die Verwandten, die Freunde und Bekannten. Sie seufzen und begleiten uns bis zum Tode. Aber den Weg danach, den müssen wir alleine antreten. Der dritte Freund, das sind die guten Taten. Wenn wir vor dem obersten Richter stehen, dann werden sie für uns sprechen und uns den Weg ins Paradies weisen.«

Die Frucht des Baumes und die Frucht der Erde

Eine Woche später, auf meinem Weg zur Rabbanit Malka, entdeckte ich in der Straße, in der sie wohnt, einen kleinen Gemüseladen. Auf einer Auslage vor dem Geschäft lagen Wassermelonen. Die roten Früchte waren in der Mitte durchgeschnitten und mit Frischhaltefolie abgedeckt. Die Wassermelonen sahen süß und saftig aus, und ich beschloss, eine halbe Wassermelone für die Rabbanit zu kaufen. Der Laden war ein fensterloser Lagerraum. In grauen Metallregalen standen blaue und braune Plastikkästen. In der oberen Reihe lagerten Hermonäpfel, Pampelmusen, Pfirsiche und Zitronen, darunter standen Kartons mit Zwiebeln, Auberginen, roter Beete, Möhren und Kohlrabi. Ein Junge mit Down-Syndrom kauerte in einer Ecke auf einer Decke und knabberte Kartoffelchips. Seine lange Zunge streckte er dabei aus dem Mund, und Speichel tropfte auf sein gelbes T-Shirt.

Eine junge Kundin, die eine dunkelblaue Kappe trug und deren Teint bräunlich war, stand unschlüssig neben der Kiste mit roter Paprika und begutachtete die Früchte. Sie nahm eine Schote in die Hand, als wollte sie das Gewicht prüfen.
»Wie viel kostet das Kilo heute?«
Die vollbusige Besitzerin, eine Frau Anfang fünfzig, trug eine geblümte Kittelschürze über einem dunklen Rock und ein grünes Kopftuch. Sie hatte ein Doppelkinn und einen hellen Damenbart. Während sie sich hinter der Kasse erhob, rückte sie ihre Brille zurecht und sagte zu der Kundin:
»Die süße Paprika habe ich vorhin bekommen. Sie ist wunderbar. Neun Schekel das Kilo.« Gleichzeitig warf sie einen Blick auf den Jungen:

»Mosche, krümel nicht den ganzen Boden voll mit deinen Chips.«

»So teuer?«, beschwerte sich die Kundin.

Der Junge schüttelte die Tüte.

»Die grünen sind billiger. Sechs Schekel. Mosche, heb die Chips auf.«

»Meine Kinder schmeißen auch alles auf den Boden«, versicherte die junge Frau der Ladenbesitzerin und fuhr fort: »Ich will die Paprika mit Knoblauch einlegen. Grüne Paprika schmeckt nicht. Ich habe schon alles ausprobiert. Meine Schwiegermutter besucht uns morgen Abend, weil mein Mann Geburtstag hat. Da will ich ein paar gute Salate als Vorspeise anrichten.«

»Glauben Sie mir, man verdient kaum etwas an dem Obst und Gemüse, und wenn es zu lange im Laden liegt, wird es schlecht und man kann es nur noch wegschmeißen. Jeder will nur das Beste und das auch noch möglichst billig«, schimpfte die Gemüsefrau, aber lenkte sogleich ein:

»Meinetwegen, achteinhalb Schekel das Kilo. Wie legen Sie die Paprika ein?«

»Ich backe fünf große Paprika eine Dreiviertelstunde im Ofen und lasse sie auskühlen. Danach ziehe ich die Haut ab, schneide sie auf und entferne den Stiel und die Kerne. Dann mische ich einen Löffel Olivenöl und einen Löffel Zitronensaft unter die Paprika und gebe eine klein gehackte Knoblauchzehe dazu. Das Ganze muss man ein paar Stunden ziehen lassen.«

Die junge Kundin hatte eine Plastiktüte von einer Rolle gerissen und füllte sie mit roten Paprikafrüchten.

»Sind die Melonen süß?«, fragte ich die Ladeninhaberin.

»Was heißt süß? Reiner Zucker!«

»Ich habe neulich eine Wassermelone im Supermarkt gekauft. Die schwere Melone habe ich bis nach Hause geschleppt, die Arme sind mir dabei lang geworden. Aber als ich sie daheim probiert habe, hat sie wie ausgelutschte Watte geschmeckt.«

»Meine Melonen schmecken wie aus dem Garten Eden. Wenn sie nicht gut ist, nehme ich sie zurück.«

»Fünf Paprika reichen, oder soll ich nicht doch sieben nehmen? Ich habe es nicht gerne, wenn zu wenig auf dem Tisch steht.«

»Nehmen Sie sechs.«

»Sechs ist eine gerade Zahl. Das ist nicht gut, dann schon lieber sieben.«

Die Frau hatte ihr Obst und Gemüse in durchsichtigen Plastiktüten verstaut und reichte sie der Gemüsefrau zum Abwiegen.

»Machen Sie mir bitte die Rechnung fertig.«

»67 Schekel und 40 Agurot.«

»Sagen wir 65 Schekel.«

»66 Schekel. Ich werde noch betteln gehen müssen.«

»Danke. Mögen Ihnen noch viele gute Taten vergönnt sein, und einen guten Tag!«

»Bleiben Sie gesund. Alles Gute für Ihren Mann. Auf Wiedersehen.«

Die Gemüsefrau wandte sich mir wieder zu.

»Diese halbe Wassermelone möchte ich jemandem als Geschenk mitbringen. Aber bevor ich sie kaufe, will ich sie probieren.«

Der Junge hatte die Tüte mit den Kartoffelchips beiseitegelegt und schaute mich mit seinen schmalen Augen neugierig an.

»Meinetwegen.«

Mit einem Messer schnitt die Ladenbesitzerin ein kleines Eckchen ab. Die Melone schmeckte köstlich.

»Ich will auch Melone«, quengelte das Kind.

»Gleich. Soll ich Ihnen die Melone abwiegen?«

»Ja. Und legen Sie bitte auch vier Bananen dazu.«

»Suchen Sie sich die Bananen aus.«

Von einer Küchenrolle riss sie einige Blätter ab und wischte dem Jungen über Mund und Nase. Dabei gab sie ihm einen Kuss auf den Kopf. Dann schnitt sie eine Scheibe Melone ab und reichte sie ihm.

»Hier, Mosche, da hast du ein Stück. Was sagt man?«

»Gelobt bist Du Herr, unser Gott, der Du die Frucht des Baumes erschaffen hast.«

»Der Du die Frucht der Erde erschaffen hast«, verbesserte ihn die Mutter.

»Der Du die Frucht der Erde erschaffen hast«, wiederholte Mosche und biss in die Wassermelone. Der rote Saft tropfte auf sein fleckiges T-Shirt, und er leckte mit der Zunge seine Mundwinkel ab.

Die Gemüsefrau hielt mir ein Schälchen mit Aprikosen hin: »Meine Aprikosen sind reiner Honig. Probieren Sie.«

»Ich habe ein wenig Obst mitgebracht«, begrüßte ich die Rabbanit und überreichte ihr die Plastiktüten. Malka schaute hinein. »Eine halbe Wassermelone, Bananen und Aprikosen. Danke. Wo haben Sie das schöne Obst gekauft?«

»Im Gemüseladen an der Ecke.«

»Bei Hanna?«

»Ich weiß nicht, wie die Frau heißt.«

»Die Gemüsefrau heißt Hanna. Ihre älteste Tochter Rahel hat vorige Woche geheiratet. Hanna hat acht Kinder. Der jüngste Sohn ist behindert.«

»Ich habe ihn gesehen. Er hat das Down-Syndrom.«

»Genau. Oft spielt er im Laden. Hanna kümmert sich rührend um ihn.«

»Heutzutage muss man keine Kinder mit dem Down-Syndrom zur Welt bringen. Bei der Fruchtwasseruntersuchung kann man zu einem frühen Zeitpunkt der Schwangerschaft feststellen, ob das Kind gesund oder behindert ist. Man kann es problemlos abtreiben.«

»Keine Abtreibung ist problemlos. Das Ungeborene ist ein Mensch mit einer Seele, und auch das Leben des Fötus fällt unter das Gebot: Du sollst nicht töten. Wenn man das behinderte Kind nicht akzeptiert, dann akzeptiert man die Welt nicht, wie sie von Gott geschaffen wurde.«

»Muss man denn alles tatenlos hinnehmen? Deswegen gibt es ja die Vorsorgeuntersuchungen, damit eventuelle Behinderungen erkannt werden und sich die Eltern gegebenenfalls gegen das Kind entscheiden können. Ich bin in diesem Punkt ganz anderer Meinung als Sie!«

»Unsere Weisen lehren, dass auch der behinderte Mensch seine

Aufgabe in dieser Welt hat und Großes zuwege bringen kann, so wie in der berühmten Geschichte von Baal Schem Tov und dem Jungen, der nicht lesen und beten konnte.«

»Es gibt so viele Geschichten von Baal Schem Tov. Welche meinen Sie?«

»In einem Dorf lebte ein Junge, der nicht lesen und schreiben konnte. Vielleicht war er wie der kleine Mosche von Hanna? Der Junge konnte nur pfeifen. An Jom Kippur, dem Versöhnungstag, nahm ihn sein Vater mit in die Synagoge zum Neila-Gebet. Er trug dem Sohn auf, sich ja still zu verhalten und die anderen nicht in ihrer Andacht zu stören. Vorne am Thoraschrein, mit dem Rücken zur Gemeinde, stand in gebeugter Haltung Rabbi Baal Schem Tov. Er hatte seinen Gebetsmantel über sein Haupt gelegt. Die Gläubigen blickten in ihre Gebetbücher, baten den Herrn, er möge ihre Sünden verzeihen und sie in das Buch des Lebens eintragen. Inbrünstig seufzten die Beter, und andächtig rezitierten sie das Neila-Gebet. ›Du reichst die Hand den Sündern, und alle Sünden wollen wir vor Dir bekennen. Lösche sie aus in Deinem großen Erbarmen.‹ Die Gemeinde war mit dem Gebet fertig, aber Rabbi Baal Schem Tov rührte sich nicht. Totenstille herrschte in der Synagoge. Da ertönte ein Pfiff! Aufgebracht wandten sich die Gläubigen um. Wer wagt es, diese heilige Andacht durch einen gemeinen Pfiff zu stören? Der Junge, der nicht lesen konnte und nicht zu beten verstand. Er wusste nicht, wie er seine tiefe Liebe zum Schöpfer anders ausdrücken sollte. Er konnte ja nur pfeifen, und in seinen Pfiff hatte er seine Sehnsucht, seine Verehrung und seine Liebe zum Allmächtigen gelegt. In diesem Moment drehte sich Rabbi Baal Schem Tov um, und sein Antlitz leuchtete vor Freude: ›Ihr sollt wissen‹, sagte er zu der Versammlung, ›unsere Gebete schwebten wie eine bleierne Wolke über uns. Der Himmel war verschlossen, und unsere Bitten konnten nicht zum Schöpfer gelangen. Erst dieser Pfiff öffnete die Himmelspforten, und unsere Gebete flogen zum Allmächtigen.‹«

»Die Erzählung kenne ich.«

»Baal Schem Tov lehrt mit dieser Geschichte, dass jeder Mensch, sei er in unseren Augen noch so dumm und unfähig, durch seinen tiefen Glauben die anderen retten kann. Auch der kleine Mosche von Hanna hat eine Aufgabe in dieser Welt, und wenn man das Kind kennt, dann sieht man, was für ein liebenswerter Junge er ist.« Was konnte ich entgegnen? Ich schwieg und nickte mit dem Kopf.

»Aber jetzt will ich das Obst wegpacken«, entschied die Rabbanit Malka.

Sie trug die Plastiktüten in die Küche und kam mit einem Tablett, auf dem zwei Glasschalen mit Früchten standen, zurück. In jedem Schüsselchen befanden sich einige Stücke von der roten Wassermelone und jeweils eine Aprikose. Neben den Schälchen lagen zwei Bananen, Gabeln und rosa Papierservietten.

»Wenn Sie schon das Obst mitgebracht haben, wollen wir es auch essen und dabei die Segenssprüche für Obst und Gemüse lernen. Haben Sie die kleine Broschüre dabei, die ich Ihnen neulich gegeben habe?«

»Ich habe sie zu Hause vergessen«, musste ich bekennen.

»Macht nichts. Also, bevor wir Obst oder Gemüse essen, müssen wir einen Segensspruch sagen«, belehrte mich Malka. »Fangen wir mit den Aprikosen an.«

Sie nahm die Aprikose in die Hand, sagte: »Gelobt seist Du Herr, unser Gott, König der Welt, der Du die Frucht des Baumes erschaffen hast«, und biss in die Aprikose.

»Dieser Segensspruch gilt für alle Früchte, die auf einem Baum mit einem festen Stamm wachsen, zum Beispiel Äpfel, Birnen, Pfirsiche, Kirschen oder Oliven. Die Aprikosen sind wunderbar süß.«

»Hanna hat gesagt, dass sie gut sind.«

Nun nahm ich meine Aprikose und wiederholte den Segensspruch.

Danach spießte die Rabbanit Malka mit ihrer Gabel ein Stück Wassermelone auf und betete: »Gelobt seist Du Herr, unser Gott, König der Welt, der Du die Frucht der Erde geschaffen hast. Das ist der Segensspruch für Pflanzen, die am Boden, auf Stauden oder Ranken wachsen und jedes Jahr neu aus der Erde kommen.«

Ich nahm mit meiner Gabel ebenfalls ein Stück Wassermelone

und wiederholte: »Gelobt seist Du Herr, unser Gott, König der Welt, der Du die Frucht der Erde geschaffen hast.«

»Hanna hat das beste Obst in der Gegend. Die Melone ist ein Gedicht«, lobte die Rabbanit Malka das Obst.

»Das freut mich, dass sie Ihnen schmeckt. Neulich habe ich eine riesige Wassermelone aus dem Supermarkt geschleppt und zu Hause festgestellt, dass sie nur zum Wegwerfen taugte.«

»Das ist mir auch schon passiert. Auf dem Markt habe ich eine Wassermelone gekauft und erst zu Hause gemerkt, dass sie überreif war und säuerlich schmeckte. Deswegen kaufe ich nur noch die aufgeschnittenen Früchte. Die Farbe muss kräftig rot, aber nicht zu dunkel sein. Welchen Segensspruch würden Sie sagen, bevor Sie die Banane essen? Gesegnet sei die Frucht des Baumes oder die Frucht der Erde?«, prüfte mich Malka.

Ich dachte kurz nach.

»Eine Banane wächst doch auf einem Baum, also würde ich sagen: Gelobt seist Du Herr, unser Gott, König der Welt, der Du die Frucht des Baumes erschaffen hast.«

»So kann man sich täuschen. Die Bananen wachsen auf einer Staude. Deswegen wird der Segen ›der Du die Frucht der Erde geschaffen hast‹ gesagt.«

»Das ist aber kompliziert. Man muss ja über detaillierte Biologiekenntnisse verfügen, um die richtigen Segenssprüche zu wissen.«

»Es wird sogar noch komplizierter, denn es gibt einen besonderen Segensspruch für Speisen, die aus einer der fünf Getreidesorten – Weizen, Dinkel, Gerste, Hafer oder Roggen – hergestellt sind, die aber kein Brot sind, wie beispielsweise Kuchen, Brezeln, Nudeln oder Pizza. Bevor man diese Speisen zu sich nimmt, sagt man: Gesegnet bist Du Herr, unser Gott, König der Welt, der Du allerlei Arten der Speisen geschaffen hast.«

»Ich finde das sehr umständlich. Es ist ja fast schon nötig, einen Botanikkursus zu absolvieren, um die richtigen Segenssprüche zu sagen. Woher weiß zum Beispiel jemand, der noch nie eine Pampelmuse in der Natur gesehen hat, ob sie aus der Erde kommt oder auf einem Baum wächst?«

»Koscher essen bedeutet, über die Nahrung, die man zu sich nimmt, zuerst nachzudenken, und dazu gehört eben auch, dass man weiß, wie sie wächst. In einem religiösen jüdischen Haushalt lernen die Kinder von Anfang an, welche Frucht eine Frucht des Baumes und welche eine Frucht des Bodens ist, welche Speise aus den fünf Getreidesorten hergestellt wurde und was Brot ist. Aber auch derjenige, der sich der Kaschrut später zuwendet, lernt im Laufe der Zeit, den jeweiligen Pflanzen die richtigen Segenssprüche zuzuordnen.«

Wir aßen unser Obst, und als wir fertig waren, sagte die Rabbanit Malka:

»Jetzt danken wir dem Schöpfer für die Gaben.«

»Wieder mit dem langen Tischgebet?«

»Nein. Da keine der Obstsorten, die Sie mitgebracht haben, zu den sieben Früchten des Heiligen Landes gehört, beenden wir die Mahlzeit mit dem kurzen Gebet: Gelobt seist Du Herr, unser Gott, König der Welt, der Du zahlreiche Geschöpfe erschaffen hast und alles, was sie bedürfen. Alles hast Du geschaffen, um die Seele zu erhalten. Gelobt seist Du in alle Ewigkeit Lebender.«

»Was sind denn die sieben Früchte des Heiligen Landes?«

»Mit denen werden wir uns in der nächsten Stunde befassen.«

Die sieben Früchte des Heiligen Landes

Ich freute mich jedes Mal auf die Unterrichtsstunden bei der Rabbanit Malka. Ein bisschen merkwürdig war es schon: Obwohl wir in etwa gleichaltrig waren und der Unterricht bei ihr zu Hause stattfand, sprachen wir wenig über unser privates Leben. Nur zufällig hatte ich ihre Enkeltochter Schira kennengelernt. Ich hatte kurz erwähnt, dass ich einen Sohn, eine Tochter und eine Enkeltochter habe. Auf meine Frage, wer die Kinder auf den Fotos in der Vitrine seien, erzählte Malka, dass sie sechs Kinder und vierzehn Enkel hatte. Ihr Mann war Kantor. »Mein ältester Sohn hat die Stimme vom Vater geerbt, die anderen können leider nicht so schön singen.« Aber weder ihre Kinder noch ihren Mann habe ich je zu Gesicht bekommen. Die Rabbanit lehrte, erklärte und erzählte Geschichten, aber sie erkundigte sich niemals, ob der Unterricht irgendeinen Nachklang hatte. Sie fragte nicht nach meinen Essgewohnheiten, ob ich mir inzwischen die Hände vor dem Brotanfassen wusch oder ob meine Küche mittlerweile koscher war. Regelmäßig ging ich sonntags nachmittags zu meinem Privatunterricht. Sie forderte kein Entgelt, als sei es das Selbstverständlichste auf der Welt, dass man jede Woche eine Stunde seiner Freizeit opfert, um eine fremde Person in der Kaschrut zu unterrichten.

»Ich komme gerne zum Lernen, aber es ist mir unangenehm, dass Sie Ihre Zeit völlig umsonst opfern.«

»Ich opfere meine Zeit nicht umsonst. Gott hat Sie geschickt, und es ist mein Verdienst, dass ich Ihnen Thora beibringen darf.«

»Ich würde den Unterricht trotzdem gerne bezahlen. Jeder Lehrer nimmt ein Entgelt für Nachhilfestunden.«

»Wollen Sie mein Verdienst im Himmel schmälern?«

Sie wollte partout keine Vergütung annehmen. Mir fiel aber auf, dass sie nicht gut sah. Sie hielt die Bücher viel zu weit von den Augen entfernt, ein Zeichen von Altersweitsichtigkeit. Sie brauchte dringend eine Brille, und weil die Kosten für eine Brille nicht von der allgemeinen Krankenkasse übernommen werden, ließ sie sich keine anfertigen.

»Rabbanit Malka, ich glaube, dass Sie nicht gut sehen.«

»Woher wissen Sie das?«, fragte sie erstaunt.

»Sie halten den Tanach viel zu weit von den Augen entfernt.«

»Wenn ich das Buch nahe halte, sehe ich die Schrift verschwommen.«

»Ich habe das gleiche Problem. Ich habe immer gut gesehen und plötzlich, vor zwei Jahren, verschlechterten sich meine Augen. Das hängt mit unserem Alter zusammen.«

»Das ist möglich. Manchmal habe ich beim Lesen Kopfschmerzen.«

»Ich würde gerne mit Ihnen zum Optiker gehen.«

»Brillen sind teuer. Mein Mann hat sich kürzlich eine anfertigen lassen. Das war kein billiges Unterfangen.«

»Sie nehmen keine Bezahlung für den Unterricht. Dann lassen Sie mich bitte die Brille für Sie kaufen.«

Die Rabbanit Malka lächelte gerührt.

»Vielleicht hat Gott Sie zum Unterricht geschickt, damit ich eine Brille bekomme?«

»Ganz bestimmt.«

»Zum Optiker gehen wir ein anderes Mal, heute werden wir die sieben Früchte des Heiligen Landes kennenlernen«, beendete sie das Gespräch über die Brille und begann mit der Lehrstunde.

»In der Thora steht: *Denn der Herr, dein Gott, führt dich in ein gutes Land, ein Land, darin Bäche und Brunnen und Seen sind, die an den Bergen und in den Auen fließen, ein Land, darin Weizen, Gerste, Weinstöcke, Feigenbäume und Granatäpfel wachsen, ein Land, darin es Ölbäume und Honig gibt.* (5. Mose 8:7–8)

Diese Früchte symbolisieren den Charakter der Menschen«, erläuterte die Rabbanit Malka.

»Was hat Obst mit dem menschlichen Charakter zu tun?«

»Die Früchte versinnbildlichen die Eigentümlichkeiten der Menschen. Es gibt Früchte, bei denen man die Schale und das Innere essen kann, wie zum Beispiel die Feige. Sie veranschaulicht einen Menschen, der einen warmherzigen Eindruck macht und dessen Seele allen zugetan ist. Dieser Mensch ist durch und durch gut. Beim Granatapfel ist die Schale ungenießbar, aber die Kerne sind essbar. Er ist wie einer, der sich nach außen hin rau und hart gibt, aber in dessen Inneren wir gute Kerne finden. Der Granatapfel lehrt uns, dass wir nicht vorschnell urteilen und sagen sollen, dieser Mensch sei ungenießbar, weil wir uns an der harten Schale gestoßen haben. Wir müssen Geduld aufbringen und auch bei harten Menschen nach den guten Kernen suchen. Die Dattel ist süß und weich, hat aber einen ungenießbaren Kern, so wie ein Mensch, der nach außen hin freundlich und nett ist, aber in dessen Seele ein hartes Wesen verborgen ist. Die Dattel lehrt uns, dass wir uns nicht von schönen Worten und freundlichen Gesten täuschen lassen dürfen.«

»Damit ist ja die Palette des menschlichen Verhaltens abgedeckt.«

»Richtig. Es gibt keinen Menschen, an dem nicht irgendetwas Gutes dran ist. Wir sind im Ebenbild Gottes geschaffen. Der Schöpfer ist gut und seine Gebote helfen uns, auch wenn wir sie manchmal nicht ganz verstehen.«

»Zweifeln Sie nie an der Existenz Gottes?«

»Nie.«

»Ich wünschte mir Ihre Sicherheit. Manchmal spüre ich Gottes Gegenwart, und ein anderes Mal fühle ich nichts und weiß nicht, ob Er existiert.«

»Deswegen haben wir die Gebote. Wir befolgen sie, ohne dass wir uns dauernd mit den existentiellen Fragen beschäftigen müssen. Sie bringen uns Gottes Gegenwart nahe, weil wir zu ihm und über ihn sprechen. Sie sind wie ein Hammer, mit dem wir ein Loch in die harte Schale schlagen, die unsere Seele umgibt. Unsere Seele ist weich und mitfühlend, aber wir verderben sie. Wir zerstören das eigene Mitleiden. Weil wir uns täglich Gewalt im Fernsehen und Kino ansehen und Schreckensnachrichten in den Zeitungen lesen, stumpfen wir gegenüber dem Leid ab und interessieren uns nicht dafür, wie es unseren Nachbarn geht. Wir lassen uns von der Werbung einlullen und glauben, dass wir uns all dieses überflüssige Zeug kaufen müssen, das uns laufend vor Augen geführt wird. Unser Selbstwertgefühl hängt davon ab, was wir anziehen oder welches Auto wir fahren, und unsere Energie und Kraft setzen wir ein, um nach außen hin jung, dynamisch, schön und erfolgreich zu erscheinen. Wir panzern uns mit einer Schale und nehmen auch bei den anderen nur noch die Schale wahr. Die Seele und die guten Kerne suchen wir gar nicht mehr. Die Gebote hingegen zeigen uns einen Weg, der unser Leben mit Freude erfüllt, weil wir in dem, was wir tun, einen Sinn erkennen. Wie groß ist der Unterschied, wenn wir eine frische Dattel essen, ohne uns Gedanken zu machen, oder wenn wir Gott für diese köstliche kleine Frucht danken, bevor wir sie in den Mund stecken und sie ihre Süße zwischen unseren Zähnen entfaltet. Dasselbe gilt für jedes Nahrungsmittel. Aber die sieben Früchte des Heiligen Landes sind etwas Spezielles.«

»Erzählen Sie mir doch noch etwas über die sieben Früchte«, bat ich die Rabbanit Malka.

»Als Erstes erwähnt die Thora den Weizen und die Gerste. Aus beiden wird Brot gebacken. Die Schaubrote im Tempel wurden aus Weizenmehl gebacken, und auch die Schabbatbrote werden aus diesem Mehl hergestellt. Brot aus Gerstenmehl galt in biblischen Zeiten als das Brot der Armen. Die dritte Frucht, der Weinstock, wird seit über dreitausend Jahren in Israel kultiviert. Die Weinrebe symbolisiert wirtschaftlichen Reichtum und Überfluss.«

»Das Bild mit den zwei Männern, die eine Weinrebe tragen, sieht man ja überall.«

»Es waren Kaleb und Josua, die als Kundschafter die Weinrebe aus dem Heiligen Land den Kindern Israel mitbrachten und zeigen wollten, in was für ein fruchtbares Land Gott sie führen wird. Danach nennt die Thora die Feigenbäume. Sie gehören zu den ältesten Bäumen im Mittelmeerraum. Ihre großen Blätter bieten im heißen Sommer Schatten, und ihre Früchte, die Feigen, schmecken sowohl frisch wie auch getrocknet hervorragend. An mehreren Stellen erwähnt der Tanach den Weinstock und den Feigenbaum als Sinnbilder der Ruhe und des Friedens. Die bekannteste Vision finden wir beim Propheten Micha.«

Die Rabbanit Malka nahm wieder den Tanach zur Hand und suchte die Stelle.

»Hier ist sie schon: *Sie werden ihre Schwerter zu Pflugscharen und ihre Spieße zu Sicheln machen. Es wird kein Volk wider das andere das Schwert erheben, und sie werden hinfort nicht mehr lernen, Krieg zu führen. Ein jeder wird unter seinem Weinstock und Feigenbaum wohnen, und niemand wird sie stören. Denn der Mund des Ewigen der Heerscharen hat geredet.*« (Micha 4:3–4)

»Glauben Sie, dass wir in Israel den Frieden mit allen unseren arabischen Nachbarn erleben werden?«, fragte ich sie.

»Natürlich glaube ich daran. Es steht doch hier. Sie können es mit eigenen Augen lesen.«

»Ich weiß gar nicht, wie wir den Konflikt hier im Nahen Osten lösen können«, zweifelte ich.

»Seien Sie nicht so kleingläubig. Ihr logischer Verstand hindert Sie daran, dass Sie sich eine Lösung vorstellen können.«

»Was hat denn mein Verstand damit zu tun?«

»Wenn Sie vor zweihundert Jahren mit klugen und rational denkenden Menschen gesprochen und ihnen gesagt hätten, das Volk Israel wird eines Tages in das Land Israel zurückkehren, dann hätte man Sie gefragt: Wie soll denn das geschehen? Keiner konnte sich das vorstellen. Aber die gläubigen Menschen haben fest daran geglaubt, weil es die Propheten vorausgesagt haben. Und genauso glaube ich, dass der Frieden kommen wird. Ich weiß nicht wann, ich weiß nicht wie, aber er wird kommen.«

»Ihr Wort in Gottes Ohr«, stimmte ich zu.

»Aber jetzt kehren wir zu unseren Früchten zurück. Als Nächstes werden die Granatäpfel genannt. Man sagt, dass sie 613 Kerne haben, so viele wie es Gebote in der Thora gibt. Der Granatapfel ist auch ein Symbol für die Fruchtbarkeit.«

»Der Granatapfel ist eine meiner Lieblingsfrüchte. Ich schneide ihn auf und presse ihn wie eine Apfelsine in einer elektrischen Zitruspresse aus. Den Saft und die Kerne vermische ich mit Joghurt und Walnüssen. Einfach köstlich.«

»Granatäpfel sind sehr gesund, und ich werde Ihr Rezept ausprobieren«, versicherte mir die Rabbanit Malka und fuhr in ihren Erklärungen fort:

»Die Form des Granatapfels wurde als kultischer Gegenstand zum Schmücken der Thora verwandt. An einem Ende hat der Granatapfel ein kleines Krönchen, und weil die Thora die Krone des jüdischen Volkes ist, wurden ihre Stäbe mit silbernen Granatäpfeln versehen. Im Laufe der Jahrhunderte haben die Aufsätze alle möglichen Formen angenommen, aber der Name Rimonim – Granatäpfel – für die Bezeichnung der Thoraaufsätze ist erhalten geblieben.«

»Welche Frucht kommt jetzt dran?«, fragte ich.

»Die Ölbäume mit den Oliven. Das Olivenöl war schon immer ein ganz besonderes Öl. Die Menorah, der siebenarmige Tempelleuchter, wurde mit reinem Olivenöl gespeist. In biblischen Zeiten wurden auch die Könige mit Olivenöl gesalbt. Es ist ein sehr bekömmliches Öl, und eingelegte Oliven schmecken sehr gut.«

»Ich musste mich an die eingelegten Oliven erst gewöhnen. Als ich noch in Deutschland lebte, habe ich niemals Oliven gegessen.«

»Bei den Juden aus den Mittelmeerländern gehörten die Oliven immer zum Speisezettel, bei den Juden aus den nordeuropäischen Ländern hingegen waren sie nahezu unbekannt. Anstatt Olivenöl wurden dort eher tierische Fette, wie Butter oder Hühnerschmalz, verwendet. Aber heute weiß ja jeder, wie gesund das Olivenöl ist. Als siebte und letzte Frucht nennt die Thora den Honig.«

»Aber Honig ist doch keine Frucht«, wandte ich ein.

»Die Dattel wird in der Thora Honig genannt. Die Früchte wachsen in der hohen Dattelpalme in dichten Büschen unterhalb des Wipfels. Die Datteln können frisch oder getrocknet gegessen werden. Aus ihnen wird ein süßes Mus gewonnen, das man gut zum Backen verwenden kann. Die sieben Früchte verbinden uns mit dem Land Israel, und deswegen sprechen wir ein besonderes Tischgebet, wenn wir sie genossen haben. Haben Sie diesmal die Broschüre mitgebracht, die ich Ihnen neulich gegeben habe?«, fragte die Rabbanit Malka.

Ich schlug mir gegen die Stirn.

»Nein. Ich habe noch daran gedacht, sie mitzunehmen, aber im letzten Augenblick habe ich sie vergessen.«

»Macht nichts. Die Segenssprüche stehen auch im Sidur, im Gebetbuch.«

Die Rabbanit Malka holte aus dem Regal zwei Gebetbücher und reichte mir eines.

»Lesen wir das Tischgebet, das gesagt wird, wenn wir eine der sieben Früchte des Heiligen Landes gegessen haben. Haben wir Trauben, Feigen, Oliven, Granatäpfel oder Datteln verzehrt, dann danken wir mit folgenden Worten:

Gelobt seist Du Herr, unser Gott, König der Welt, für den Baum und die Frucht des Baumes, den Ertrag des Feldes und das liebliche gute und geräumige Land, das Du voll Wohlgefallen unseren Vätern hast zuteil werden lassen, von dessen Frucht zu essen und an dessen Güte sich zu sättigen. Erbarme Dich, Herr unser Gott, über Dein Volk Israel, über Deine Stadt Jerusalem, über Zion, die Stätte Deiner Herrlichkeit, über Deinen Altar und über Deinen Tempel. Und baue in Kürze die heilige Stadt Jerusalem noch in unseren Tagen auf. Führe uns zu ihr hinan und erfreue uns in ihren Bauten, dass wir von ihrer Frucht essen, an ihrer Güte uns sättigen und Dich loben für sie in Heiligkeit und Reinheit. Denn Du, Herr, bist gütig und erweisest allen Gutes, Dir wollen wir danken für das Land und seine Früchte. Gelobt seist Du, Herr, für das Land und seine Früchte.

Haben wir eine Speise aus Weizen, Gerste, Roggen, Hafer oder Dinkel gegessen, die aber kein Brot ist, dann sagen wir:

Gelobt seist Du Herr, unser Gott, König der Welt, für die Ernährung und die Erhaltung und den Ertrag des Feldes und das liebliche gute und geräumige Land, das Du voll Wohlgefallen unseren Vätern hast zuteil werden lassen, von dessen Frucht zu essen und an dessen Güte sich zu sättigen. Erbarme Dich, Herr unser Gott, über Dein Volk Israel, über Deine Stadt Jerusalem, über Zion, die Stätte Deiner Herrlichkeit, über Deinen Altar und über Deinen Tempel. Und baue in Kürze die heilige Stadt Jerusalem noch in unseren Tagen auf. Führe uns zu ihr hinan und erfreue uns in ihren Bauten, dass wir von ihrer Frucht essen, an ihrer Güte uns sättigen und Dich loben für sie in Heiligkeit und Reinheit. Denn Du, Herr, bist gütig und erweisest allen Gutes, Dir wollen wir danken für das Land und die Erhaltung. Gelobt seist Du, Herr, für das Land und die Ernährung und die Erhaltung.«

»In jedem Tischgebet kommt die Erwähnung des Landes und Jerusalems vor«, stellte ich fest.

Die Rabbanit Malka nickte.

»Sie sind eine aufmerksame Zuhörerin«, lobte sie mich und erhob sich. Ohne ersichtlichen Grund stellte sie sich ans Fenster und blickte nach draußen.

»Kommen Sie hierher und sehen Sie aus dem Fenster. Gegenüber wird ein neues Haus gebaut und dahinten eine Straße asphaltiert.«

»Was hat das mit dem Tischgebet zu tun?«, wunderte ich mich.

»So wie wir jetzt das Tischgebet gelesen haben, wiederholen es die Juden seit zweitausend Jahren. Im Jahre siebzig der allgemeinen Zeitrechnung haben die Römer Jerusalem dem Erdboden gleichgemacht, den Tempel zerstört und das Volk Israel in die Verbannung geschickt. Aber in jedem Land, in dem Juden gelebt haben, beteten sie Generation um Generation jeden Tag nach dem Essen: Baue in Kürze die heilige Stadt Jerusalem noch in unseren Tagen auf. Es war ein Gebet, ein Wunsch, nichts anderes als der Traum eines Volkes im Exil. Und unsere Generation darf an diesem Wunder teilhaben. Aus der Vision ist Wirklichkeit geworden.«

Jerusalem zwischen Vision und Wirklichkeit

Jerusalems Bedeutung für das Volk Israel geht zurück auf den Tag, an dem Gott am Berg Sinai die Zehn Gebote verkündete. Sehen wir uns den Dekalog einmal genauer an, dort heißt es: *Ich bin der Herr, dein Gott, der dich aus der Knechtschaft Ägyptens geführt hat. Du sollst keine anderen Götter haben neben mir.* (2. Mose 20:2–3) und *Du sollst dir kein Bildnis machen.* (2. Mose 20:4) Was für ein revolutionärer und visionärer Gedanke! Ein Gott offenbart sich hier, der keine Gestalt hat. Ein ewiger, unendlicher, mit menschlichen Maßstäben nicht fassbarer Gott. Was für uns, die wir seit Jahrtausenden mit dem monotheistischen Gottesbild leben, selbstverständlich ist, war damals eine radikale Umwälzung des Denkens. Zu jener Zeit war der Glauben der Menschheit von der Vielgötterei geprägt. Befand sich die technische und kulturelle Entwicklung der einzelnen Völker auf unterschiedlichem Niveau, so herrschte doch Übereinstimmung in der Auffassung, dass die Geschicke auf der Erde von vielen Gottheiten gelenkt werden.

Gedenke des Schabbattages, dass du ihn heiligst. (2. Mose 20:8) Ein wöchentlicher Ruhetag wird jedem Menschen zugestanden. Wo gab es so etwas? Die antike Welt war in Herrscher und Sklaven eingeteilt. Die Herrschenden bestimmten frei über die Zeit ihrer Aktivität und Ruhe, ihren Wochen- und Tagesverlauf. Die Sklaven hingegen waren ihren Gebietern ausgeliefert. Sie mussten immer zur Stelle sein, pausenlos arbeiten, und ihnen waren keine Ruhetage vergönnt.

Du sollst nicht töten. (2. Mose 20:13) Jeder Mensch hat ein Recht auf Leben. Auch das war neu. Sklaven hatten zu jener Zeit kein Recht auf Leben. Ihre Herren konnten über sie nach Gutdünken verfügen, sie straflos schänden, verletzen oder sogar umbringen.

Du sollst nicht ehebrechen. (2. Mose 20:14) Im Mittelpunkt dieses

128

Gebotes steht die Unantastbarkeit der Familie. Dieses Gebot schiebt den sexuellen Gelüsten einen Riegel vor. Die Ehe ist ein heiliger Bund zwischen Mann und Frau, in den eine andere Person nicht einbrechen darf, denn nur im geschützten Haus der Ehe kann die nächste Generation ruhig heranwachsen.

Du sollst nicht stehlen. (2. Mose 20:15) Jeder Mensch hat ein Recht auf Eigentum, und der Starke darf dem Schwachen seinen Besitz nicht wegnehmen. Es ist ein Gebot gegen das Faustrecht, das in früheren Jahrhunderten existierte, aber auch gegen die menschliche Gier, durch List und Tücke dem anderen sein Gut wegzunehmen. In die gleiche Richtung weist auch das nächste Gebot:

Du sollst kein falsches Zeugnis ablegen und nicht begehren deines nächsten Haus. (2. Mose 20:16–17)

In der Offenbarung der Zehn Gebote spricht Gott den Menschen mit »du« an. Unabhängig von der Herkunft und vom Geschlecht ist jeder für Gott »du«, und alle Menschen unterstehen demselben Gesetz. Die Zehn Gebote, vor über 3300 Jahren vom Volk Israel in der Wüste vernommen, haben das Denken und Handeln der gesamten Menschheit geändert und geprägt.

Nachdem Gott zu den Kindern Israel gesprochen hatte, stieg Moses auf den Berg und erhielt das auf zwei steinernen Tafeln niedergeschriebene Gesetz. In einem kostbaren Behälter aus Akazienholz, innen und außen mit Gold verkleidet, der Bundeslade, wurden die Steintafeln aufbewahrt. Solange das Volk Israel von Ort zu Ort zog, wurde die Bundeslade überall mitgenommen. Ihr Platz war in der Mitte des Volkes, und mit dem Volk wanderte und bewegte sie sich, bis sie ihren endgültigen Bestimmungsort in Jerusalem fand.

Im zweiten Buch Samuel heißt es:
Und der König, es war David, zog mit seinen Männern vor Jerusalem gegen die Jebusiter, die im Lande wohnten. David eroberte die Burg Zion, das ist Davids Stadt. (2. Samuel 5:6–7)
Dies geschah vor dreitausend Jahren. David hat Jerusalem nicht

gegründet. Er hat Jerusalem von den Jebusitern erobert, sie zu seiner Hauptstadt gemacht und die Bundeslade mit den steinernen Bundestafeln dorthin gebracht. Dadurch erhielt Jerusalem seine Bedeutung. Haupt- und Regierungsstädte gab und gibt es viele, prunkvolle Paläste, einladende Gärten und breite Straßen haben alle Herrscher in ihren Städten anlegen lassen, aber nur in Jerusalem fand das geschriebene Wort Gottes seinen Platz. König David hat Jerusalem mit Gottes Wort für immer und alle Zeiten verbunden. Dies ist die besondere Bedeutung Jerusalems, und keine andere Stadt auf dieser Welt kann ihr diesen Rang ablaufen.

Davids Nachfolger, sein Sohn Salomon, baute den Tempel, und im Innern des Tempels fand die Bundeslade ihren Platz. Ein prachtvoller Bau war dieses Haus. Die Schätze der Erde hat König Salomon dort verarbeitet, die besten Bauleute und Künstler waren am Werk, und doch war der Tempel nichts anderes als die Umkleidung der Bundestafeln, des Gesetzes. Das Wort musste sich dem Volk einprägen und nicht die Pracht des Tempels. Und das Wort hat sich eingeprägt. Als im Jahre 586 vor Christus Jerusalem vom babylonischen König Nebukadnezar eingenommen, der Tempel zerstört und das Volk Israel ins Exil verschleppt wurde, war die Lehre bereits mit dem Volk verbunden. Aus seiner Mitte erhoben sich die Mahner und Künder, und nur in Jerusalem konnten die kraftvollen Worte der Propheten gesprochen werden. Zu allen Zeiten leuchteten diese Worte dem Volk Israel, und in den dunkelsten Stunden trugen sie die Vision in die verängstigten Seelen des verbannten Volkes. Mögen Tausende von schwachen Seelen an den Prophezeiungen gezweifelt haben, so haben Tausende fest an sie geglaubt, bis aus der Vision Wirklichkeit wurde: Nach der Zerstreuung kommt das Sammeln, nach dem Exil die Rückkehr, nach der Zerstörung der Aufbau.

Aus der babylonischen Gefangenschaft kehrte das Volk heim und erbaute den Zweiten Tempel. Jerusalem wurde wieder das Zentrum des jüdischen Volkes. Dreimal im Jahr an den Wallfahrtsfesten pilgerte das Volk zum Tempel und opferte dort. Prachtvoll war auch dieser Tempel, wie uns der antike Historiker Josephus Flavius schildert: »Das Äußere des Tempels wies alles auf, was Herz und Augen staunen lässt. Denn über und über war der Tempel mit dicken Goldplatten umhüllt, und wenn die Sonne aufging, dann gab er seinen Glanz wie Feuer von sich, so dass der Beschauer, auch wenn er nicht absichtlich hinsah, sein Auge wie vor den Strahlen der Sonne abwandte.«

Aber auch dieses Haus hatte keinen Bestand. Im Jahre 70 nach Christus zerstörten die Römer unter der Herrschaft von Kaiser Titus das Heiligtum. Der römische Kaiser ließ Jerusalem schleifen, und Josephus Flavius klagte:

»Und wo ist sie hingekommen die Stadt, die Gott der Herr gewürdigt hatte, in ihr zu wohnen? Vom tiefsten Grund aus ist sie zerstört, und als einziges Denkzeichen von ihr blieb das Lager der Verwüster übrig, das noch auf ihren Trümmern steht. Elende Greise liegen bei der Asche des Tempels, und wenige Weiber, die für die schamlose Lust der Feinde aufbewahrt sind. Denkt einer an all das, wie mag er da den Tag noch schauen wollen, selbst wenn er fortan in Sicherheit leben könnte? Ach, wären wir doch alle gestorben, bevor wir die Heilige Stadt von Feindeshand zerstört sahen.«

Die Juden wurden verbannt, und die Finsternis des Exils legte sich auf das Haus Israel.

Rom, das mächtige Weltreich Rom, mit seinen modernen Waffen und der ausgeklügelten Kampftechnik, mit seinen starken Truppen und prächtigen Göttertempeln hatte Israel besiegt, Jerusalem geschändet, den Tempel zerstört und das Volk zerstreut. Unschlagbar und siegreich stand Rom in jenen Tagen da, keine bewaffnete Macht konnte seine Kraft brechen. Die Welt beherrschend, glorreich und göttergleich präsentierten sich die römischen Kaiser. Und da erwuchs ihnen aus der Mitte Jerusalems ihr Gegner, der Rom und seine Zeustempel restlos besiegte, nämlich das Christentum. Durch Jesus und seine Jünger wurden Roms Götter zerstört. Eine Handvoll Menschen, geboren aus dem Volke Israel, im Geiste der Thora aufgewachsen und ausgestattet mit dem Glauben an den ewigen, unendlichen und einzigen Gott, machte sich auf, Rom und die Welt zu erobern. Eine heidnische Festung nach der anderen fiel, ein Götzentempel nach dem anderen wurde von den Christen eingenommen, bis von Roms Götterglauben nicht mehr übrig blieb als ein historisches Mythengebilde, ein paar Steinfiguren, die nur noch in den Museen ausgestellt sind und die kein Menschenherz mehr anbetet. Durch Jesus und seine Jünger sind die ethischen Gebote der Thora aus dem engen Kreis Israels herausgeführt und der Glaube an den einzigen und wahrhaftigen Gott in der Welt verbreitet worden.

Ein Siegeszug ohnegleichen begann. Von der Mission beseelt, verbreitete das Christentum Gottes Wort. Genährt von der geistigen Wurzel Israels, gesäugt von den bereits über tausend Jahre alten überlieferten moralischen und ethischen Wertvorstellungen des Volkes Israel, predigten Paulus und die Apostel den Völkern Gottes Wort. Die Quelle des Neuen Testamentes ist die Thora, und der Geist der Evangelien ist von ihr geprägt. Aus dem Volk Israel und der Stadt Davids trugen sie Gottes Wort in die Welt. Petrus errichtete die Kirche, und seine Nachfolger erweiterten kontinuierlich ihre Macht. Sie dehnten die Herrschaft des Christentums über das ganze Abendland aus.

Über alle Völker Europas siegte die Kirche – nur an einem Volk scheiterte sie, an dem verschleppten Volk Israel. Je mächtiger die Kirche wurde, je prächtiger und höher ihre Gotteshäuser in den Himmel ragten, desto mehr entfernte sie sich von der Wurzel, die sie geboren und genährt hatte, und desto grausamer wurde ihre Umklammerung des jüdischen Volkes. Autodafés und Scheiterhaufen errichtete sie für das Volk Israel und seine Lehre. Mit Talmudverbrennungen, Vertreibungen und Zwangskonversionen presste sie die Juden. Sie brannte und mordete, verleumdete und hetzte, predigte Nächstenliebe und übte Hass. Mit Feuer und Schwert wollte sie die Thora dem Volk Israel entreißen. Lebendig ist noch die Erinnerung an die knisternden Thorarollen, die am 9. November 1938 brannten. Diejenigen, die das Feuer angezündet hatten, wurden in christlichen

Elternhäusern geboren und erzogen. In jener Nacht schauten christliche Priester und Pfarrer dem Schauspiel stumm zu. Nur wenige, allzu wenige, erhoben ihre Stimme gegen diesen Frevel.

Aber die Thora ist nicht brennbar. Weder die Babylonier noch die Griechen, weder die Römer noch die Nazis vermochten sie auszulöschen oder das Volk Israel von ihr abzubringen, und allmählich begreift das Christentum, dass man weder das Volk Israel noch die Thora aus der Welt entfernen kann. Immer mehr Christen kommen nach Jerusalem und suchen den Dialog mit den Juden, nicht um zu missionieren, sondern um zu lernen. Sie beginnen sich ernsthaft für die Lehre des Judentums und damit für ihre eigenen Wurzeln zu interessieren. Viele kommen hierher, um Hebräisch zu lernen, damit ihnen die Thora und die Worte der Propheten in der Ursprungsfassung zugänglich werden.

Die hebräische Sprache, zäh und verbissen während des Exils vom jüdischen Volk bewahrt, war keine gesprochene und gelebte Sprache mehr. Zwar wurde sie im Gottesdienst benutzt und die Thora in ihr vorgelesen, aber nur gelehrte Männer verstanden sie noch. Dem einfachen Volk war sie abhandengekommen. Die meisten Juden rezitierten sie in den Gebeten, ohne sie weiterzuentwickeln. Hebräisch versank im Dämmerschlaf. Da erweckte sie im vorigen Jahrhundert ein Mann namens Eliezer Ben Jehuda. Unerschütterlich beharrte er darauf, dass man auf Hebräisch nicht nur beten, sondern auch einkaufen, Bahn fahren, bauen und kochen kann. Eliezer Ben Jehuda war der Erste, der seine Kinder anhielt, hebräisch zu spielen, hebräisch zu tanzen, hebräisch zu lachen. Heute erfährt die Sprache eine Renaissance, wie sie vor wenigen Generationen noch keiner für möglich gehalten hat. Für die Israelis ist das Siegel, mit dem die Thora verschlossen war, gebrochen worden, denn nur Hebräisch ist das Werkzeug, um die Heilige Schrift zu verstehen. In allen Schulen Israels, ob sie nun religiösen oder weltlichen Charakter haben, ist Tanach Hauptfach, denn die Sprache und die Kultur Israels sind ohne diese Schrift unverständlich.

Im Jahre 70 nach Christus wird Jerusalem zerstört, werden vom Tempel bis auf die Westmauer alle Wände zerhauen und die Steine abgetragen, und die Stadt hört für das jüdische Volk auf, Realität zu sein, und wird zur Vision. Aber von Anfang an bereitet sich das Volk auf die Rückkehr vor und lässt Jerusalem nicht in die Dunkelheit des Vergessens hinabgleiten. Die Juden beten in Richtung Jerusalems, beweinen jedes Jahr am neunten Tag des Monats Aw die Zerstörung des Tempels und mischen in jede Freudenfeier eine Träne um das verlorene Heiligtum. Bei jeder jüdischen Hochzeit wird ein Glas zerbrochen, nicht etwa weil Scherben Glück bringen, sondern um an die zerbrochenen Mauern des Tempels zu erinnern; bei jeder neu renovierten Wohnung wird eine Stelle unvollendet gelassen, um die zerstörten Wände des Tempels vor Augen zu haben; bei jedem Tischgebet wird die Bitte ausgesprochen: »Und baue in Kürze die heilige Stadt Jerusalem noch in unseren Tagen auf.« Jahrtausendelang beendet das Volk Israel das Pessachmahl mit dem Wunsch: »Nächstes Jahr in Jerusalem.«

Während der Jahrtausende des jüdischen Exils bleibt Jerusalem eine kleine, unbedeutende Stadt am Rande des Weltgeschehens. Vergessen von der Welt döste Jerusalem mit seinen armen, engen Gässchen Jahr um Jahr, Jahrzehnt um Jahrzehnt, Jahrhundert um Jahrhundert vor sich hin. Keine nennenswerten Schulen und keine geistigen Ideen brachte die Stadt hervor, keine Künstler und keine ergreifenden Visionen kamen aus ihr, und das Wort Jeremias traf auf sie zu: *Wie liegt die Stadt so verlassen, die voll Volkes war. Sie ist wie eine Witwe, die Fürstin unter den Völkern und die eine Königin unter den Ländern war, muss nun dienen.* (Die Klagelieder Jeremias 1:1)

Aber auch die Worte der Hoffnung, die die Propheten in die Herzen gepflanzt haben, blieben lebendig: *Sie werden die alten Trümmer wieder aufbauen und was vorzeiten zerstört worden ist, wieder aufrichten,* prophezeit Jesaja (Jesaja 61:4). Wer heute durch Jerusalem geht, kann über die Bautätigkeit nur staunen. Haus um Haus, Straße um Straße erhebt sich aus der steinernen Wüste, unermüdlich rattern die Betonmischmaschinen, die Baukräne ragen in den Himmel, und die Bauarbeiter laufen geschäftig auf den Gerüsten hin und her. In allen Städten der Erde werden Gebäude errichtet, Neues auf Altes aufgesetzt und Zerstörtes restauriert, aber in Jerusalem ist jeder Stein, der auf einen anderen gelegt wird, verbunden mit dem göttlichen Wort: *Ich will die Gefangenschaft meines Volkes Israel wenden, dass sie die verwüsteten Städte wieder aufbauen und bewohnen sollen, dass sie Weinberge pflanzen und Wein davon trinken, Gärten anlegen und Früchte daraus essen. Denn ich will sie in ihr Land pflanzen, dass sie nicht mehr aus ihrem Land ausgerottet werden, das ich ihnen gegeben habe, spricht der Herr dein Gott,* verkündet der Prophet Amos (Amos 9:14–15). Durch diese Vision kann der Einzelne seinen Alltag in eine höhere Idee einbetten. Er bestellt seinen Garten, bewässert die trockene Erde und erfüllt gleichzeitig Gottes Vorhersage. *Jerusalem wird man gesuchte und nicht mehr verlassene Stadt nennen,* prophezeit Jesaja (Jesaja 62:12), und Sacharja weissagt: *Es werden noch viele Völker kommen und Bürger vieler Städte. So werden viele Völker in Scharen kommen, den Herrn in Jerusalem zu suchen und ihn anzuflehen.* (Sacharja 8:24) Touristen aus aller Welt bevölkern Jerusalems Straßen und Hotels. Und jeder sucht auf seine Weise in dieser Stadt einen Weg zu Gott.

Noch ist Jerusalem keine Weltstadt, noch sind die Impulse, die von ihr ausgehen, bescheiden. Aber die Vision von Jesaja erfüllt sich: *O Jerusalem, ich habe Wächter über deine Mauern bestellt, die den ganzen Tag und die ganze Nacht nicht mehr schweigen sollen. Die ihr den Herrn erinnern sollt, ohne euch Ruhe zu gönnen, lasst ihm keine Ruhe, bis er Jerusalem wieder aufrichte und es setze zum Lobpreis auf Erden.* (Jesaja 62:6–7) Die Wächter sind die vielen Menschen, die ihre Zeit mit dem Studium der Bibel verbringen. In keiner Stadt der Welt wird die Heilige Schrift so intensiv gelernt und studiert wie in Jerusalem, nicht nur an der Universität und vielen Instituten, sondern in zahllosen Lehrstuben und Lehrhäusern. Nicht nur die archäologischen Grundfesten der alten Davidstadt werden in mühsamer Kleinarbeit freigelegt, sondern die Thora und die Propheten erleben eine blühende Wiedergeburt. Hier sind die alten Worte keine vergilbten und verstaubten Paragraphen, sondern lebendiges Zeugnis von Gottes Gegenwart. Aus vielen Städten der Erde kommen Menschen nach Jerusalem, um zu lernen, und kehren in ihre Heimatländer zurück, um die Worte der Schrift zu verkünden.

Noch verbreiten die Medien ein Schreckensbild von Jerusalem, und kriegerische Auseinandersetzungen prägen das Bild von ihr in vielen Köpfen. Aber der Frieden für Jerusalem bahnt sich an, seine Klänge sind leise, aber hörbar. Das Wort Gottes, durch den Propheten Jeremia verkündet, wird Wirklichkeit werden:

Und das soll mein Ruhm, meine Wonne, mein Preis und meine Ehre sein unter allen Völkern auf Erden, wenn sie all das Gute hören, das ich Jerusalem tue. Und sie werden sich verwundern und erstaunt sein über das Gute und den Frieden, den ich der Stadt geben werde.
(Jeremia 33:9)

Wein ist ein erhebendes und gefährliches Getränk

»Haben Sie Ihre Broschüre mit den Segenssprüchen mitgebracht?«, fragte die Rabbanit Malka.

»Dieses Mal habe ich sie nicht vergessen«, sagte ich und kramte das Heftchen aus meiner Tasche hervor.

»Heute möchte ich mit Ihnen über den koscheren Wein sprechen. Jeder Feiertag wird mit dem Weinsegen eingeleitet. Sie wissen ja, dass alle jüdischen Feiertage nach Sonnenuntergang beginnen.«

»Das weiß ich, aber ich kenne den Grund nicht.«

»In der Schöpfungsgeschichte steht: *Es ward Abend, es ward Morgen, der erste Tag.* (1. Mose 1:5) Wir lernen daraus, dass der Tag am Abend beginnt und nicht um Mitternacht. Jedes Fest, sei es Schabbat oder ein anderer Feiertag, wird am Abend mit einer Feiertagsmahlzeit begonnen. Der Ritus ist immer gleich: Mit Gebeten, Liedern oder Erzählungen wird das Fest eingeleitet, dann folgt der Weinsegen und danach der Brotsegen. Am Schabbat zum Beispiel werden zuerst die Engel des Friedens eingeladen, und danach richtet der Ehemann eine Danksagung an seine Frau. Er zitiert einen Auszug aus den Sprüchen von König Salomon. Schlagen Sie Ihre Broschüre auf, da steht der Text.«

Wem eine tüchtige Frau beschert ist, die ist viel edler als die köstlichsten Perlen. Ihres Mannes Herz darf sich auf sie verlassen, und Nahrung wird ihm nicht mangeln. Sie tut ihm Liebes und kein Leid ihr Leben lang. Sie geht mit Wolle und Flachs um und arbeitet gerne mit ihren Händen. Sie ist wie ein Kaufmannsschiff; ihren Unterhalt bringt sie von ferne. Sie steht vor Tage auf und gibt Speise ihrem Hause, und dem Gesinde, was ihm zukommt. Sie trachtet nach einem Acker und kauft ihn und pflanzt einen Weinberg vom Ertrag ihrer Hände. Sie gürtet ihre Lenden mit Kraft und regt ihre Arme. Sie merkt, wie ihr Fleiß Gewinn bringt; ihr Licht verlischt nachts nicht. Sie streckt ihre Hand nach dem Rocken, und ihre Finger fassen die Spindel. Sie breitet ihre Hände aus zu dem Armen und reicht ihre Hand dem Bedürftigen. Sie fürchtet für die Ihren nicht den Schnee; denn ihr ganzes Haus hat wollene Kleider. Sie macht sich selbst Decken; feine Leinwand und Purpur ist ihr Kleid. Ihr Mann ist bekannt in den Toren, wenn er sitzt bei den Ältesten des Landes. Sie macht einen Rock und verkauft ihn, einen Gürtel gibt sie dem Händler. Kraft und Würde sind ihr Gewand, und sie lacht des kommenden Tages. Sie tut ihren Mund auf mit Weisheit, und auf ihrer Zunge ist gütige Weisung. Sie schaut, wie es in ihrem Hause zugeht, und isst ihr Brot nicht mit Faulheit. Ihre Söhne stehen auf und preisen sie, ihr Mann lobt sie: Es sind wohl viele tüchtige Frauen, du aber übertriffst sie alle. Lieblich und schön sein ist nichts: ein Weib, das den Herrn fürchtet, soll man loben. Gebt ihr von den Früchten ihrer Hände, und ihre Werke sollen sie loben in den Toren! (Sprüche 31:10–31)

»Für dieses Preislied gibt es wunderbare Melodien, und zum Schabbatritus gehört es, dass der Mann seiner Frau diesen Text vorsingt. Wenn mein Mann die Worte sagt: ›du übertriffst sie alle‹, nämlich alle Frauen auf dieser Welt, so ist das die schönste Liebeserklärung, die er mir machen kann. Jedes Mal schaut er mich dabei an, und jede Woche freue ich mich auf diesen Augenblick«, bemerkte die Rabbanit Malka.

»Ich finde, das ist ein sehr schöner Brauch, der Frau zu danken«, bestätigte ich.

»Es ist weit mehr als ein Brauch, es ist eine Pflicht. Zwar kommt die Nahrung vom Schöpfer, aber die Hausfrau hat sie geputzt, geschnitten, gekocht, gebacken. Das ist keine Selbstverständlichkeit. Jeder Mann, der eine Frau hat, muss sich bewusst sein, was für ein wundervolles Geschenk er vom Schöpfer erhalten hat. Der Ritus und die gehaltvollen Worte von König Salomon machen ihm klar, welch ein Glück er hat, eine Frau gefunden zu haben, die wertvoller ist als Perlen und Juwelen. Nicht die äußere Anmut preist er, denn die ist vergänglich und hat keinen Bestand, es ist die innere Schönheit, die König Salomon hervorhebt, und die nimmt mit den Jahren nicht ab, sondern zu. Wie finster sieht es in der Seele des Mannes aus, wenn er alleine am Schabbattisch sitzt und keine Gefährtin da ist, die er preisen kann.«

»Da stimme ich Ihnen zu. Aber viele Menschen leben alleine, sei es, weil sie keinen passenden Partner gefunden haben oder geschieden sind. Überall in der westlichen Welt steigt die Scheidungsrate, auch hier in Israel.«

»Leider. Das Problem ist, dass die Paare keine Regeln für das Zusammenleben lernen. Für jede Waschmaschine, jeden Staubsauger, jedes Fernsehgerät gibt es eine Gebrauchsanweisung. Wenn Sie einen Computer bedienen wollen, müssen Sie einen Kurs absolvieren, um ein Auto zu fahren, einen Führerschein machen. Aber für die Ehe, das intime Leben in der Gemeinschaft mit einem anderen Menschen, gibt es keine Ausbildung. In der modernen Gesellschaft wird jede Regel als Einschränkung empfunden. Das Zauberwort ist Liebe. Die Liebe richtet es schon, die Liebe macht es schon, die Liebe zeigt uns den richtigen Weg. Das ist der Irrtum. Liebe kommt auf den ersten Blick, die Enttäuschung auf den zweiten, weil Mann und Frau völlig unterschiedliche Bedürfnisse haben und einander gar nicht kennen. Deswegen brauchen wir eindeutige Pflichten und Riten, die das Zusammenleben regeln. Eine jüdische Pflicht ist, dass der Mann am Freitagabend seine Frau mit den wundervollen Worten von König Salomon preist.«

»Warum nur einmal in der Woche? Er könnte sie doch jeden Tag preisen.«

»Für das Zusammenleben von Mann und Frau gibt es eine Menge Gebote, und wenn wir diese Halachot lernen würden, dann kämen wir gar nicht mehr zu unserem koscheren Essen. Vielleicht werden wir eines Tages auch die Gebote der Thora lernen, die das Eheleben betreffen. Aber heute möchte ich den Wein mit Ihnen durchnehmen. Jedes Fest wird, wie wir schon eingangs erwähnt haben, mit dem Segen über Wein eingeleitet. Der Hausherr füllt den Wein in einen silbernen Pokal, und die Tischgemeinschaft erhebt sich. Dann spricht er den Weinsegen. Wein ist das einzige Getränk, das einen eigenen Segensspruch hat. Sehen wir in der Broschüre nach.«

»Gelobt seist Du Herr, unser Gott, König der Welt, der Du die Frucht der Rebe erschaffen hast«, las ich. »Der Hausherr nimmt einen Schluck aus dem Kelch und reicht den Becher herum. Jeder trinkt ein paar Tropfen. Diese Zeremonie heißt Kiddusch.«

»Mir sind die schönen Kidduschbecher in Ihrer Vitrine aufgefallen.«

»Wenn wir schon von ihnen sprechen, dann können wir sie uns ja auch genauer ansehen.«

Die Rabbanit Malka stand auf und holte aus dem Schrank die zwei glänzenden silbernen Kelche heraus. Einer war glatt mit gebogenem Rand und auf dem anderen waren, eingerahmt von Weinblättern und Trauben, die Worte »zum Leben« eingraviert. Der Fuß hatte eine kleine Delle.

»Man kann den Segensspruch über Wein natürlich auch sagen, wenn man ihn in einem normalen Glas kredenzt, aber in jeder jüdischen Familie gibt es mindestens einen silbernen Kelch. Der Kidduschbecher gehört zu jedem Fest, wie die Leuchter für die Kerzen. Diesen ziselierten mit den Reben hat mein Mann von seinem Vater geerbt. Er hat eine interessante Geschichte.«

»Ich mag Geschichten. Erzählen Sie sie mir bitte.«

»Mein gottseliger Schwiegervater hieß Abraham. Er lebte mit seinen Eltern und Geschwistern in dem kleinen Städtchen Dunahrasti in Ungarn. 1944 wurden die Juden von den deutschen Besatzern evakuiert und nach Auschwitz deportiert. Die Menschen mussten sich auf dem Marktplatz einfinden, aber mein Schwiegervater, er war damals ein junger Mann, versteckte sich in einer großen Kiste auf dem Dachboden. Todesangst stand er aus, weil er fürchtete, die SS-Schergen würden ihn finden. Seine ganze Familie wurde an jenem Tag abtransportiert, und er hat nie wieder etwas von seinen Eltern oder Geschwistern gehört. In der Nacht flüchtete er aus dem Haus, nur mit dem, was er am Leibe trug. Er nahm kein Gepäck mit, keine zusätzlichen Kleider oder Decken, nur diesen Kidduschbecher steckte er in die Manteltasche. Abraham schloss sich den Partisanen an. Er wurde verwundet, litt Hunger, erkrankte an Typhus, aber was auch geschah, von dem Kelch wollte er sich nicht trennen. Er trug ihn immer mit einer Schnur um den Leib gebunden und gab auf ihn acht, als würde seine Seele in ihm stecken. Abraham war sicher, solange er diesen Kelch sein Eigen nannte, würde er nicht sterben. Tatsächlich überlebte er alle Qualen. Nach dem Krieg schlug er sich irgendwie in den Westen durch, und von Italien kam er mit einem Schiff nach Israel. Alles hatte er verloren, seine Verwandten, sein Haus, seine alte Heimat, nur den silbernen Kidduschbecher hatte er gerettet. Er war die einzige Verbindung zu seinem früheren Leben.«

»War Abraham fromm?«

»Ja. Nichts konnte ihn von seinem Gottvertrauen abbringen. Trotz der schrecklichen Erlebnisse, trotz Verfolgung und Leid blieb er ein religiöser Jude. In Israel war er zunächst mutterseelenallein, aber in der Synagoge nahm sich Rabbi Meir seiner an. Er lud ihn zum Schabbatessen ein, und bei ihm lernte Abraham seine spätere Frau Zippora kennen. 1947 heirateten sie und gründeten eine Familie. Jedes Mal, wenn mein Schwiegervater den Wein in diesem silbernen Kelch segnete, erinnerte er sich an seine Eltern und Geschwister. Vor seinem geistigen Auge sah er, wie sie festlich angezogen um den gedeckten Tisch standen und den Segen aus dem Munde seines Vaters hörten. Mein Schwiegervater Abraham ist vor zwölf Jahren gestorben und hat meinem Mann den Kidduschbecher vererbt. Wenn mein Mann den Weinsegen spricht, sieht er seinen Vater vor seinem geistigen Auge. Dieser Kelch ist für uns sehr wertvoll. Wenn unser erster Enkel heiratet, werden wir ihm zur Hochzeit diesen Kidduschbecher schenken. In den Kultgegenständen spiegelt sich die Familiengeschichte wider.«

»Und der andere Kelch?«

»Den haben wir zu unserer Hochzeit von meinen Eltern geschenkt bekommen. Auch er ist uns sehr teuer.« Malka stellte die Becher wieder an ihren Platz.

»Koscherer Wein unterliegt strengen Vorschriften. Auf den Weinbergen darf zwischen den Weinstöcken weder Obst noch Gemüse angepflanzt werden. Die ersten vier Jahre darf die Ernte nicht zur Weinproduktion benutzt werden. Die Trauben dürfen im siebten

Jahr, im Schmittajahr, nicht geerntet werden. Selbstverständlich müssen alle Abgaben entrichtet werden. Es ist verboten, Materialien, die tierischen Ursprungs sind, zum Klären und Filtern zu verwenden und dem Wein Zusätze, wie Zucker oder Schwefel, beizumischen. In der Weinproduktion dürfen nur männliche Juden arbeiten, die die Gebote der Thora beachten. Der Wein wird für einen frommen Juden ungenießbar, wenn er von einem Nichtjuden in offenem Zustand kredenzt wird. Deswegen dürfen in koscheren Restaurants nur jüdische Kellner den Wein ausschenken. Wenn ein Nichtjude das Glas, in dem sich der Wein befindet, oder die unverkorkte Flasche anfasst, ist der Wein nicht mehr koscher.«

»Wie bitte?«, hakte ich ein. »Dass die Weinreben denselben Geboten wie die anderen Bäume unterliegen, verstehe ich. Auch dass keine tierischen Materialien verwendet werden dürfen, leuchtet mir ein. Aber warum darf der Wein nicht getrunken werden, wenn ein nichtjüdischer Kellner die Flasche in die Hand nimmt und ihn ausschenkt? Dem Wein passiert doch nichts, wenn ein Nichtjude die offene Flasche berührt. Wieso verwandelt sich koscherer Wein dann in unkoscheren? Mir erscheint so ein Gebot geradezu rassistisch.«

»Wein ist ein gefährlicher Saft. In Maßen getrunken hebt er den Geist, im Übermaß genossen, setzt er die Selbstkontrolle außer Kraft. Die Thora berichtet uns unter anderem diese Episode:

Und Lot zog weg von Zoar und blieb auf dem Gebirge mit seinen beiden Töchtern; denn er fürchtete sich, in Zoar zu bleiben; und so blieb er in einer Höhle mit seinen beiden Töchtern. Da sprach die ältere zu der jüngeren: Unser Vater ist alt, und kein Mann ist mehr im Lande, der zu uns eingehen könnte nach aller Welt Weise. So komm, lass uns unserm Vater Wein zu trinken geben und uns zu ihm legen, dass wir uns Nachkommen schaffen von unserm Vater. Da gaben sie ihrem Vater Wein zu trinken in der selben Nacht. Und die erste ging hinein und legte sich zu ihrem Vater; und er ward es nicht gewahr, weder als sie sich legte noch als sie aufstand. Am Morgen sprach die ältere zu der jüngeren: siehe, ich habe gestern bei meinem Vater gelegen. Lass uns ihm auch diese Nacht Wein zu trinken geben, dass du hingehst und dich zu ihm legst, damit wir uns Nachkommen schaffen von unserm Vater. Da gaben sie ihrem Vater auch diese Nacht Wein zu trinken. Und die jüngere nahte sich auch und legte sich zu ihm; und er ward es nicht gewahr, weder als sie sich legte noch als sie aufstand. So wurden die beiden Töchter Lots schwanger von ihrem Vater. (1. Mose 19:30–36)

So sehr kann der Mensch, wenn er zu viel Wein trinkt, die Kontrolle über sein Verhalten verlieren, dass er nicht mehr weiß, was er tut, wie Lot, der gegen seinen Willen Inzest beging.«

»Ich verstehe immer noch nicht, warum ein Nichtjude eine offene Weinflasche nicht berühren darf und warum sich dann koscherer Wein in unkoscheren verwandelt«, beharrte ich.

»Damit der Jude nicht die Kontrolle über den Wein verliert. Diese Halacha soll den Götzendienst verhindern. Ein Nichtjude könnte den Juden betrunken machen und ihn in seinem besoffenen Zustand zum Götzendienst verleiten. Der Berauschte weiß ja nicht mehr, was er tut, genau wie Lot. Nur wer die Kontrolle über die Flasche hat, bestimmt, wie viel er trinkt, oder wie viel er dem anderen einschenken möchte. Sie müssen sich von dem Gedanken lösen, dass es bei dem koscheren Essen um einen physischen Zustand der Nahrungsmittel geht. Koscheres Essen ist eine Lebenshaltung, die den Juden vom Götzendienst fernhalten soll. Der Wein hebt den Geist, er ist aber auch ein gefährliches Getränk. Und weil unsere Weisen bestimmt haben, dass offener Wein, wenn er von Nichtjuden angefasst wird, nicht mehr koscher ist, haben sie die Kontrolle über den Wein in die Hände des jüdischen Gastgebers gelegt.«

»Der Islam schützt sich vor Folgen der Trunksucht, indem er den Alkohol gänzlich verbietet.«

»Das stimmt. Im Judentum ist der Genuss von Alkohol nicht verboten, aber es wird vor ihm eindringlich gewarnt. Wein darf getrunken werden, aber nur in Maßen. In den Sprüchen schreibt König Salomon:

Wo ist Weh? Wo ist Leid? Wo ist Zank? Wo sind Klagen? Wo sind Wunden ohne jeden Grund? Wo sind trübe Augen? Wo man lange beim Wein sitzt und kommt, auszusaufen, was eingeschenkt ist. Sieh den Wein nicht an, wie er so rot ist und im Glase so schön steht: Er geht glatt

ein, aber danach beißt er wie eine Schlange und sticht wie eine Otter.«
(Sprüche 23:29–32)

»König Salomon tut gut daran, vor dem Wein zu warnen. Alkoholismus ist eine furchtbare Krankheit«, bestätigte ich und fragte: »Aber können Alkoholkranke keinen Kiddusch machen? Sie dürfen ja keinen Wein trinken!«

»Der Weinsegen darf auch über Traubensaft gesagt werden«, klärte mich die Rabbanit Malka auf.

Kaschrut ist keine vegetarische Lebensweise

Auf meinem Weg zur Post komme ich an einem unscheinbaren Restaurant vorbei. Der Besitzer Alex, ein korpulenter Mann mit einer Halbglatze und einer fleischigen Nase, war ehemals Koch in einem großen Hotel.

»Von morgens bis abends habe ich mich abgeplackt. In der Küche gab es keine anständige Klimaanlage, und alle Launen meines Chefs musste ich ertragen. Wenn man ihm widersprochen hat, platzte er wie ein Luftballon. Wenn wenigstens das Gehalt anständig gewesen wäre. Ach wo! Am liebsten wäre es ihm gewesen, ich würde schuften, schweigen und nichts verdienen. Nicht mit mir!«

Alex machte sich selbständig. Er mietete einen kleinen Laden, richtete im Hinterzimmer eine Küche ein und stellte im Vorderzimmer eine Theke und ein Kühlregal auf. Seine Frau und die zwei Töchter legten tüchtig mit Hand an. Ungläubig schüttelten die Nachbarn den Kopf:

»Wer wird hier schon essen? Das ist doch gar keine Laufgegend.«

Alex ließ sich nicht entmutigen.

»Kochen kann ich, meine Frau hat Buchhaltung gelernt, und meine Töchter können servieren.«

Neben der Eingangstür auf dem Bürgersteig platzierte er zwei Plastiktische mit jeweils zwei Stühlen. Alex' Restaurant wurde zum Geheimtipp in der ganzen Umgebung. Für fünfundzwanzig Schekel bekommt man ein komplettes Menü zum Mitnehmen oder dort essen. Auf der Speisekarte stehen Fleischgerichte: Gebratenes Hähnchen in pikantem Gemüse, Zucchini mit Hackfleisch und Kräutern gefüllt oder Borschtsch mit Krepplach. Er bietet keine Gerichte an, bei denen Milchprodukte verwendet werden. Alex führt sein Restaurant streng koscher.

Gelegentlich treffe ich dort die greise Batja. Sie lässt sich die Sonne auf den Buckel scheinen und legt die Zeitung beiseite.

»Seit Alex das Restaurant eröffnet hat, koche ich nicht mehr.«

Mit ihren einundachtzig Jahren nimmt sie noch rege am Weltgeschehen Anteil. Sie liest jeden Tag die Zeitung und besucht Literaturvorträge in Beit Hawaad, einem Seniorenclub in der Hechaluzstraße. Ihr Rücken ist vom Alter gebeugt, die Haare sind schütter, aber sorgfältig onduliert.

»Alle sechs Wochen lasse ich sie bei Anni färben. Ich hatte immer braune Haare und sehe nicht ein, weswegen ich jetzt mit weißen herumlaufen soll. Weiß steht mir nicht.«

Dicke Tränensäcke verstärken den bekümmerten Gesichtsausdruck. Die Beine wollen ihr nicht mehr so recht gehorchen.

»Plötzlich konnte ich nicht mehr laufen. Warum? Keine Ahnung. Ich hatte keinen Unfall und keine besondere Krankheit. Aber die Beine wollen nicht mehr. Anstatt zu gehen, tripple ich und bewege mich wie eine Schnecke am Stock vorwärts. Möge es meinen Feinden gehen, wie es mir geht. Ich weiß nicht, wozu ich noch auf dieser Welt bin, und wenn ich an meinen Enkel Gabriel denke, kommt mir schon wieder das große Heulen.«

Alex' Tochter Sonja serviert ein viertel Huhn mit gebratenen Kartoffeln.

»Lassen Sie es sich gut schmecken, Batja.«

»Danke, mein Kind. Alex' Essen tröstet mich. Was ich nicht aufessen kann, packt mir seine Frau in ein Schälchen ein, und ich muss die Reste zu Hause nur noch aufwärmen. Jeden Donnerstag nehme ich ein Taxi und fahre nach Givat Schaul zu Gabriel. Der arme Junge. Bildschön ist er, hochintelligent, hätte mich doch sein finsteres Schicksal getroffen. Das Essen im Krankenhaus schmeckt ihm nicht, deswegen bringe ich ihm immer etwas von Alex mit.«

In Givat Schaul befindet sich die psychiatrische Anstalt.

»Gabriel war siebzehn Jahre alt und ein ausgezeichneter Schüler. Ich weiß, wovon ich spreche. Auf einmal veränderte er sich. Es begann damit, dass er nächtelang vor dem Computer saß und im Internet surfte. Einfach so, ohne Ziel und Sinn. Es war, als ob er in einem Meer versinken würde. Gabriel schlief nicht mehr, aß nicht mehr, stand am Morgen nicht mehr auf, um in die Schule zu gehen. Wenn man ihn mit Mühe und Not zum Unterricht zwang, saß er apathisch in der Klasse und stierte vor sich hin. Er war unkonzentriert und wurde zusehends merkwürdiger. Zuerst glaubten die Eltern, es sei nur eine jugendliche Marotte. Sie sprachen mit der Lehrerin und die meinte, so etwas komme vor und gebe sich von alleine. Aber ich habe gleich gemerkt, dass etwas nicht stimmt. Gabriel sonderte sich immer mehr ab. Er wollte nicht mehr mit seinen Freunden zusammen sein und wurde einsamer und verschrobener. Seine Noten sackten ab. Letzten Endes schaltete die Lehrerin den Schulpsychologen ein.«

»Und was sagte der dazu?«

»Er meinte, man darf dieses Verhalten nicht auf die leichte Schulter nehmen, und riet dazu, einen Psychiater einzuschalten. Aber Gabriel wollte partout nicht hingehen. ›Ich bin doch nicht verrückt‹, schrie er. ›Ihr spinnt doch, aber nicht ich.‹«

»Was geschah dann?«

Batja nimmt die Papierserviette und wischt sich die Augen.

»Wenn es Ihnen schwerfällt, dann müssen Sie nicht erzählen.«

»Ganz im Gegenteil. Ich bin froh, dass ich mit jemandem über Gabriel sprechen kann. Mein Sohn ist so nervös, und meine Schwiegertochter hört mir nicht zu. So ein wunderschöner Junge, so klug, so aufgeweckt, so sprachbegabt. Gabriel wollte sich nicht mehr waschen, die Haare schneiden oder sich rasieren. Und er begann unter Verfolgungswahn zu leiden. In seinem Zimmer klebte er die Steckdosen mit Klebeband zu, damit er nicht abgehört oder von kosmischen Strahlen getroffen würde. Er ging nicht mehr in die Schule, verließ nicht mehr die Wohnung, und mein Sohn wusste nicht, wie er ihm helfen sollte. Schließlich hat man Gabriel in die Psychiatrie zwangseingewiesen.«

»Und was haben die Ärzte festgestellt?«

»Schizophrenie, Verfolgungswahn, was weiß ich? Ich weiß nur, dass mein Enkel todunglücklich ist. Seine einzige Freude in der Woche ist das Essen von Alex. Wäre ich doch an seiner Stelle schizophren geworden. Aber mein Kopf arbeitet wie eine Eins. Nur die Beine, die alten Beine wollen nicht mehr. Wo gehen Sie heute Nachmittag hin?«

»Nach Beit Wagan, zur Rabbanit Malka.«

»Was suchen Sie bei einer Rabbanit?«

»Ich lerne bei ihr Kaschrut.«

»Ich bin in einem Zirkel für hebräische Literatur. Mein Lieblingsschriftsteller ist Nachman Bialik, ein begnadetes Talent, ein Genie. Mit der Kaschrut habe ich mich nie beschäftigt. Wozu auch? Ich bin nicht fromm, aber die Bibel als literarisches Werk hat Weltklasseformat. Was für eine Sprache! Was für eine Poesie!«

»Kennen Sie das Restaurant von Alex?«, fragte ich die Rabbanit.

»Davon habe ich noch nie gehört.«

»Er hat wirklich gutes Essen. Nicht teuer und streng koscher.«

»Ist es ein vegetarisches Lokal?«

»Nein. Bei Alex gibt es fleischige Gerichte. Eine Mischung aus osteuropäischer und orientalischer Küche.«

»Dann werden wir heute über das Fleisch sprechen. Bisher haben wir uns nur mit den Pflanzen beschäftigt, aber koscher essen ist keine vegetarische Lebensweise. Es ist an der Zeit, sich mit den koscheren Tieren zu beschäftigen, aber zuerst müssen wir uns Adam, den ersten Menschen, wieder ins Gedächtnis rufen.«

»Was war mit ihm?«

»Wir haben ja gelernt, dass Adam Veganer war. Gott trug ihm auf, die Tiere zu benennen, aber er durfte sie nicht essen. Erst beginnend mit Noah hat Gott den Menschen den Genuss von Fleisch erlaubt.«

»Wie erklären Sie das?«, fragte ich.

»Nachdem Gott die Menschen aus dem Paradies vertrieben hatte, entwickelte sich die Menschheit so furchtbar, dass der Schöpfer beschloss, sie durch die Sintflut auszulöschen. Nur Noah und seine Familie rettete er. Er trug Noah auf, für sich und seine Angehörigen eine Arche zu bauen und von jeder Tierart mindestens ein Paar mitzunehmen. Die Sintflut vernichtete alles, und als Noah und seine Söhne nach der Flut die Arche verließen, entdeckten sie, dass das

Wasser auch die Pflanzen zerstört hatte. Damit die Menschheit überleben konnte, erlaubte ihnen Gott, die Tiere zu essen. Deswegen ist seit Noah der Genuss von Fleisch erlaubt.«

»Wo steht es?«

»Hier. Gott sprach zu Noah und seinen Söhnen: *Alles was sich regt und lebt, das sei eure Speise, wie das grüne Kraut habe ich euch alles gegeben. Allein esset das Fleisch nicht mit seinem Blut, in dem sein Leben ist!* (1. Mose 9:3–4) Gott erlaubte Noah und seinen Nachkommen, alle Tiere zu essen, aber ihr Blut durften sie nicht genießen. In der koscheren Küche ist deswegen der Blutgenuss strengstens verboten«, erklärte die Rabbanit Malka.

»Aber die Juden dürfen doch nicht alle Tiere essen! Schweinefleisch ist doch nicht erlaubt«, wandte ich ein.

»Nicht nur Schweinefleisch ist verboten. Nur ganz wenige Tiere dürfen gegessen werden! Als Moses, viele Generationen nach Noah, die Thora erhielt, begrenzte Gott drastisch die Tierarten, die verzehrt werden dürfen.«

»Warum?«

»Der Herr hat gesehen, dass wir Menschen unersättlich sind. Wir haben Triebe und Begierden, und dazu gehört die Lust am Fleisch. Wir machen vor keinem Tier halt und vergreifen uns an allen Geschöpfen in der Natur. In unserer Maßlosigkeit zerstören wir die Schöpfung. Die Gebote der Thora zwingen unsere Bedürfnisse in geordnete Bahnen, damit wir mit allen Geschöpfen im Einklang existieren können. Deswegen erlauben die Koschergesetze zwar den Genuss von Fleisch, aber sie regeln strikt, welche Tiere gegessen und welche nicht angetastet werden dürfen.«

»Die Koschergesetze weisen den goldenen Mittelweg.«

»Ganz genau. Beide Extreme, die totale Enthaltsamkeit von Fleisch und die grenzenlose Erlaubnis, jedes Tier in den Mund zu nehmen, gehören nicht zur koscheren Küche. Im Gesetz über die reinen und unreinen Tiere lehrt uns die Thora, welche Tiere Gott zum Verzehr freigegeben hat und welche nicht.«

Gesetz über reine und unreine Tiere

Und der Herr redete mit Mose und Aaron und sprach zu ihnen: Redet mit den Kindern Israels und sprecht: Das sind die Tiere, die ihr essen dürft unter allen Tieren auf dem Lande. Alles, was gespaltene Klauen hat, ganz durchgespalten, und wiederkäut unter den Tieren, das dürft ihr essen.

Nur diese dürft ihr nicht essen von dem, was wiederkäut und gespaltene Klauen hat: das Kamel, denn es ist zwar ein Wiederkäuer, hat aber keine durchgespaltenen Klauen, darum soll es euch unrein sein; den Klippdachs, denn er ist zwar ein Wiederkäuer, hat aber keine durchgespaltenen Klauen; darum soll er euch unrein sein; den Hasen, denn er ist auch ein Wiederkäuer, hat aber keine durchgespaltenen Klauen; darum soll er euch unrein sein; das Schwein, denn es hat wohl durchspaltene Klauen, ist aber kein Wiederkäuer; darum soll es euch unrein sein. Vom Fleisch dieser Tiere dürft ihr weder essen noch ihr Aas anrühren; denn sie sind euch unrein.

Dies dürft ihr essen von dem, was im Wasser lebt: alles, was Flossen und Schuppen hat im Wasser, im Meer und in den Bächen, dürft ihr essen.

Alles aber, was nicht Flossen und Schuppen hat im Meer und in den Bächen von allem, was sich regt im Wasser, und allem, was lebt im Wasser, soll euch ein Greuel sein. Von ihrem Fleisch dürft ihr nicht essen und ihr Aas sollt ihr verabscheuen, denn sie sind ein Greuel für euch. Denn alles, was nicht Flossen und Schuppen hat im Wasser, sollt ihr verabscheuen.

Und diese sollt ihr verabscheuen unter den Vögeln, dass ihr sie nicht esset, denn ein Greuel sind sie: den Adler, den Habicht, den Fischaar, den Geier, die Weihe mit ihrer Art und alle Raben mit ihrer Art, den Strauß, die Nachteule, den Kuckuck, den Sperber mit seiner Art, das

Käuzchen, den Schwan, den Uhu, die Fledermaus, die Rohrdommel, den Storch, den Reiher, den Häher mit seiner Art, den Wiedehopf und die Schwalbe.

Auch alles kleine Getier, das Flügel hat und auf vier Beinen geht, soll euch ein Greuel sein.

Doch dies dürft ihr essen von allem, was sich regt, Flügel hat und auf vier Füßen geht: was oberhalb der Füße noch zwei Schenkel hat, womit es auf Erden hüpft. Von diesem könnt ihr essen die Heuschrecken, als da sind: den Arbe mit seiner Art, den Solam mit seiner Art, den Hargol mit seiner Art und den Hagab mit seiner Art.

Alles aber, was sonst Flügel und vier Füße hat, soll euch ein Greuel sein.

An diesen werdet ihr euch verunreinigen – wer ihr Aas anrührt, der wird unrein sein bis zum Abend; und wer ihr Aas trägt, soll seine Kleider waschen und wird unrein sein bis zum Abend; an allem Getier, das gespaltene Klauen hat, aber nicht ganz durchgespaltene, und nicht wiederkäut. Unrein soll es euch sein, und wer es anrührt, wird unrein sein.

Und alles, was auf Tatzen geht unter den Tieren, die auf vier Füßen gehen, soll euch unrein sein. Wer ihr Aas anrührt, wird unrein sein bis zum Abend. Und wer ihr Aas trägt, soll seine Kleider waschen und unrein sein bis zum Abend; denn sie sind euch unrein.

Diese sollen euch auch unrein sein unter den Tieren, die auf der Erde wimmeln: das Wiesel, die Maus, die Kröte, ein jedes mit seiner Art, der Gecko, der Molch, die Eidechse, die Blindschleiche und der Maulwurf. Die sind euch unrein unter allem, was da kriecht. Wer ihr Aas anrührt, der wird unrein sein bis zum Abend.

Und alles, worauf ihr Aas fällt, das wird unrein, jedes hölzerne Gefäß oder Kleider oder Fell oder Sack. Und alles Gerät, das zum Gebrauch dient, soll man ins Wasser tun; es ist unrein bis zum Abend und dann wieder rein. Ist es aber ein irdenes Gefäß, in das ein solches Aas hineinfällt, so wird alles unrein, was darin ist, und ihr sollt es zerbrechen.

Alle Speise, die man essen könnte, wird unrein, wenn jenes Wasser darankommt; und alles Getränk, das man trinken könnte, wird in solchen Gefäßen unrein.

Und alles, worauf ein solches Aas fällt, wird unrein, es sei Ofen oder Herd; man soll es zerbrechen, denn es ist unrein und soll euch unrein sein. Nur die Brunnen und Zisternen, in denen sich Wasser sammelt, bleiben rein. Wer aber das Aas darin anrührt, ist unrein.

Und wenn ein solches Aas auf Samen fällt, den man sät, so bleibt er doch rein. Wenn man aber Wasser über den Samen gegossen hat und es fällt danach ein solches Aas darauf, so wird er euch unrein.

Wenn eins von den Tieren stirbt, die euch zur Speise dienen: wer ihr Aas anrührt, wird unrein bis zum Abend. Wer von solchem Aas isst, der soll sein Kleid waschen; er wird euch unrein sein bis zum Abend. Auch wer ein solches Aas trägt, soll sein Kleid waschen; er wird unrein sein bis zum Abend.

Was auf der Erde kriecht, das soll euch ein Greuel sein, und man soll es nicht essen. Alles, was auf dem Bauch kriecht, und alles, was auf vier oder mehr Füßen geht, unter allem, was auf der Erde kriecht, dürft ihr nicht essen; denn es soll euch ein Greuel sein. Macht euch selbst nicht zum Greuel an allem kleinen Getier, das da wimmelt, und macht euch nicht unrein an ihm, so dass ihr dadurch unrein werdet.

Denn ich bin der Herr, euer Gott. Darum sollt ihr euch heiligen, so dass ihr heilig werdet, denn ich bin heilig; und ihr sollt euch nicht unrein machen an irgendeinem Getier, das auf der Erde kriecht.

Denn ich bin der Herr, der euch aus Ägyptenland geführt hat, dass ich euer Gott sei. Darum sollt ihr heilig sein, denn ich bin heilig.

Das ist das Gesetz von den vierfüßigen Tieren und Vögeln und von allen Tieren, die sich regen im Wasser, und von allen Tieren, die auf der Erde kriechen, auf dass ihr unterscheidet, was unrein und rein ist und welches Tier man essen und welches man nicht essen darf.

(3. Mose 11:1–46)

Im elften Kapitel im dritten Buch Mose teilt Gott die Tiere in »reine« und »unreine« Tiere ein, wobei der größte Teil des Tierreiches als »unrein« bezeichnet wird. Zunächst mutet es wunderlich an, dass die meisten Geschöpfe unrein sind. Sie sind ja auch Gottes Schöpfungen, und warum sollte Er etwas Unreines schaffen? Um dieses Gesetz zu verstehen, müssen wir die hebräischen Begriffe »tahor« (rein) und »tame« (unrein) näher beleuchten. Erst dann werden wir begreifen, was die Thora mit »rein« und »unrein« meint.

Mit dem Wort »unrein« verbinden wir in der deutschen Sprache etwas Schmutziges, Abscheuliches und Ekliges, mit »rein« hingegen etwas Sauberes, Angenehmes, Appetitliches. Im Deutschen sind »rein« und »sauber« austauschbare Begriffe, ebenso »unrein« und »schmutzig«. In der hebräischen Sprache hingegen sind die Worte »sauber« und »rein« keine Synonyme, sie sind nicht bedeutungsgleich, selbiges gilt für die Worte »schmutzig« und »unrein«. Sauber heißt auf Hebräisch »naki« und schmutzig »meluchlach«. »Naki« (sauber) und »meluchlach« (schmutzig) beziehen sich auf äußere, physische Sauberkeit. Ein Kleid kann naki (sauber) sein, der Fußboden meluchlach (schmutzig). Hingegen bezeichnen die Begriffe »tahor« (rein) und »tame« (unrein) einen seelischen oder spirituellen Zustand. Das Wort »tahor« bedeutet rein im Sinne von berührbar und erlaubt. »Tahor« ist die Verbindung zum Göttlichen und das Fühlen von Heiligem. Wenn wir unsere Hände waschen und sie segnen, dann werden sie nicht nur »naki« (sauber), sondern »tahor« (rein). »Tame« hingegen bedeutet: Ich darf es nicht berühren, es ist nicht erlaubt, es schneidet mich von Gott ab, das Heilige ist abwesend. Ein Tier, das »tame« (unrein) ist, ist nicht schmutzig im physischen Sinne, sondern es darf vom Menschen nicht gejagt, angefasst oder gar gegessen werden. Wenn der Mensch dieses Tier dennoch isst und damit Gottes Gebot übertritt, dann wird er selbst »tame«, er unterbricht die Verbindung mit dem Heiligen und damit zu seinem Schöpfer.

Durch die Speisegebote setzt Gott dem Menschen eine Grenze und zwingt ihn, die Unversehrtheit des größten Teils des Tierreiches zu achten. Das elfte Kapitel im dritten Buch Mose können wir auch dahingehend interpretieren, dass Gott dem Menschen sagt:
»Nicht alles, wonach es dich gelüstet, darfst du essen, und nicht jedes Tier in der Natur antasten. Du Mensch, der du vom Baum der

Erkenntnis gegessen und von der göttlichen Weisheit gekostet hast, der du von allen meinen Geschöpfen mir das ähnlichste bist, neigst zur Überheblichkeit, Maßlosigkeit und Zerstörung. Deswegen möchte ich die vielen Tiere, die ich geschaffen habe, vor dir bewahren. Obwohl du sie alle essen kannst, erlaube ich es dir nicht. Wenn du mein Gebot überschreitest, wirst du ›tame‹ – unrein –, denn du verlierst die Ehrfurcht vor meiner Schöpfung und betrachtest alles nur unter dem Blickpunkt der kurzfristigen Nützlichkeit. Wer aber die Ehrfurcht vor der Natur verliert, verliert sie auch vor mir.«

Das Gesetz über die reinen und unreinen Tiere ist der erste niedergeschriebene Tierschutz in der Geschichte der Menschheit, denn es schützt die meisten Tiere vor dem Zugriff des Menschen. Jahrtausende, nachdem das elfte Kapitel im dritten Buch Mose geschrieben wurde, begreifen wir die Tragweite dieses Gesetzes. Wir sehen, wie Tierarten verschwinden, weil der Mensch ihnen den Lebensraum genommen oder sie durch die Jagd ausgerottet hat. Vielleicht wäre manches in unserer Beziehung zur Natur anders verlaufen, wenn die Begriffe »tahor« und »tame« von anderen Kulturen übernommen worden wären. Wenn die Menschheit verstanden hätte, dass die meisten Tiere nicht angetastet werden dürfen und derjenige, der sich an dem verbotenen Tier vergreift, in den Zustand der spirituellen Unreinheit gelangt, weil er die Schöpfung aus dem Gleichgewicht bringt, würde unsere Welt vielleicht anders aussehen. Nur wenn der Mensch achtsam mit den Tieren umgeht und nicht alle angreift, wird er heilig, weil er die Schöpfung heil lässt:

Denn ich bin der Herr, euer Gott. Darum sollt ihr euch heiligen, so dass ihr heilig werdet, denn ich bin heilig; und ihr sollt euch nicht unrein machen an irgendeinem Getier, das auf der Erde kriecht. (3. Mose 11:44)

In dem bereits erwähnten Buch »Am Anfang war die Ökologie« beschäftigen sich der Biologe Prof. Dr. Aloys P. Hüttermann und sein Sohn, Dr. Aloys H. Hüttermann, mit der ökologischen Bedeutung der Speisegesetze der Thora. Sie zeigen, dass die Koschergesetze ganz konkrete positive Auswirkungen auf die Umwelt haben, indem sie das Verhältnis des Menschen zu seiner Umgebung bestimmen. Und sie beschreiben auch den unmittelbaren praktischen Nutzen der Koschergesetze. So führen sie zum Beispiel aus, dass es sinnvoll ist, Rinder und andere Pansentiere zum Verzehr freizugeben, weil sie geringe Ansprüche an die Nahrung stellen. Die Tiere wandeln Gras, das für den Menschen unverdaulich ist, in Fleisch um und bilden damit eine wichtige Proteinquelle für die menschliche Ernährung. Das Schwein hingegen ist ein Allesfresser und hat entsprechend einen ähnlichen Speiseplan wie der Mensch. Und in Ländern, in denen die Nahrungsressourcen begrenzt sind, ist es ein Konkurrent ums Essen, so dass es tatsächlich auch ökologisch und ökonomisch vernünftig erscheint, seinen Verzehr und damit seine Haltung zu ächten.

Von den Wassertieren dürfen nur Fische gegessen werden, die Schuppen und Flossen haben. Frösche hingegen, deren Schenkel in manchen Ländern als Delikatesse gelten, dürfen nicht verzehrt werden, denn Frösche und andere Amphibien ernähren sich von Insekten. Indem sie die Population von potentiell krankheitsübertragenden Lebewesen wie Stechmücken begrenzen, sind sie ein hervorragender Schutz vor gefährlichen Krankheiten wie zum Beispiel Malaria. Und noch dazu der preiswerteste, den man sich denken kann. Kleinere Wassertiere wie Schnecken und Krabben dienen bestimmten Fischarten als Nahrung. Die Thora verbietet ihren Verzehr, damit man diesen Fischen nicht ihre Nahrung wegnimmt. Außerdem sind Krabben und Krebse Aasfresser, die sich abgestorbene Tiere einverleiben und damit die Gewässer sauber halten. Andere Wasserlebewesen, die die Gewässer reinigen, wie Muscheln und Austern, gelten ebenfalls als unrein. Sie sollen nicht verzehrt werden, damit die Giftstoffe, die diese Organismen aus dem Wasser gefiltert haben und die sich dabei in ihrem Gewebe angereichert haben, nicht über diesen Umweg doch noch vom Menschen aufgenommen werden.

Alle Vögel, die sich von Aas ernähren, sind unrein, weil sie eine natürliche »Gesundheitspolizei« darstellen, ebenso alle Raubvögel, die sich von kleinen Säugetieren wie Ratten und Mäusen ernähren. Dass der Schutz dieser Vögel für die Aufrechterhaltung eines gesunden Ökosystems unerlässlich ist, sei heutzutage jedem Ökologen bekannt, betonen die Hüttermanns. Eidechsen und Schlangen sind unrein, weil sie Mäuse, Ratten und Insekten fressen. Mäuse und Ratten sind ebenfalls unrein. Ihr Verzehr ist den Juden ebenso verboten, wie ihnen das Anfassen von Aas untersagt ist. Der Grund dafür liegt auf der Hand, und auch dieser Zusammenhang wird im Buch der Hüttermanns erwähnt: Auf diese Weise sollte die Ansteckung mit gefährlichen Krankheiten – wie die Pest – verhindert werden. Auf Aas und bei Nagetieren, beziehungsweise deren Parasiten, finden sich häufig Krankheitserreger, das macht den Umgang damit so riskant.

Der menschlichen Gier, die gefährlich für die Umwelt und für den Menschen selber ist, schiebt die Thora einen Riegel vor. Das Gesetz über die reinen und unreinen Tiere trug zweifellos zur Gesunderhaltung des Volkes Israel bei, indem es verbietet, Aasfresser und Raubtiere als Nahrung zu sich zu nehmen. So wurde vermieden, dass gefährliche Erreger vom Tier auf den Menschen übertragen wurden. Es sind wichtige Lebensmittelgesetze, die zu einer Zeit erlassen wurden, als es bei den umliegenden Völkern keine Vorschriften dieser Art gab. Erst im 19. Jahrhundert setzte sich in Europa das Verständnis durch, dass man unser Essen durch Gesetze regeln muss, um uns und unsere Umwelt zu schützen. Aber schon seit fast dreieinhalbtausend Jahren regelt die Thora das Essverhalten der Juden, und ihre Weisheit ist für den religiösen Juden Wegweiser bis in die heutige Zeit.

Wir essen nur das Rind, das Schaf und die Ziege

»Von den Säugetieren, die die Thora als rein aufführt, essen wir auch nicht alle. Im fünften Buch Mose steht: *Dies aber sind die Tiere, die ihr essen dürft: Rind, Schaf, Ziege, Hirsch, Reh, Damhirsch, Steinbock, Gemse, Auerochs und Antilope.* (5. Mose 14:4–5) Von diesen Tieren essen wir nur das Rind, das Schaf und die Ziege«, erklärte die Rabbanit Malka.

»Warum kein Wild, wie Hirsch oder Reh?«

»Weil das Tier, damit es koscher bleibt, geschächtet werden muss. Wild wird gejagt, verfängt sich in Fallen oder wird geschossen. Es haben sich Traditionen in der koscheren Küche herausgebildet, und darin sind von den Säugetieren nur das Rind, das Schaf und die Ziege aufgenommen worden. Aber auch nicht jedes Rind, Schaf oder jede Ziege ist koscher. Koscher ist nur ein Tier, das unverletzt ist und bei dem die inneren Organe, insbesondere die Lunge, gesund sind. Verletzte und kranke Tiere sind nicht koscher und dürfen auf gar keinen Fall gegessen werden.«

»Wer prüft das nach?«

»Der Schächter und ein Maschgiach, ein Lebensmittelkontrolleur. Sowohl der Schächter als auch der Maschgiach müssen fromm sein und nach den Geboten der Thora leben, sonst dürfen sie dieses Amt nicht ausüben.«

»Lebensmittelüberwachung ist in allen zivilisierten Ländern üblich, aber keiner verlangt von den Kontrolleuren, dass sie fromm sind. Sie müssen eine fundierte Ausbildung in Ernährungslehre, in Lebensmittelkunde und Hygiene nachweisen. Was hat Frömmigkeit mit Lebensmittelkontrolle zu tun?«

»Sehr viel, weil der Mensch nämlich zur Charakterlosigkeit neigt.

Der Trieb, Gewinne einzustreichen oder materiellen Schaden zu vermeiden, verleitet ihn dazu, die Gesetze zu umgehen und die Gesundheit der Verbraucher aufs Spiel zu setzen. Es gäbe bei weitem nicht so viele Lebensmittelskandale, wenn die Händler nicht geldgierig und die Kontrolleure nicht bestechlich wären. Sie erklären verdorbene Waren für genießbar und hoffen, dass ihnen keiner auf die Schliche kommt. Aber der Fromme weiß, dass man zwar das menschliche Auge täuschen kann, aber Gottes Auge nicht. Wenn er ein krankes Tier zum Verzehr freigibt, dann macht er sich nicht nur vor den Menschen schuldig, sondern auch vor seinem Schöpfer, und er wird, wenn seine Zeit gekommen ist, vor Gott Rechenschaft ablegen müssen. Der menschlichen Strafe kann er vielleicht entgehen, der göttlichen nicht. Wahre Frömmigkeit ist der beste Lebensmittelschutz. Das hat sich inzwischen auch bei den Nichtjuden herumgesprochen. In Amerika gibt es überall ›Kosher Food‹, fast jeder Supermarkt hat eine Koscherabteilung. Die Kunden sind keineswegs ausschließlich fromme Juden, sondern immer mehr Nichtjuden, die sehr zu schätzen wissen, dass ihre Nahrung, vor allen Dingen das Fleisch, besonders streng kontrolliert wurde.«

Damit die Säugetiere und das Geflügel koscher bleiben, müssen die Tiere rituell geschächtet werden. Schächten ist Schlachten ohne vorherige Betäubung. Dabei wird mit einem einzigen Schnitt die Kehle durchgeschnitten. Adern, Luft- und Speiseröhre werden durchtrennt, und der Tod wird dadurch innerhalb kürzester Zeit herbeigeführt. Beim Schächten geschieht das Ausbluten gründlicher und schneller als bei vorheriger Betäubung. Verbliebenes Blut im Fleisch führt zu schnellerer Verderblichkeit, und dies spielt in warmen Klimazonen, wie im Nahen Osten, eine große Rolle. Ein ritueller jüdischer Schächter erfährt eine gründliche Ausbildung. Es gibt strenge Vorschriften bezüglich der Messer und der Schächtmethode. Beim rituellen Schächten soll dem Tier möglichst kein Schmerz zugefügt werden. Verletzte und kranke Tiere sind nicht koscher und dürfen daher nicht gegessen werden. Deswegen muss auch beim Transport darauf geachtet werden, dass das Tier nicht zu Schaden kommt. Nach dem

Schächten wird das Tier nochmals gründlich untersucht, um sicherzustellen, dass es gesund war. Die Fleischbeschau wird eingehend durchgeführt, denn jedes Tier, das einen Makel aufweist, ist nicht koscher.

Es würde in diesem Zusammenhang zu weit führen, ausführlich auf die Debatte um das Schächten einzugehen. Seit die Nationalsozialisten im April 1933 diese Schlachtmethode verboten haben, wurde und wird in Deutschland leidenschaftlich und selten frei von Ideologie über das Schächten gestritten. Nur so viel sei hier zu diesem Thema gesagt: In der Tierwelt gibt es kein schmerzloses Sterben. Man kann dem Löwen nicht beibringen, dass er die Gazelle zuerst betäuben muss, bevor er sie reißt, der Katze, dass sie die Maus einschläfern muss, bevor sie sie frisst. Tiere, die verletzt sind, verenden in der Natur unter Schmerzen. Dies ist ein Teil der göttlichen Schöpfung, den wir akzeptieren müssen. Die Thora verbietet Tierquälerei, aber sie stellt das Tier nicht auf die Stufe des Menschen. Der religiöse Jude, dessen Verhalten von den Gesetzen der Thora bestimmt wird, kann vom Schächten nicht abrücken. Es gibt fromme Juden, die vegetarisch leben, und der einfachste Weg zur Kaschrut führt über die vegetarische Küche, aber da die Thora den Fleischgenuss erlaubt, gehört auch die Form der Schlachtung dazu. Die Thora hat sich als moralische Instanz jahrtausendelang erhalten, weil nicht hier ein Buchstabe verändert und dort ein Gesetz aufgeweicht wurde. Gottes Wort ist unabhängig vom jeweiligen Zeitgeist, denn die seelische Struktur des Menschen, seine Triebe, Neigungen und Wünsche sind seit jeher gleich geblieben.

Die Hüftsehne, der Unschlitt und das Blut

Die Rabbanit Malka erklärte: »Vom koscheren Tier dürfen nicht alle Teile gegessen werden. Die Hüftsehne, der Unschlitt und das Blut sind nicht koscher.«

»Die Hüftsehne?«

»Die muss entfernt werden.«

»Warum ist gerade die Hüftsehne nicht koscher?«

»Die Hüftsehne erinnert an das Ringen Jakobs mit dem Engel. Jedes Mal, wenn das Fleisch zum Verzehr vorbereitet und die Hüftsehne entfernt wird, erinnert man sich an diesen Kampf.«

Und Jakob stand auf in der Nacht und nahm seine beiden Frauen und die beiden Mägde und seine elf Söhne und zog an die Furt des Jabbok, nahm sie und führte sie über das Wasser, so dass hinüberkam, was er hatte, und blieb allein zurück.

Da rang ein Mann mit ihm, bis die Morgenröte anbrach.

Und als er sah, dass er ihn nicht übermochte, schlug er ihn auf das Gelenk seiner Hüfte, und das Gelenk der Hüfte wurde über dem Ringen mit ihm verrenkt.

Und er sprach: Lass mich gehen, denn die Morgenröte bricht an. Aber Jakob antwortete: Ich lasse dich nicht, du segnest mich denn.

Er sprach: Wie heißest du? Er antwortete: Jakob.

Er sprach: Du sollst nicht mehr Jakob heißen, sondern Israel; denn du hast mit Gott und mit Menschen gekämpft und hast gewonnen.
(1. Mose 32:23–29)

»Warum hat diese Szene in der Thora einen so großen Stellenwert für das Essen? Eigentlich hat sie doch mit Essen gar nichts zu tun«, wunderte ich mich.

»Weil dies eine Schlüsselszene für das Schicksal des Volkes Israel ist.«

»Das verstehe ich nicht.«

»Der Engel war der Todesengel. Er wollte Jakob umbringen. Aber Jakob ist siegreich aus diesem Kampf hervorgegangen und erhielt den Namen Israel, von Sar el, das bedeutet ›der Streiter Gottes‹. Seit Anbeginn seiner Geschichte kämpft das Volk Israel mit den Mächtigen, die es auslöschen wollen. Aber genau wie Jakob siegte, hat Israel immer wieder gesiegt und seinen Glauben, seine Sprache, seine Thora bewahrt. Israel streitet für Gottes Wort und hat die Thora gegen alle Völker und Kulturen verteidigt. Untergegangen sind hingegen stets diejenigen, die Israel bekämpft haben.«

»Wen meinen Sie?«

»Nur ein paar Beispiele aus der Geschichte: Von den vielen Völkern, die Israel bekämpft haben, den Amalekitern, den Moabitern, den Babyloniern, den Griechen und später den Römern, ist nichts Lebendiges mehr geblieben. Ihre Kulturen und ihr Glauben haben sich in Luft aufgelöst und interessieren heute allenfalls ein paar Archäologen oder Historiker. Sie sind doch aus Deutschland eingewandert?«

»Ja und?«

»Die Nazis, die die totale Vernichtung des jüdischen Volkes angestrebt hatten und dieses Ziel mit beispielloser Grausamkeit verfolgten, wurden vernichtend geschlagen. Schauen Sie sich Deutschland nach dem Krieg an. Ostdeutschland war Israel feindlich gesonnen und ging sang- und klanglos unter, aber Westdeutschland, das israelfreundlich war, blühte. Wer Israel bekämpft, wird von Gott selbst bekämpft.«

»Glauben Sie das wirklich?«, fragte ich zweifelnd.

»Davon bin ich überzeugt. Israel kann man nicht umbringen, aber wie Jakob geht es aus dem Kampf mit Schmerzen und einer verrenkten Hüfte hervor.«

»Ich weiß es nicht, Rabbanit Malka, ob nur die Hüfte verrenkt wird. Meine Eltern waren nach dem Holocaust physisch und psychisch zerstört. Ihnen hat der Todesengel, der Nationalsozialismus hieß, das Rückgrat gebrochen.«

»Ihre Eltern haben sofort nach der Shoah eine Familie gegründet und ihrer Tochter den alten biblischen Namen Lea gegeben. Und diese Tochter lebt heute in Jerusalem und lernt Thora. Glauben Sie mir, es war nur die Hüfte angeknackst. Die jüdische Seele blieb intakt. Sie stellen Fragen zur Thora, wie alle Generationen vor Ihnen«, widersprach Malka.

»Wenn wir schon beim Fragen sind, was hat es mit dem Unschlitt auf sich?«

»In der Thora steht: *Ihr sollt kein Fett essen von Stieren, Schafen und Ziegen. Das Fett von gefallenen und zerrissenen Tieren dürft ihr zwar zu allerlei benutzen; aber essen dürft ihr's nicht.* (3. Mose 7:23–24) Unschlitt oder Talg darf man zum Herstellen von Kerzen benutzen, aber essen darf man das Fett nicht. Es ist ja ein sehr ungesundes Fett mit einem hohen Cholesteringehalt. Heute weiß man, wie schädlich es ist, und dass der Verzehr zu Herzerkrankungen und Schlaganfällen führen kann. Die Thora hat die Juden seit jeher davon abgehalten, sich die Fettschwarten der Tiere einzuverleiben. Dieses Gebot dient zur Verhütung von Krankheiten.«

»Ich mag kein Fett. Sogar vom Huhn lasse ich immer die Haut abziehen.«

»Das ist Geschmackssache. Hühnerfett kann man auslassen und dann bekommt man Grieben. Meine Enkelkinder mögen sie sehr gerne. Aber das Fett, der Unschlitt von Rindern, Schafen oder Ziegen ist nicht koscher und darf auf gar keinen Fall gegessen werden. Streng verboten ist auch der Genuss von Blut. *Ihr sollt auch kein Blut essen, weder vom Vieh noch von Vögeln, überall wo ihr wohnt* (3. Mose 7:26), heißt es in der Thora. Deswegen muss das Fleisch, bevor es gekocht oder gebraten wird, zusätzlich koscher gemacht werden.«

»Wie macht man denn das?«

»Das Fleisch muss vollständig vom Blut befreit werden. Dies geschieht entweder durch Einsalzen oder bei blutreichen Fleischteilen, wie zum Beispiel der Leber, durch Rösten über offenem Feuer.«

»Was macht man genau mit dem Fleisch?«

»Das Fleisch wird zuerst gründlich gewaschen und von sämtlichen Blutrückständen befreit. Danach legt man es in eine Schüssel mit kaltem Wasser. Es muss ganz bedeckt sein. Nach einer halben Stunde lässt man es abtropfen und bestreut es mit grobkörnigem Salz. Mindestens eine Stunde muss es eingesalzen liegen. Das Salz zieht nämlich das restliche Blut aus dem Fleisch. Nun wird es dreimal gewaschen, und auch die Schüssel, in der das Fleisch gewaschen wird, muss jedes Mal gereinigt werden. Eier werden stets erst in einer kleinen Schüssel aufgeschlagen, bevor man sie verwendet. Findet man einen Blutstropfen darin, sind sie nicht mehr koscher und müssen weggeworfen werden.«

»Dieser ganze Aufwand dient nur dazu, das Blut zu entfernen?«

»Ja. Die Thora betrachtet das Blut als Sinnbild des Lebens. Dort steht: *Esset das Fleisch nicht mit seinem Blut, in dem sein Leben ist* (1. Mose 9:4).«

»Wissen Sie, meine Eltern haben ja kein koscheres Fleisch gegessen und die Wurst beim nichtjüdischen Metzger geholt. Aber sie haben niemals Blutwurst gekauft. Schon als Kind haben sie mir einen Ekel gegen diese dunkelrote Wurst mit den weißen Fettflecken eingeimpft. Ich habe viele Wurstsorten gegessen, sogar Salami und Schinken, aber niemals Blutwurst.«

»Schon alleine das Wort ›Blutwurst‹ lässt mich erschauern«, schüttelte sich die Rabbanit Malka.

Die Ritualmordlüge

Blutstropfen in zwei Eiern retteten eine jüdische Gemeinde. Im 18. Jahrhundert herrschte in Polen der katholische Adel. Ein Fürst beschloss, unerkannt umherzuziehen, um seine Untertanen und Dörfer besser kennenzulernen. Der Adlige kleidete sich in eine grobe Bauerntracht, ließ von seinem Knecht ein Pferd vor einen Karren spannen und fuhr mit seinem Gefährt von Ort zu Ort. Eines Mittags gelangte er zu einer Schänke, die ein Jude gepachtet hatte. Der vermeintliche Bauer trat ein und setzte sich an den massiven Holztisch.

»Was darf ich zum Essen bringen?«, fragte der jüdische Pächter.

»Brot und zwei Rühreier.«

Der Schankpächter stellte eine Pfanne auf den Herd, tat Hühnerschmalz hinein und schlug in einer kleinen Schüssel ein Ei auf. Er schaute einen Moment darauf und warf das Ei in den Abfallkübel. Genauso verfuhr er mit einem zweiten Ei.

Verwundert fragte der Fürst: »Warum wirfst du die Eier fort?«

»In den Eiern befinden sich Blutstropfen«, antwortete der Pächter.

»Na und?«

»Bei Juden darf man kein Blut essen. Wenn sich ein Blutstropfen im Ei befindet, muss man das ganze Ei wegwerfen«, erklärte der Jude.

Es nahte das Pessachfest, das um die Osterzeit gefeiert wird. Am Karfreitag stürmte eine wütende Meute mit Mistgabeln und Äxten auf das Schloss und verlangte den Fürsten zu sprechen.

»Verschwindet«, rief die Wache der aufgebrachten Bande zu, aber sie ließen sich nicht abwimmeln. Nach einem längeren Disput wurde der Anführer zum Fürsten vorgelassen.

»Was geht hier vor?«, herrschte ihn der Fürst an.

»Ein christliches Kind ist aus dem Dorf verschwunden. Die Juden haben es getötet und sein Blut zum Backen von Matzen benutzt«, schrie der Anstifter.

»Die Juden haben das Kind nicht umgebracht. Mit eigenen Augen habe ich gesehen, dass sie nicht einen einzigen Blutstropfen essen dürfen. Wer auch nur einem Juden ein Haar krümmt, wird selbst am Galgen baumeln!«

Jahrhundertelang war die Pessachzeit für viele jüdische Gemeinden in der christlichen Diaspora mit Angst und Schrecken verbunden. Seit dem Mittelalter wurden die Juden beschuldigt, Kinder zu schlachten und mit deren Blut die ungesäuerten Brote, die Matzen, für das Pessachfest zu backen. Antisemitische Priester verbreiteten die Ritualmordlüge und stachelten die Bevölkerung zu Gewaltakten und Pogromen auf. In Mythen und Geschichten geisterte lange die Lüge, dass Juden zur Herstellung der Matzen Blut von christlichen Kindern benötigten. Diese absurde Behauptung fiel bei der christlichen Bevölkerung auf fruchtbaren Boden. Sie fand weitgehende Zustimmung und vergiftete die Seelen der Gläubigen. Das hatte für die Juden verheerende Folgen:

Ostern 1287 wurde in der Nähe von Bacharach die Leiche des 16jährigen Knaben Werner gefunden. Die Juden wurden des Ritualmordes beschuldigt und in Boppard und Oberwesel viele von ihnen umgebracht. Der Junge wurde heiliggesprochen, und der Heilige Werner von Womrath galt als Schutzpatron der Weinbauern. Erst 1963 wurde sein Name aus dem Heiligenverzeichnis gestrichen. Die Legende von Werner von Womrath war die Vorlage für Heinrich Heines fragmentarischen Roman »Der Rabbi von Bacharach«.

In Rinn, im nördlichen Tirol, wurde im Jahre 1462 der Junge Anderl tot aufgefunden. Die Christen bezichtigten durchreisende Juden, das Kind aus rituellen Gründen umgebracht zu haben. Jahrhundertelang pilgerten gläubige Christen nach Rinn. Bis in die jüngste Gegenwart wurde das Anderl als Märtyrer verehrt. Die figürliche Darstellung in der Kirche von Rinn, wie das Kind von Juden geschlachtet wird, verbot der Vatikan erst im Jahre 1961.

Im Jahre 1475, in der Stadt Trient, verschwand das Kind Simon. Der Bischof beschuldigte die Juden, das Kind umgebracht zu haben. Einige Tage später entdeckte man die Kinderleiche in der Nähe eines Hauses, in dem Juden wohnten. Das führte zu einem Pogrom an der jüdischen Gemeinde. Auch Simon von Trient wurde von der Kirche heiliggesprochen, was erst 1965 eine päpstliche Kommission revidierte.

Nicht nur im Mittelalter kursierte die Ritualmordlüge in der Bevölkerung. Im März 1929 wurde im fränkischen Dorf Manau das Kind Karl Kessler erstochen aufgefunden. Die Dorfbewohner beschuldigten den jüdischen Religionslehrer Emanuel Levi des Ritualmordes. Wortführer war der spätere Gauleiter der NSDAP von Unterfranken, Dr. Otto Hellmuth. Im antisemitischen Hetzblatt »Der Stürmer« berichtete er blutrünstig über den Fall und ließ keinen Zweifel daran, dass der Jude das Kind getötet haben musste. Als Motiv nannte er die Gewinnung von Menschenblut zur Herstellung von Matzen.

Im Juli 1946 verschwand in der polnischen Stadt Kielce der neunjährige Junge Henryk Blaszczyk. Der polnische Mob beschuldigte eine Gruppe von Juden, allesamt Überlebende des Holocaust, die gemeinsam in einem Haus untergebracht waren, des Ritualmordes. Mehr als vierzig Juden wurden am 4. Juli 1946 gelyncht. Es waren Menschen, die nur ein Jahr zuvor aus den Konzentrationslagern der Nazis befreit worden waren und in dem Haus in Kielce eine notdürftige Bleibe gefunden hatten. Das Kind wurde später unversehrt aufgefunden.

Warum glaubten viele Christen, nicht nur der dumpfe Pöbel, sondern auch gebildete Menschen, so bereitwillig an die Ritualmordlüge? Wo in der christlichen Tradition finden wir eine Verbindung zwischen Blut, Pessach und Matze?

Einen ersten Hinweis erhielt ich von einer Leserin meiner Bücher.

Das Telefon klingelte, und eine zögerliche Stimme fragte: »Spreche ich mit der Schriftstellerin Lea Fleischmann?«

»Ja.«

»Mein Name ist Barbara Schmidt. Ich habe Ihr Buch ›Schabbat‹ gelesen und es hat mir gut gefallen. Nächsten Monat werde ich nach Jerusalem kommen. Darf ich Sie besuchen?«

»Im Prinzip schon. Rufen Sie mich an, wenn Sie hier sind. Wenn ich Zeit habe, können wir uns gerne verabreden.«

Fünf Wochen später rief Barbara Schmidt noch einmal an, und ich schlug ein Treffen im Café Parpar vor.

»Wie kommt man denn da hin?«, wollte sie wissen.

»Am besten mit dem Autobus Nummer 18 oder 20. Sie steigen am Dänischen Platz aus, überqueren die Arasimstraße, rechter Hand kommen Sie an einer Tierhandlung und einer Pizzeria vorbei und stoßen dann direkt auf das Café Parpar.«

»Ist es nicht gefährlich, mit dem Bus zu fahren? Ich meine wegen der Anschläge.«

»Ich fahre immer mit dem Bus. Aber Sie können natürlich auch ein Taxi nehmen, wenn es Ihnen lieber ist.«

»Ich freue mich auf das Gespräch mit Ihnen.«

Wir hatten uns für Donnerstagnachmittag um vier Uhr verabredet. Auf dem Weg zum Café fiel mir ein, dass ich noch Wein für die Schabbatmahlzeit besorgen musste, und so kaufte ich eine Flasche dunkelroten Muskatwein in dem Tante-Emma-Laden in der Arasimstraße. Barbara Schmidt wartete bereits im Café. Sie trug einen Hosenanzug aus Leinen, eine Bluse aus dünnem Baumwollsatin und braune Sandalen. Die grau melierten Haare waren kurz geschnitten, und ein goldenes Kettchen mit einem kleinen Kreuz schmückte ihren Hals. Ihre braune Ledertasche hatte sie auf dem Stuhl neben sich abgelegt. Sie erhob sich und winkte mir zu:

»Frau Fleischmann, ich erkenne Sie vom Foto auf dem Buchumschlag. Ich freue mich so sehr, dass wir uns treffen können.«

»Es tut mir leid, dass ich mich verspätet habe. Aber ich musste noch den Wein für Schabbat besorgen«, entschuldigte ich mich und stellte die Weinflasche auf den Tisch.

Wir bestellten Mineralwasser und Cappuccino bei der jungen Kellnerin. Unvermittelt sagte Barbara Schmidt mit einem Blick auf den dunklen Wein:

»Als ich klein war, bekam ich immer schreckliche Angst, wenn ich roten Wein im Supermarkt sah. Mir graute vor den dunklen Flaschen!«

»Warum?«

»Ich glaubte, in den Flaschen sei Blut.«

»Wie kamen Sie auf so eine absurde Idee?«

»Ich wurde streng katholisch erzogen und ging jeden Sonntag mit meiner Großmutter in die Messe. Beim Abendmahl sagte der Priester, dass wir den Leib Christi essen und sein Blut trinken. Deswegen glaubte ich als Kind, roter Wein sei Blut.«

Das Abendmahl erinnert an die letzte Mahlzeit von Jesus. Er nahm sie im Kreise seiner Jünger ein, es war das Pessachmahl, das bis heute am ersten Abend des Pessachfestes gefeiert wird. Bei diesem Mahl gedenkt das Volk Israel des Auszuges aus Ägypten. Nachdem Gott den Pharao mit zehn Plagen geschlagen hatte, ließ dieser die Kinder Israels unter der Führung von Moses aus Ägypten ziehen. Die Juden mussten so schnell das Land verlassen, dass ihnen keine Zeit blieb, ihr Brot zu säuern:

Und sie backten aus dem rohen Teig, den sie aus Ägypten mitbrachten, ungesäuerte Brote; denn er war nicht gesäuert, weil sie aus Ägypten weggetrieben wurden und sich nicht länger aufhalten konnten und keine Wegzehrung zubereitet hatten. (2. Mose 12:39)

Seit damals feiert das Volk Israel das Pessachfest. Es ist das Fest der ungesäuerten Brote, und zur Erinnerung daran essen religiöse Juden sieben Tage lang keine gesäuerten Speisen und kein normales Brot, sondern nur Matze. Die Matze wird auch das »Brot der Armut« genannt. Sie wird aus Weizenmehl, Wasser und Salz hergestellt und darf nicht mit Sauerteig in Berührung kommen. Matze ist flach und hart wie Knäckebrot. Sie kann nicht geschnitten, sondern nur gebrochen werden.

Im Neuen Testament berichtet der Evangelist Matthäus:
Aber am ersten Tage der ungesäuerten Brote traten die Jünger zu Jesus und fragten: Wo willst du, dass wir dir das Passalamm zum Essen bereiten?
Er sprach: Geht hin in die Stadt zu einem und sprecht zu ihm: Der Meister lässt dir sagen: Meine Zeit ist nahe; ich will bei dir das Passa feiern mit meinen Jüngern.
Und die Jünger taten, wie ihnen Jesus befohlen hatte, und bereiteten das Passalamm. Und am Abend setzte er sich zu Tisch mit den Zwölfen.
(Matthäus 26:17–20)

Jesus und die Jünger sitzen beim Pessachmahl. Anstelle von Brot werden Matze gegessen und vier Becher mit rotem Wein getrunken. Sie halten sich an die überlieferten Rituale.

Als sie aber aßen, nahm Jesus das Brot (die Matze), *dankte* (Gelobt seist Du Herr, unser Gott, König der Welt, der Du das Brot aus der Erde hervorbringst) *und brach's und gab's den Jüngern und sprach: Nehmet, esset; das ist mein Leib.*
Und er nahm den Kelch und dankte (Gelobt seist Du Herr, unser Gott, König der Welt, der Du die Frucht der Rebe erschaffen hast), *gab ihnen den Wein und sprach: Trinket alle daraus; das ist mein Blut des Bundes, das vergossen wird, für viele zur Vergebung der Sünden.*
(Matthäus 26:26–28)

Jesus schließt einen Bund mit den Jüngern: *das ist mein Blut des Bundes.*
Dass ein Bund mit Blut besiegelt wird, ist dem Juden Jesus vertraut. Im Judentum wird der Bund mit Gott durch Blut geschlossen. Die Beschneidung der jüdischen Knaben wird nicht aus hygienischen Gründen vollzogen, sondern sie ist das Bundeszeichen zwischen dem Volk Israel und Gott.

Jesus fährt fort: *das vergossen wird, für viele zur Vergebung der Sünden.*

Die Verbindung zwischen Sündenvergebung und Blut, das vergossen wird, ist im Judentum geläufig, nämlich beim Tieropfer. In biblischen Zeiten wurden im Tempel in Jerusalem Tiere zur Sühne geopfert. An Jom Kippur, dem Versöhnungstag, wird intensiv um Sündenvergebung gebeten. Es ist der höchste Feiertag im jüdischen Festtagskalender. Als der Tempel noch stand, belud der Hohepriester an Jom Kippur einen Bock symbolisch mit den Sünden des Volkes und schickte ihn in die Wüste, wo das Tier verendete. Daher kommt der Ausdruck Sündenbock. Bis zum heutigen Tag werden vor Jom Kippur Hühner geschlachtet, die zuvor symbolisch mit den Sünden beladen wurden.

In der Woche vor dem Fest verändert der Lebensmittelmarkt Machane Jehuda sein Gesicht von Grund auf. Die Metzgereien bieten nicht nur geschlachtete, sondern auch lebende Hühner an. Das Federvieh ist in Kisten mit Lattenrosten eingepfercht, es gackert und girrt in allen Ecken. Schächter mit Bärten und blutverschmierten Schürzen lassen die Hühner über die Köpfe der Käufer kreisen, murmeln Gebete, schlachten und stecken das Geflügel kopfüber zum Ausbluten in die Schlachttrichter. Auf dem Markt tummelt sich alt und jung. Ein beleibter Mann hält seine zwei kleinen Söhne auf den Armen, und ein Schächter hebt einen weißen Hahn in die Höhe. Der größere Junge versucht, nach dem Hahn zu greifen, und wirft dabei den schwarzen Hut des Vaters auf die Erde.

»David, hör auf zu zappeln oder du kriegst eine geknallt. Lass gefälligst die Kapparot in Ruhe. Wo ist mein Hut?«

Eine Frau mit Runzeln im Gesicht und einem geblümten Kopftuch betastet kritisch ein Huhn und sagt zu ihrer langzöpfigen Enkeltochter:

»In meiner Kindheit wurden nur lebendige Hühner verkauft, und ich musste meiner Mutter beim Rupfen helfen. Ach, war das eine widerliche Arbeit.«

»Ich helfe dir gerne dabei, Oma.«

»Brauchst du nicht, heutzutage gibt es Maschinen. Man muss nicht mehr stundenlang die Federn zupfen.«

Hinter ihren Theken haben die Metzger elektrische Rupfmaschinen aufgestellt, die einen ohrenbetäubenden Lärm machen. Braune und weiße Federn fliegen überall herum, und weicher Flaum setzt sich auf Haare, Bärte und Schultern. Überall auf dem Markt stehen Tische, und fromme Männer nehmen von den Gläubigen Spenden an.

Ich kaufe mein Fleisch bei Jechiel, dem Jemeniten. Er kennt mich und weiß, dass ich keine fetten Hühner mag und welches Fleisch ich bevorzuge. Als ich das erste Mal die lebenden Hühner neben seinem Stand sah und den Schochet mit der blutigen Schürze, fragte ich verwundert:

»Was ist denn heute hier los, Jechiel?«

»Kapparot, Opfertiere«, schrie er gegen das Kreischen der Rupfmaschine an. »Kaufen Sie ein Opfertier, und lassen Sie sich von Raw Meschulam segnen.«

Ehe ich mich versah, hatte er ein braunes Huhn aus der Kiste gezogen und dem Schochet Raw Meschulam, einem dürren Mann mit schwarzem Bart und einer dicken Brille, in die Hand gedrückt.

»Sagen Sie ihm Ihren Vornamen und den Vornamen Ihrer Mutter«, forderte mich Jechiel auf.

»Mein Name ist Lea, meine Mutter hieß Freidi.«

Der Schochet Raw Meschulam schwang das Huhn über meinen Kopf und rezitierte mit dünner Stimme, ich konnte ihn kaum verstehen:

»Das ist die Gabe und das Opfer von Lea, der Tochter von Freidi. Das Huhn sei des Todes und Lea, der Tochter von Freidi, sei ein langes, gutes und friedliches Leben bestimmt.«

»Sagen Sie Amen«, brüllte Jechiel.

»Amen. Was soll ich mit dem Huhn anfangen?«

»Entweder Sie geben es einem Armen, oder Sie essen es selber. Als Opfergabe können Sie auch einen Geldbetrag für Bedürftige spenden«, belehrte mich Raw Meschulam.

Das war meine erste Erfahrung mit einem Tieropfer in Jerusalem und das erste Mal, dass ich ein Huhn selbst ausgenommen habe.

Jesus greift den Ritus der Sündenvergebung durch ein Opfer auf, aber kein Tier ist das Opfer, sondern er selber: *Trinket alle daraus; das ist mein Blut des Bundes, das vergossen wird, für viele zur Vergebung der Sünden.* (Matthäus 26:26–28)

Im Christentum ist das Bluttrinken beziehungsweise der Genuss blutigen Fleisches nicht mit dem gleichen Tabu belegt und ruft bei weitem nicht den gleichen Abscheu hervor wie im Judentum. Im Gegenteil. Als symbolischer Akt nimmt das Bluttrinken eine zentrale Stellung in der christlichen Liturgie ein. Bei der Eucharistie, dem Gedenken an die letzte Mahlzeit von Jesus, wird symbolisch Wein in Blut umgewandelt und getrunken. Das christliche Kind, das die Zeremonie erlebt, kann leicht auf die Idee kommen, dass der Priester tatsächlich Blut trinkt, denn Kinder nehmen die Dinge oft wörtlich. Bis es begreift, dass es sich hier nur um einen symbolischen Akt handelt, ist der Kinderglaube unter Umständen schon tief in der Seele verwurzelt.

Das symbolische Bluttrinken des kirchlichen Abendmahls geht zurück auf das letzte Pessachmahl Jesu, hier wurde das Ritual das erste Mal praktiziert, von Jesus selbst. Beim Pessachmahl wird Matze gegessen. Nun haben wir die Verbindung Pessach, Blut und Matze gefunden. Die Lüge, dass Juden christliches Blut für die Matze brauchen, stieß bei vielen Christen aufgrund ihrer eigenen Liturgie auf offene Ohren.

Abscheu vor dem Schwein

Auch wenn jemand keine Ahnung von den jüdischen Speisegesetzen hat, so weiß er, wenn er ein halbwegs gebildeter Mensch ist, dass Juden kein Schweinefleisch essen. Und nicht nur das, überhaupt scheuen sie sich, mit den Erzeugnissen, die vom Schwein stammen oder auch nur an das Tier erinnern, in Kontakt zu kommen. Fromme Juden kaufen sich keine schweinsledernen Taschen, stellen ihren Kindern kein Sparschwein ins Zimmer, und ein rosa Ferkelchen als Plüschtier zum Spielen wird sich in keinem frommen Haushalt finden. Viele Juden, die die Speisegesetze der Thora ansonsten nicht beachten, meiden das Schwein. »Ich esse alles, aber kein Schweinefleisch«, bekommt man häufig zu hören. Weil diese Abneigung bekannt war, haben Antisemiten sie zu allen Zeiten benutzt, um die Juden zu demütigen.

Im ersten und zweiten Makkabäer-Buch wird vom griechischen Herrscher Antiochus Epiphanes berichtet, dass er den Juden verbot, nach den Gesetzen der Thora zu leben, und sie zwingen wollte, Schweine zu opfern.

Es wurden auch sieben Brüder samt ihrer Mutter gefangen und mit Geißeln und Riemen geschlagen und vom König bedrängt, sie sollten Schweinefleisch essen, was ihnen im Gesetz verboten war. (2. Makkabäer 7:1)

Im Mittelalter wurden in vielen Kirchen herabwürdigende Skulpturen aufgestellt, die Juden darstellen, die an den Zitzen einer Sau saugen. Martin Luther schreibt in seiner antisemitischen Schmähschrift »Von den Juden und ihren Lügen«:

»Es ist hie zu Wittenberg an unserer Pfarrkirche eine Sau in Stein gehauen; da liegen junge Ferkel und Juden drunter, die saugen; hinter der Sau steht ein Rabbin, der hebt der Sau das rechte Bein empor, und mit seiner linken Hand zieht er den Pirzel über sich, bückt und guckt mit großem Fleiß der Sau unter dem Pirzel in den Talmud hinein, als wollt er etwas Scharfs und Sonderlichs lesen und ersehen ...«

Wenn Juden im Mittelalter einen Eid ablegen mussten, wurden sie gezwungen, auf eine Sauhaut zu treten und auf ihr stehend den Schwur abzulegen. Diese Prozedur nannte man den »Judeneid«. Der Begriff Saujud hat sich in der deutschen Sprache als Schimpfwort eingebürgert, nicht etwa Eselsjud oder Kameljud.

Die tiefe Abneigung gegen das Schwein hat auch der Islam übernommen. Muslime dürfen, genau wie Juden, kein Schweinefleisch essen. Als es in Frankfurt noch keine muslimischen Kindergärten gab, haben muslimisch lebende Türken ihre Kinder im jüdischen Kindergarten angemeldet. Nicht etwa, weil sie das Judentum dem Christentum vorzogen, sondern weil sie sicher sein konnten, dass ihre Kinder im jüdischen Kindergarten kein Schweinefleisch zum Mittagessen bekamen.

Mit der Rabbanit Malka unterhielt ich mich über das Schwein und fragte:
»Warum ist der Ekel vor dem Schwein bei den Juden so groß, dass es als das Symbol der Unreinheit schlechthin gilt? Die meisten Tiere sind doch unrein und dürfen nicht verspeist werden, aber das Schwein wird regelrecht verabscheut. Das verstehe ich eigentlich nicht«, sagte ich und gab zu:
»Als ich noch in Frankfurt lebte, habe ich oft Schweinefleisch oder Schinken gegessen. Es ist eigentlich ein zartes Fleisch und keineswegs ekelerregend. Hunde, Pferde und Katzen sind ja auch Tiere, die unrein sind und nicht gegessen werden dürfen. Aber wenn man einem jüdischen Kind einen Spielzeughund schenkt oder ein Schaukelpferd, so ist das ein hübsches Geschenk, brächte man ein rosa Plüschferkelchen als kleine Aufmerksamkeit mit, so wäre das eine verletzende Beleidigung. Was hat es mit dem Schwein auf sich, dass

es dermaßen verabscheut wird? Liegt es daran, dass Schweinefleisch ungesund ist?«

Die Rabbanit Malka schüttelte den Kopf:

»Schweinefleisch wird nicht aufgrund gesundheitlicher Aspekte vom Judentum so verabscheut, obwohl Schweine natürlich Träger von Trichinen sein können. Die Tiere selber werden nicht krank, aber der Mensch, der trichinöses Fleisch isst, erkrankt schwer. Diese Erklärung wird zwar häufig angegeben, aber es ist eine oberflächliche Begründung. Wenn der Grund wirklich wäre, dass Schweinefleisch so ungesund ist, dann würden auch die anderen Völker das Schwein vom Speisezettel streichen. Aber das ist nicht der Fall, ganz im Gegenteil. Wir wissen, dass die Griechen und Römer, die im Altertum hier herrschten, besonders gerne Schwein gegessen haben.«

»Was für eine Begründung gibt es denn sonst für das besondere Verabscheuen von Schweinefleisch?«

»Das Schwein wird im Judentum deswegen so abgelehnt, weil es als Symbol eines bestimmten geistigen Zustands gilt«, erläuterte die Rabbanit Malka.

»Das verstehe ich nicht. Was für ein Zustand?«

»Zwei Eigenschaften klassifizieren das koschere Säugetier: die gespaltenen Klauen und das Wiederkäuen. Wir haben es mit einem äußeren und einem inneren Zeichen zu tun, die Füße sind sichtbar, der Magen nicht. Hund, Katze und Pferd haben weder gespaltene Klauen noch sind sie Wiederkäuer. Keiner käme auf die Idee, sie mit einem koscheren Tier zu verwechseln. Das Kamel ist zwar ein Wiederkäuer, aber es hat keine gespaltenen Klauen. Dem Kamel sieht jeder sofort an, dass es nicht koscher ist, obwohl es im Verborgenen ein koscheres Merkmal hat. Das Schwein hingegen ist das einzige Tier, das wie ein koscheres Tier aussieht, aber keines ist. Seine Klauen sind gespalten, aber es fehlt ihm die innere Eigenschaft, das Wiederkäuen.«

»Wird es deswegen als Symbol der Unreinheit hervorgehoben, damit man es nicht mit einem koscheren Tier verwechselt?«

»Genau. Schwein und Kamel symbolisieren charakterliche Eigenschaften. Das Kamel steht für einen Menschen, der nach außen nicht fromm ist, aber dessen Seele an den Ewigen glaubt. Im Verborgenen tut er Gutes und ist mit seinem Schöpfer verbunden. Das Schwein hingegen symbolisiert einen Menschen, der nach außen hin fromm ist und die Gebote befolgt, dessen Seele aber nicht an Gott glaubt. Das Schwein steht für die Verstellung und für die Lüge, die vorgibt, das Gute zu wollen, und sich in ein heiliges Gewand kleidet, aber innen unrein ist und das Verbotene tut. Zu allen Zeiten haben die Propheten Israels, die Weisen und Rabbiner gegen diejenigen gewettert, die nach außen hin die Thora befolgen, aber im Geheimen der Sünde frönen.«

Honig

Das jüdische Neujahr, Rosch Haschana, beginnt im September mit dem hebräischen Monat Tischri. Vor dem Fest werden im Supermarkt die Honiggläser auffällig am Eingang platziert und auf dem Markt Machane Jehuda auf Sondertischen Honig und Honigkuchen angeboten. Ich kaufte vier Gläser Honig, zwei für mich und zwei für die Rabbanit Malka.

»Das Land, in dem Milch und Honig fließt«, bedankte sich Malka.

»Ich glaube nicht, dass wir in einem Land leben, in dem Milch und Honig fließen«, widersprach ich. »Wenn man die Nachrichten sieht, kann einem übel werden. Israels Städte werden mit Raketen beschossen, Terroranschläge, Korruptionsskandale ohne Ende, Kriminalität und entsetzliche Autounfälle.«

»Unsere Meinungsverschiedenheit wird schon in der Thora bezeugt. Moses schickte zwölf Kundschafter in das verheißene Land, damit sie es prüften. Sie wanderten gemeinsam durch das Land, beobachteten das Gleiche und kamen zu völlig verschiedenen Schlüssen.

Und nach vierzig Tagen, als sie das Land erkundet hatten, kehrten sie um, gingen hin und kamen zu Mose und Aaron und zu der ganzen Gemeinde der Israeliten in die Wüste Paran nach Kadesch und brachten ihnen und der ganzen Gemeinde Kunde, wie es stand, und ließen sie die Früchte des Landes sehen. Und sie erzählten ihnen und sprachen: Wir sind in das Land gekommen, in das ihr uns sandtet; es fließt wirklich Milch und Honig darin, und dies sind seine Früchte. Aber stark ist das Volk, das darin wohnt, und die Städte sind befestigt und sehr groß. (4. Mose 13:25–29)

Zehn Kundschafter waren der Meinung, dass das von Gott versprochene Land ein Land ist, das seine Bewohner frisst. Nur Kaleb und Josua waren anderer Meinung:

Sie sprachen zu der ganzen Gemeinde der Israeliten: Das Land, das wir durchzogen haben, um es zu erkunden, ist sehr gut. Wenn der Herr uns gnädig ist, so wird er uns in dies Land bringen und es uns geben, ein Land, darin Milch und Honig fließt. (4. Mose 14:7–8)«

Die Rabbanit Malka legte den Tanach beiseite.

»Sie müssen lernen, das Land Israel aus der Sicht von Kaleb und Josua zu sehen und nicht aus der Sicht der restlichen zehn Kundschafter. Gott hat dem Volk das Land versprochen, aber die zehn Kundschafter ließen sich vom Anblick der starken Bewohner abschrecken. Sie vertrauten nicht Gottes Wort. Aber ohne Gottvertrauen hat der Mensch immer Angst. Er sieht die großen Gefahren, die überall lauern, Finsternis und Depression umgeben ihn. Israel ist ein schönes Land. Einzigartige Landschaften und Vegetationen findet man hier auf kleinem Raum, die heilige Sprache Hebräisch wird hier gesprochen, und in welchem Land wird so intensiv Thora gelernt und gelehrt? Eine großartige Kultur lebt hier. Lassen Sie sich nicht von den Medien die Seele vergiften. Machen Sie Ihre Augen auf, und sehen Sie die Sonne, die freundlichen Menschen und die schönen Früchte auf dem Markt.«

»Sie haben ja recht, Rabbanit Malka. Aber es ist so schwer, sich den Fernsehbildern zu entziehen. Ob man will oder nicht, sie bestimmen unser Denken.«

»Werfen Sie den Fernseher raus. Unter dem Mantel der Objektivität verbreiten die Bilder Lügen. Sie zeigen das Land immer aus der Sicht der zehn Kundschafter. Beginnen Sie Israel aus der Sicht von Kaleb und Josua zu sehen, das Land, in dem Milch und Honig fließen. Sie haben so wunderbaren Honig mitgebracht, und das ist eine gute Gelegenheit, über den Honig in der koscheren Küche zu sprechen. Er ist nämlich ein ganz besonderes Nahrungsmittel.«

»Was ist denn am Honig besonderes?«

»Honig ist nämlich die Ausnahme von der Regel. Die Regel besagt, dass die Erzeugnisse von nicht koscheren Tieren nicht gegessen

werden dürfen. Produkte von koscheren Tieren hingegen sind koscher.«

»Was meinen Sie mit Erzeugnisse und Produkte?«

»Das Kamel ist nicht koscher, also ist auch seine Milch nicht koscher. Der Adler ist nicht koscher, deswegen dürfen seine Eier nicht
gegessen werden. Eine Ausnahme ist die Biene. Sie gehört zu den
unreinen Tieren, aber der Honig ist koscher.«

»Warum macht die Thora bei der Biene eine Ausnahme und erlaubt, den Honig zu essen?«

»Honig ist nicht nur ein Nahrungsmittel, sondern auch ein Heil-
mittel. Unsere Großmütter wussten, dass bei Erkältungen Milch
und Honig wahre Wunder bewirken. Bienenhonig beruhigt den
Magen und kräftigt das Herz. Aus einem gesunden Speiseplan ist
Honig nicht wegzudenken. Die Biene selbst ist tame, also unrein,
und darf nicht angetastet werden. Geröstete Bienen, wie sie bei manchen Völkern als Delikatesse gelten, sind in der jüdischen Küche verboten. Aber kein anderes Tier bringt so ein süßes Produkt hervor,
und der Mensch braucht die Heilkraft und Süße des Honigs. Honig
beruhigt, hebt den Geist und erzeugt Lebenslust. Honig war, bevor
der Zucker ihn ablöste, das wichtigste Mittel zum Süßen«, erklärte
die Rabbanit Malka.

»Wird deswegen zu Rosch Haschana Honig gegessen?«

»Ja. Wir wünschen einander: Möge das neue Jahr ein gutes und
ein süßes Jahr werden. Deswegen werden an diesem Fest keine sal-
zigen oder scharfen Gerichte aufgetischt, sondern vorwiegend süße
Speisen. Bei allen Festen werden die Mahlzeiten mit dem Segensspruch über Brot, das mit Salz bestreut wird, begonnen, nur an
Rosch Haschana wird das Brot in Honig getaucht. Vor dem Essen
erhält außerdem jeder Gast ein Stück Apfel, das er in Honig taucht,
und bevor er ihn isst, sagt er den Segensspruch: Möge es Dein
Wille sein, Herr unser Gott und Gott unserer Väter, dass dieses
Jahr vom Anfang bis zum Ende ein süßes Jahr werden möge. Honig
und Honigkuchen gehören zu Rosch Haschana wie Regen zum
Winter.«

Den besten Honig kaufe ich nicht in Jerusalem, sondern bringe ich aus Frankreich mit.

Meine Sommerferien verbringe ich fast jedes Jahr bei meiner Freundin Margot. Sie wohnt auf dem Land in der Nähe von Arles-sur-Tech, in Südfrankreich nahe der spanischen Grenze. Die Bergkette der Pyrenäen bildet den Hintergrund für das liebliche Land. Auf ihren Terrassen gedeihen Oliven-, Feigen-, Walnuss-, Apfel- und Birnenbäume. Im Garten pflanzt sie Kartoffeln, Salat, Erdbeeren, Tomaten und Gurken an. Ein kleiner Bach fließt am Haus vorbei, Wasserflöhe und Libellen spielen auf seiner Oberfläche. Der Wasserversorgung des Hauses dient eine eigene Quelle. In einem Rinnsal läuft das Wasser aus dem Berg, wird in einer Kuhle aufgefangen und über ein Rohr in einen Wasserspeicher geleitet. Von dort gelangt es zu den Leitungen in Küche und Bad. In der Hauptsache ernähren wir uns von Obst, Gemüse, Ziegen- oder Schafskäse, Joghurt und frischem Baguette, das wir in Arles-sur-Tech kaufen.

Auf der obersten Terrasse stehen zwei Bienenstöcke. Im letzten Sommer habe ich meiner Freundin geholfen, das Bienenhaus zu erweitern. Wir zogen uns weiße Imkeranzüge an und dicke Handschuhe mit langen Schäften. In einem kleinen Behälter zündete Margot Papier an, legte Pappe und Kuhdung drauf und erzeugte damit einen dicken Rauch. So ausgestattet gingen wir an die Arbeit.

»Du glaubst gar nicht, wie wichtig der Qualm ist und wie vorsichtig man sein muss. Voriges Mal habe ich ohne Qualm am Bienenstock gearbeitet. Ich hatte den Imkeranzug angezogen und nicht gemerkt, dass er an einer Stelle eine kleine Öffnung hatte. Die Bienen sind da prompt hineingekrochen und haben mich fürchterlich gestochen. Geh mit dem Fumoir voran.« Ich nebelte das Bienenhaus mit dem Rauch ein, und Margot öffnete vorsichtig den Stock. Sobald dieser offen war, schwirrten die Bienen verwirrt und unruhig umher. Der Qualm hielt sie davon ab, uns anzugreifen. Margot setzte einen neuen Aufsatz mit Rahmen und Mittelwändchen ein. Nach einer Viertelstunde war die Arbeit beendet. Nun konnten die

Bienen neue Waben bauen und den Honig dort hineinfüllen. Ein Gläschen von dem durchsichtigen Gold nehme ich immer mit nach Jerusalem und öffne es zum Neujahrsfest. Dieser Honig schmeckt würziger als der aus dem Supermarkt, und er erinnert mich an die unbeschwerten Tage in Frankreich.

Ungeziefer und Insekten

»Heute wollen wir uns mit Ungeziefer und Insekten beschäftigen«, eröffnete die Rabbanit Malka die Unterrichtsstunde. »Nicht gerade ein appetitliches Thema. Ich kann mir vorstellen, dass Insekten nicht koscher sind«, bemerkte ich.

»So einfach ist das nicht. Es gibt koschere Heuschrecken.«

»Wirklich?«, wunderte ich mich.

»Ja. Wenn Heuschrecken über ein Land herfallen, dann sind sie ein furchtbares Übel. Eine der zehn Plagen, mit denen Gott Ägypten strafte, waren Heuschrecken. Sie fallen zu Milliarden ein, fressen das Getreide auf, greifen alle Pflanzen und Bäume an, und bis heute kann man ihrer nicht Herr werden. Die Thora erlaubt ihren Verzehr, damit die Menschen bei einer Heuschreckenplage zumindest etwas zum Überleben haben. Heuschrecken sind gute Eiweißlieferanten. Aber seit Jahrhunderten werden bei den Juden keine Heuschrecken mehr gegessen, außer in Jemen. Die Juden dort wissen noch, welche Heuschrecken die Thora zu essen erlaubt.«

»Mir fällt eine Stelle aus dem Neuen Testament ein. Dort wird über Johannes, der in der Wüste von Judäa predigte, berichtet: *Seine Speise aber waren Heuschrecken und wilder Honig.* (Matthäus 3:4) Als ich diese Stelle zum ersten Mal las, wunderte ich mich. Johannes war doch sicherlich ein frommer Jude, und dennoch aß er Heuschrecken. Ich dachte nämlich, dass Heuschrecken nicht koscher sind.«

»Johannes hielt sich an die Koschergesetze. Diese Stelle zeigt sogar ganz deutlich, dass er die Speisegesetze der Thora kannte und sie beachtete. Ansonsten hätte er irgendwelche Tiere in der Wüste gefangen und gegessen.«

»Warum müssen wir uns explizit mit Insekten und Ungeziefer beschäftigen? Was haben die denn mit dem koscheren Essen zu tun?«

»Eine ganze Menge. Wenn sie die Lebensmittel befallen, dann sind die Produkte nicht mehr koscher. Aber schauen wir zuerst noch einmal nach, was dazu in der Thora steht:

Macht euch selbst nicht zum Greuel an allem kleinen Getier, das da wimmelt, und macht euch nicht unrein an ihm, so dass ihr dadurch unrein werdet. Denn ich bin der Herr, euer Gott. Darum sollt ihr euch heiligen, so dass ihr heilig werdet, denn ich bin heilig; und ihr sollt euch nicht unrein machen an irgendeinem Getier, das auf der Erde kriecht. (3. Mose 11:43–44)

Aus diesem Grund müssen wir sehr sorgfältig die Lebensmittel dahingehend untersuchen, ob sie von Insekten oder Ungeziefer befallen sind. Das fängt schon mit der Lagerung der Lebensmittel an. In unsauberen oder feuchten Schränken vermehrt sich das Ungeziefer schnell, deswegen muss man in der Küche auf die Sauberkeit achten.«

»Das gilt ja für jede Küche, ob man nun koscher isst oder nicht. Jeder ekelt sich vor Nahrungsmitteln, in denen Schädlinge wohnen.«

»Das stimmt, aber wenn man die Lebensmittel nicht sorgfältig untersucht, dann sieht man die kleinen Tierchen nicht ohne weiteres. Deswegen muss man alle Lebensmittel, die man gekauft hat, noch einmal aufmerksam kontrollieren.«

»Wie meinen Sie das?«

»Wir teilen das Essen, das auf Insekten und Ungeziefer untersucht werden muss, in folgende Gruppen ein: Hülsenfrüchte und Getreide, Nüsse, gemahlene Gewürze und Pulver, Mehl und Mehlprodukte, frisches Obst, Trockenfrüchte, Gemüse und Fische. All diese Lebensmittel können befallen sein.«

»Fische? Wovon können Fische befallen sein?«

»Fische können Würmer haben. Insbesondere der Karpfen und der St. Petersfisch.«

»Wie untersuchen Sie die Lebensmittel?«

»Ganz unterschiedlich. Mehl beispielsweise darf nicht einfach zum Backen verwendet werden, sondern muss vorher durch ein feinmaschiges Sieb gesiebt werden. Vor einigen Jahren gab es eine heftige

Auseinandersetzung zwischen einer Jerusalemer Brotfirma und dem Rabbinat. Die Firma hat, um Zeit zu sparen, Siebe verwandt, die nicht den Halacha-Normen entsprachen, sondern viel zu weitmaschig waren. Deswegen hat das Rabbinat angedroht, der Firma das Koscherzertifikat zu entziehen.«

»Was würde das zur Folge haben?«

»Ein großer Teil der Jerusalemer Bevölkerung würde das Brot dieser Firma nicht mehr kaufen.«

»Und wie ging der Streit aus?«

»Die Brotfirma hat ihre Siebe ausgetauscht.«

»Wenn ich Mehl im Supermarkt kaufe, dann ist doch auf der Verpackung ein Koscherstempel aufgedruckt, das bedeutet, dass das Mehl schon gesiebt wurde. Muss ich es trotzdem noch einmal sieben?«

»Ja. Es wäre ja möglich, dass, nachdem es verpackt wurde, sich Ungeziefer eingenistet hat.«

»Ich habe gestern eine Bohnensuppe gekocht. Wie untersuchen Sie beispielsweise Bohnen?«

»Frische Hülsenfrüchte müssen inspiziert werden, ob sie keine dunklen Flecken aufweisen. Getrocknete Hülsenfrüchte, Reis oder Graupen werden auf einer weißen Unterlage ausgeschüttet, und man muss nachsehen, ob sich nicht winzige Insekten zwischen ihnen befinden. Wenn Haferflocken, Gries oder Weizenkleie pappt und Fäden zieht, ist es ein Zeichen, dass Ungeziefer dort nistet. Die befallenen Lebensmittel müssen weggeworfen werden. Jedes Gemüse, insbesondere Blattgemüse wie Salat oder Spinat, muss man sorgfältig auf kleine Raupen untersuchen. Ganz vorsichtig muss man bei Brokkoli und Blumenkohl sein. Zwischen den Röschen findet man häufig winzige Insekten.«

»Ist diese zusätzliche Lebensmittelkontrolle im Haushalt nicht sehr zeitaufwendig?«

»Koscher essen ist zeitaufwendig. Aber was fangen die meisten Menschen schon mit ihrer freien Zeit an? Stundenlang sitzen Kinder und Erwachsene täglich vor dem Fernseher. Es kommt kein Gespräch zwischen Eltern und Kindern auf, weil der Apparat die Gedanken gefangen nimmt. So viele Kinder sind verhaltensgestört, unter anderem weil ihnen niemand mehr zuhört.«

»Das stimmt schon. Aber was hat das mit den Schädlingen in Lebensmitteln zu tun?«

»Als meine Kinder noch klein waren, breitete ich auf diesem Esstisch eine weiße Decke aus, und ich habe regelmäßig mit ihnen Lebensmittel untersucht. Kinder haben sehr gute Augen, und die Arbeit hat ihnen Spaß gemacht. Sie kontrollierten den Reis, die Linsen, die Nüsse, und gleichzeitig haben wir uns über alles Mögliche unterhalten. Sie erzählten von ihrer Schule, von ihren Freunden, was sie bewegt und ärgert, und suchten dabei nach Insekten und Ungeziefer. Die Gespräche waren ungezwungen und ergaben sich während der Arbeit ganz von selbst. Heute helfen mir meine Enkel beim Auslesen von Reis oder Linsen. Ich würde allen Eltern raten, mit ihren Kindern ihre Lebensmittel zu kontrollieren. Es ist eine wunderbar beruhigende Tätigkeit, und die Kinder bekommen eine ganz andere Haltung zum Essen. Sie sind beschäftigt, lernen die Lebensmittel kennen und auf Ungeziefer zu achten, und haben Zeit, sich mit der Mutter oder dem Vater zu unterhalten.«

Trennung von Fleisch und Milch

»Das koschere Essen ist eine ausgewogene Ernährungsform, in der pflanzliche und tierische Nahrung eine Rolle spielt. Aber mit tierischer Nahrung wird sehr sorgfältig umgegangen. Wie sorgfältig, sehen wir daran, dass sie in fleischige und milchige Produkte eingeteilt wird, die streng voneinander getrennt werden müssen«, eröffnete die Rabbanit Malka den Unterricht.

»Das hat mich schon immer interessiert, warum Fleisch und Milch nicht zusammen gekocht oder verzehrt werden dürfen.«

»Dreimal steht in der Thora: *Du sollst das Böcklein nicht kochen in seiner Mutter Milch.* (2. Mose 23:19/2. Mose 34:26/5. Mose 14:21) Von diesem Satz haben unsere Weisen abgeleitet, dass nicht nur das gemeinsame Kochen von Fleisch und Milch verboten ist, sondern auch der Genuss von Fleisch- und Milchprodukten bei einer Mahlzeit. Wenn wir beispielsweise Fleisch essen, darf danach kein Nachtisch mit Sahne serviert werden, und auf ein Butterbrot darf man keine Scheibe Wurst legen.«

»Aber was hat denn das für einen Sinn?«

»Der tiefere Sinn dieses Gebotes liegt darin, dass wir uns jederzeit bewusst sein müssen, dass das Essen von Fleisch mit Tod verbunden ist. Für unseren Genuss musste ein Tier getötet werden. Die Thora verpflichtet den Menschen, in den ersten sieben Tagen nach der Geburt das Junge zu schonen: *Wenn ein Rind oder Schaf oder eine Ziege geboren ist, so soll das Junge sieben Tage bei seiner Mutter sein.* (3. Mose 22:27) Und: *Ein Rind oder Schaf soll man nicht mit seinem Jungen an einem Tag schlachten.* (3. Mose 22:28) Das bedeutet, dass wir die Tiere zwar schlachten und essen dürfen, aber wir müssen ihnen Achtung entgegenbringen und uns bewusst sein, dass sie Lebewesen mit Gefühlen sind.«

»Diese Gebote schützen das Tier vor der ungehemmten Willkür des Menschen«, bemerkte ich.

Die Rabbanit Malka nickte und fuhr fort:

»Die Milch hingegen dient dem Leben. Ohne Milch könnte kein Säugetier und kein Mensch überleben. Gäben wir einem neugeborenen Säugling Fleisch zu essen und enthielten ihm die Milch vor, dann würden wir das Kind umbringen, weil es das Fleisch nicht verdauen kann. Die Milch nährt das neue Leben. Sie sättigt das Kind, bis sein Verdauungsapparat so weit ausgereift ist, dass es auch andere Nahrungsmittel zu sich nehmen kann.«

»Kann man sagen, dass Milch das Leben symbolisiert, Fleisch hingegen den Tod?«

»Genauso ist es. Gott hat uns zwar zugestanden, das Fleisch einiger weniger Tiere zu essen, aber die Kaschrutgesetze erlauben uns nicht, dass wir das Symbol des Lebens mit dem Symbol des Todes vermengen. Darum werden in einer koscheren Küche Fleisch und Milch strikt getrennt. Kommen Sie, wir schauen uns mal an, wie ich meine Küche eingerichtet habe«, forderte mich die Rabbanit Malka auf.

Ich kannte die Küche schon. Aber dieses Mal sah ich sie mir bewusster an. Es war eine rechteckig geschnittene, weiße Einbauküche mit Oberflächen aus pflegeleichtem Resopal. Gegenüber von der Küchentür, an der schmalen Wandseite, befand sich das Spülbecken. Es war zweigeteilt und hatte zwei Ausgüsse. Im linken Ausguss standen zwei weiße Teller mit blauem Rand, die gespült werden mussten. Ein blauer Schaumstoffschwamm lag darauf. Daneben, im rechten Ausguss, lag ein roter Schwamm. Rechts und links vom Spülbecken waren Arbeitsplatten. Links vom Spülbecken stand eine blaue Geschirrablage aus Plastik, die gleiche stand rechts vom Spülbecken, allerdings in Rot. In der rechten Ecke befand sich der Herd, in der linken der Kühlschrank. Auf den Unter- und Oberschränken, die an der linken Wand angebracht waren, klebten kleine blaue Schildchen, auf denen »milchig« zu lesen war, auf den Schranktüren rechterhand waren die Aufkleber rot, und es stand

187

»fleischig« darauf. Auf der linken Seite hingen weiß-blau karierte Geschirrhandtücher, rechts rot-weiß gestreifte. Die Küche war eindeutig in einen blauen und einen roten Bereich geteilt. Neben der Tür stand der kleine Küchentisch mit den zwei Stühlen. Für mehr Stühle war kein Platz vorhanden.

Die Rabbanit Malka öffnete einen Hängeschrank und zeigte auf das Geschirr:
»Hier stehen die milchigen Teller, sie haben einen blauen Rand. Und auf der anderen Seite finden Sie die fleischigen, die rot gemustert sind. In einer koscheren Küche gibt es zweierlei Besteck, zweierlei Töpfe, zweierlei Handtücher. Man muss sehr aufpassen, damit man das Geschirr nicht verwechselt.«
Sie zeigte auf einen kleinen und einen mittelgroßen Topf und eine Pfanne: »Diese Töpfe sind parve.«
»Was bedeutet parve?«
»Parve ist weder milchig noch fleischig, Nahrungsmittel, die parve sind, können sowohl mit Milch- als auch mit Fleischspeisen gegessen werden. Alle pflanzlichen Nahrungsmittel sind parve, ebenso Eier und Fisch.«
»Obwohl der Fisch ein Tier ist?«
»Der Fisch gilt nicht als fleischig. Aus der Schöpfungsgeschichte lernen wir, dass Gott am fünften Schöpfungstag die Fische und die Vögel geschaffen hat.«
»Evolutionsgeschichtlich sind Fische und Vögel tatsächlich viel näher verwandt als Vögel und Säugetiere«, bemerkte ich.
»Unter den Weisen Israels gab es eine lange Auseinandersetzung darüber, ob der Vogel, zum Beispiel das Huhn oder die Ente, parve oder fleischig sei. Noch im zweiten Jahrhundert der allgemeinen Zeitrechnung hat Rabbi Jossi Hagalili seiner Gemeinde erlaubt, Geflügel mit Milch zu essen. Er hat das damit begründet, dass in der Thora zwar steht: *Du sollst das Böcklein nicht in der Milch seiner Mutter kochen*, Geflügel aber gar nicht in der Milch der Mutter gekocht werden könne, da Vögel keine Milch geben. Aber die Auffassung von Rabbi Jossi Hagalili hat sich nicht durchgesetzt. Das Gegenargu-

ment der anderen Weisen war, dass Geflügel im Geschmack zu sehr dem Fleisch von Säugetieren ähnelt und es deswegen leicht zu Verwechslungen kommen könnte. Deswegen ist Geflügel wie Fleisch zu behandeln. Fisch hingegen schmeckt ganz anders.«

»Das leuchtet mir ein. Mein Bekannter Uri kann Fisch weder riechen noch essen, und er ist nicht der Einzige, von dem ich das gehört habe. Mit Geflügel und Fleisch hat Uri keine Probleme.«

»Tatsache ist, dass Geflügel als fleischig definiert wird, obwohl Vögel keine Säugetiere sind. Fisch hingegen ist parve. Huhn in Sahnesoße darf man in einer koscheren Küche nicht auftischen, Fisch in Butter gebraten ist erlaubt. Nach einer Ente darf kein Nachtisch gegessen werden, bei dem Milch verwendet wurde, ein Fischgericht hingegen darf sowohl bei einer Fleischmahlzeit als auch zusammen mit einer milchigen Speise eingenommen werden.«

»Auch bei den Christen wird Geflügel als Fleisch definiert, Fisch hingegen nicht. In der Fastenzeit von Aschermittwoch bis Ostern essen die Katholiken kein Huhn, aber Fisch. Auch am Freitag essen sie kein Fleisch, aber Fisch«, warf ich ein.

»Das wusste ich nicht. Sie sehen, dass einige Lehren unserer Weisen sich auch bei den christlichen Gemeinden durchgesetzt haben«, stellte die Rabbanit Malka fest.

»Ich finde das deswegen interessant, weil die Christen die Kaschrut nicht zu einem Bestandteil ihrer Religion gemacht haben«, sagte ich.

»Darüber weiß ich nicht genug. Aber zurück zum Geflügel. Hühner sind fleischig, aber die Eier sind parve. Sie können sowohl zu milchigen Gerichten, zum Beispiel Omelett mit Käse, als auch zu fleischigen Gerichten, zum Beispiel Eierstich in einer Fleischbrühe, verwendet werden.«

Ich deutete auf die Parve-Töpfe. »Wozu brauchen Sie extra Parve-Töpfe?«

»Manchmal koche ich Kartoffeln oder Kraut und weiß noch nicht, ob ich dazu Fleisch oder ein Käsegericht zubereiten werde. In den Parve-Töpfen koche und dünste ich nur Gemüse, Fisch oder Eier.«

»Rabbanit Malka, ich lerne bei Ihnen so viel über die Kaschrut.

Ich überlege schon eine ganze Weile, ob ich meine Küche nicht koscher machen soll. Könnten Sie mir dabei helfen?«

»Rabbi Maimonides lehrte: Das Lernen kommt vor dem Tun. Ich kann Sie gerne beraten. Aber am besten Sie lesen erst einmal, wie eine koschere Küche eingerichtet wird. Ich werde Ihnen ein Buch mitgeben.«

Wir gingen ins Wohnzimmer zurück, und die Rabbanit Malka suchte nach der Lektüre.

»Wo habe ich das Buch?«, murmelte sie ungeduldig und wühlte zwischen den Broschüren und Büchern auf dem Regal. Sie ärgerte sich, weil sie das Buch nicht sofort fand.

»Wenn ich in der Küche so eine Unordnung hätte wie auf meinem Bücherbord, könnte ich keinen koscheren Haushalt führen!«

»Vielleicht haben Sie das Buch verliehen?«

»Nein, bestimmt nicht. Ich habe es neulich hier gesehen. Da ist es ja. Das Buch hat Rabbi Wagschal geschrieben. Nehmen Sie es mit nach Hause, und lesen Sie es.«

Die koschere Küche

Zu Hause angekommen, legte ich das Buch von Rabbi Schaul Wagschal erst einmal auf meinen Nachttisch. Das ist die Sammelstelle aller Bücher, die ich noch lesen möchte, und dementsprechend türmt sich dort ein Berg von Schriften. Dort liegen Bücher von anderen Schriftstellern, die ich geschenkt bekommen habe, Bücher von meinen Lesern, die sie mir zugeschickt haben, Bücher, die ich ausgeliehen habe, und Bücher, die ich schon kenne, aber noch einmal lesen will. Was keinen Platz auf dem Nachttisch findet, landet auf einem Stapel auf dem Boden. Das sind die Bücher in Wartestellung, für die ich zunächst keine Zeit habe. Am liebsten lese ich im Bett, entweder nach dem Mittagessen oder in der Nacht.

Das israelische Klima hat mir beigebracht, den Tag in zwei Hälften zu teilen. Morgens stehe ich um halb sieben auf und mache mit meinem Hund einen Rundgang durch den Jerusalemer Stadtwald. Danach wasche ich mich, frühstücke, und ab neun Uhr sitze ich vorm Computer. Um zwölf Uhr bereite ich das Mittagessen vor, esse und lege mich ins Bett. Von halb zwei bis drei ist meine Schlafstunde. Das Wort »Schlafstunde« ist eines der wenigen Wörter, die von der deutschen in die hebräische Sprache eingewandert sind. Die Jeckes, das sind die Juden, die in den dreißiger Jahren des letzten Jahrhunderts aus Deutschland emigrieren mussten, haben das Wort und die Sitte mitgebracht. Schlafstunde bedeutet, dass die Kinder draußen nicht herumtollen dürfen, Schlafstunde bedeutet, dass man Freunde oder Fremde nicht anruft, Schlafstunde bedeutet, dass man um diese Zeit keine Besorgungen macht. Banken und Geschäfte haben von zwei bis vier Uhr nachmittags geschlossen. Von der sommerlichen Hitze ausgelaugt, döse ich in der Schlafstunde wohlig im Bett, die

Brille auf der Nase, ein Buch in der Hand, oft nicke ich dabei ein. Wenn mich ein Buch so fesselt, dass ich nicht einschlafen kann, dann findet es seinen Platz an meinem Bett und wird zur Nachtlektüre erhoben.

Bei Rabbi Wagschals Buch über die koschere Küche schlief ich sofort ein. Das wiederholte sich auch am nächsten Tag, und ich merkte, dass ich nicht im Bett in dem Buch schmökern konnte. Es blieb mir nur die Möglichkeit, es entweder ungelesen wieder zurückzugeben oder es auf meinen Schreibtisch zu legen und mich ernsthaft damit zu befassen. Am liebsten hätte ich es der Rabbanit Malka gleich wieder zurückgebracht, ohne darin weiter zu blättern. Aber das wäre mir ganz einfach peinlich gewesen. Sie nahm sich so viel Zeit, um meine Fragen zu beantworten und um mich zu unterrichten, und ich war noch nicht einmal in der Lage, ein Buch, das sie mir gegeben hatte, durchzuarbeiten. Was würde sie von mir denken? Ob ich wollte oder nicht, ich musste da durch. Aber nicht gleich. Nächste Woche, später, irgendwann.

Nach Schabbatausgang, am Samstagabend, rief ich die Rabbanit Malka an:

»Morgen kann ich nicht kommen, ich habe eine dringende geschäftliche Verabredung.«

»Dann sehen wir uns nächste Woche. Viel Erfolg!«

Ich hatte keine dringenden Geschäfte zu erledigen, aber Rabbi Wagschals »Kaschrut im Haus« lag mir wie ein Stein im Magen. Irgendetwas würde ich dazu sagen müssen, wenn ich die Rabbanit wieder traf. Ich konnte doch nicht zugeben, dass mir bei der Lektüre im Bett die Augen zugefallen sind. Am nächsten Vormittag nahm ich mir das Buch erneut vor. Es ist eine minutiöse Gebrauchsanweisung, wie man eine koschere Küche einrichtet. Ohne eingehende philosophische Erklärungen, ohne Hinterfragung des Sinnes, ohne wissenschaftliche Begründung, lediglich eine sture Aufzählung der Regeln, die beachtet werden müssen:

Die Küche
Bei der Planung einer koscheren Küche muss man die Trennung zwischen Milch und Fleisch berücksichtigen. Es müssen Schränke oder Regale für fleischiges und milchiges Geschirr eingerichtet werden. Spüle und Arbeitsfläche müssen darauf abgestimmt sein, die Vermischung zu verhindern.

Getrenntes Geschirr
Es muss getrenntes Koch- und Essgeschirr angeschafft werden. Das Geschirr muss getrennt abgestellt, getrennt gewaschen und mit getrennten Handtüchern getrocknet werden. Es hat sich eingebürgert, Handtücher mit blauem Muster für Milchgeschirr und mit rotem Muster für Fleischgeschirr zu benutzen. Es soll darauf geachtet werden, dass Fleisch- und Milchspeisen im Kühlschrank und im Tiefkühlfach getrennt aufbewahrt werden.

Die Spüle
Es empfiehlt sich, zwei getrennte Spülbecken einzuplanen. Wenn dies nicht möglich ist, dann empfiehlt sich ein Doppelbecken mit einer Trennwand, um das Verspritzen von Flüssigkeiten vom einen Becken in das andere zu verhindern. Ist aber nur ein einziges Spülbecken vorhanden, dann ist dieses wie »unrein« zu behandeln, denn in dieses Becken fallen sowohl fleischige wie milchige Abfälle, und deswegen darf das Geschirr darin nicht gewaschen werden. In diesem Fall soll das Geschirr in getrennten Schüsseln gewaschen werden, eine für fleischiges und eine für milchiges Geschirr. Diese Schüsseln werden in die Spüle gestellt.

Die Arbeitsfläche
Wichtig ist, dass zwei getrennte Arbeitsflächen in der Küche vorhanden sind, eine für die Zubereitung von Milch- und die andere für die Zubereitung von Fleischspeisen.

Soll die milchige Arbeitsfläche zur Zubereitung von Fleischspeisen genutzt werden, beispielsweise bei der Vorbereitung eines Festessens, dann muss die Arbeitsfläche mit einem wasserundurchlässigen Material abgedeckt werden, wie beispielsweise einer Holzplatte oder einem Plastiktuch, und kann dann als fleischige Arbeits- oder Abstellfläche dienen.

Wenn man die Arbeit mit milchigen Speisen und Geschirr beendet hat, müssen die Hände gewaschen werden, bevor Fleischspeisen oder fleischiges Geschirr berührt werden, ebenso umgekehrt.

Der Kochherd
Wenn Fleisch- und Milchspeisen gemeinsam auf dem Herd stehen, besteht die Gefahr, dass sie sich beim Überlaufen oder durch Spritzen vermischen. Man muss sehr vorsichtig sein, denn bereits ein Tropfen heiße Milch, der in einen Fleischtopf fällt, macht ihn »unrein«. Man muss dafür sorgen, dass es zu keiner Berührung zwischen Fleisch und Milch kommt, und muss bedenken, dass es beim gemeinsamen Kochen auf dem Herd zu unvorhergesehenen Vorfällen kommen kann, bei denen eine Vermischung stattfindet.

Die beste Lösung wären zwei Kochstellen. Viele benutzen eine tragbare elektrische Kochplatte oder einen Gaskocher zum Zubereiten von Milchspeisen und den Herd zum Kochen von Fleischgerichten. Aber wenn keine verschiedenen Kochstellen vorhanden sind, sollte man folgende Vorsichtsmaßregeln berücksichtigen, um den Kontakt von Fleisch- und Milchspeisen auszuschließen:
1. Nicht auf der gleichen Feuerstelle Fleisch- und Milchspeisen zubereiten, sondern auf dem Herd Flammen für Fleisch und Flammen für Milch bestimmen.
2. Nicht gleichzeitig Fleisch- und Milchspeisen kochen.
3. Wenn gleichzeitig Fleisch- und Milchgerichte auf dem Herd gekocht werden müssen, dann sollte eine Metall- oder Asbestplatte zwischen den Töpfen aufgestellt werden.
4. Wenn man den heißen Topfdeckel anhebt, dann soll man darauf

achten, dass keine heißen Spritzer oder Tropfen auf Geschirr von der anderen Sorte fallen.

5. Wenn man Wasser oder sonstige Zutaten einem heißen Gericht zufügt, dann muss dies mit großer Sorgfalt geschehen, um zu verhindern, dass Spritzer auf Geschirr der anderen Sorte fallen.

6. Wenn man Milch- oder Fleischspeisen brät, wie zum Beispiel Eier in Butter oder Fleisch in Öl, dann sollen hinterher sorgfältig die Spritzer vom Herd abgewischt werden, die beim Braten die Emailfläche verschmutzt haben.

7. Wenn Milchspeisen die Kochfläche, die für Fleischspeisen gedacht ist, verschmutzen, muss die Fläche sorgfältig gereinigt werden, bevor Fleischtöpfe dorthin gestellt werden. Ebenso umgekehrt.

Die Backröhre

1. Da es sich bei der Backröhre um einen geschlossenen Raum handelt, sollen nicht zur gleichen Zeit Fleisch- und Milchspeisen darin gegart werden.

2. Wichtig ist, dass der Rost, auf den die Töpfe gestellt werden, sauber ist, und dass er, sobald Speisereste auf ihn fallen, abgewischt werden muss. Für die verschiedenen Speisen sollen verschiedene Roste benutzt werden.

3. Es soll möglichst in geschlossenen Formen gebraten werden, damit die Dämpfe und Spritzer die Seitenwände nicht verunreinigen und keine Speisereste dort hängen bleiben.

4. Wenn eine Fleischspeise gegart wurde, dann sollte 24 Stunden gewartet werden, bis Milchspeisen in der Röhre gegart werden, und umgekehrt.

Der Tisch

Zwei Personen essen an einem Tisch, der eine etwas Fleischiges, der andere eine milchige Mahlzeit. Sie sollen ein Zeichen machen, um zu unterscheiden, wo Fleisch und wo Milch gegessen wird. Ein solches Zeichen sind normalerweise zwei unterschiedliche Deckchen.

Die Tischdecke

Eine Tischdecke, auf der eine fleischige Mahlzeit gegessen wurde, soll nicht für eine milchige Mahlzeit benutzt werden und umgekehrt. Deswegen ist es üblich, verschiedene Tischdecken für fleischige und für milchige Mahlzeiten anzuschaffen, die sich voneinander, zum Beispiel durch die Farbe, unterscheiden, um eine Vermischung zu vermeiden. Wenn eine fleischige Tischdecke gewaschen ist, ist es erlaubt, sie für milchige Mahlzeiten zu benutzen und umgekehrt. Dieser Fall kann eintreten, wenn viele Gäste erwartet werden, man muss in diesem Fall keine neuen Tischdecken anschaffen.

Brot

Brot darf nicht berührt werden, wenn an den Händen Reste von milchigen oder fleischigen Speisen kleben, außer, wenn das ganze Brot für eine entsprechende Mahlzeit bestimmt ist.

Brot, das für eine fleischige Mahlzeit benutzt wurde, darf für eine milchige ebenfalls benutzt werden und umgekehrt, wenn folgende Bedingungen erfüllt sind:

1. Das Brot wurde nicht mit Händen angefasst, an denen Reste von milchigen oder fleischigen Speisen klebten.
2. Das Brot wurde an einem Ort aufbewahrt, an dem es nicht in Kontakt mit fleischigen oder milchigen Speisen kam.
3. Das Brot wird mit einem Parve-Brotmesser geschnitten.
4. Brot, das mit Butter oder Milch gebacken wird, soll eine andere Form haben als das übliche Brot, damit es nicht aus Versehen mit Fleischgerichten gegessen wird.

Wartezeit zwischen Fleisch- und Milchmahlzeiten

Es ist üblich, nach einer Fleischmahlzeit sechs Stunden zu warten, bevor Milchspeisen gegessen werden. Es gibt aber auch Gemeinden, die nur drei Stunden warten.

Die Wartezeit wird ab dem Zeitpunkt gemessen, an dem das Essen von Fleisch beendet wurde, auch wenn die Tischzeit noch andauerte.

Bei der gleichen Mahlzeit ist es verboten, nach Fleisch Milchspeisen zu essen, auch wenn die Tischzeit länger als sechs Stunden andauert. Es dürfen keine Milchspeisen gegessen werden, bevor das abschließende Tischgebet gesprochen wurde.

Gelber Käse
Wenn gelber Käse gegessen wurde, sollte sechs beziehungsweise drei Stunden gewartet werden, bevor fleischige Speisen gegessen werden. Es gibt aber auch Gemeinden, in denen nur eine Stunde gewartet wird.

Essen von Fleisch nach Milchspeisen
Wenn Milchspeisen gegessen wurden, wie Weißkäse, Milch oder Butter, muss man keine Wartezeit einlegen, um Fleisch zu essen. Aber die Hände und der Mund müssen sorgfältig gereinigt werden. Es ist aber üblich, dass mindestens eine halbe Stunde gewartet wird, bevor Fleisch gegessen wird.

Bei der gleichen Mahlzeit soll nach Milchspeisen kein Fleisch gegessen werden. Erst muss das abschließende Tischgebet gesprochen werden, dann kann Fleisch gegessen werden.

Parve-Essen, das in einem fleischigen oder milchigen Topf gekocht wurde
Obwohl Parve-Essen, das in einem Fleischtopf gekocht wurde, als fleischig angesehen wird, und Parve-Essen, das in einem Milchtopf gekocht wurde, als milchig betrachtet wird, muss man nach dem Essen keine Wartezeiten einlegen. Deswegen kann Parve-Essen, das in einem Milchtopf zubereitet wurde, nach einer Fleischmahlzeit gegessen werden, und es ist erlaubt, Milchspeisen nach Parve-Speisen, die in einem Fleischtopf gekocht wurden, zu essen.

Je mehr ich in dem Buch von Rabbi Wagschal las, desto utopischer fand ich die Vorstellung, eine koschere Küche einzurichten. Es erschien mir alles so kompliziert und aufwendig, praktisch undurchführbar.

»Ich habe das Buch gelesen«, sagte ich zur Rabbanit Malka, als ich ihr das Buch wieder zurückbrachte. »Aber es hat mir den Wunsch nach einer koscheren Küche gründlich ausgetrieben. Für so einen Aufwand habe ich gar keine Zeit!«

»Es eilt nichts. Im Talmud steht: Zuerst kommt der Gedanke, dann die Rede, dann die Tat. In der hebräischen Sprache wird für das Reden und die Sache das gleiche Wort benutzt. Wer redet, schafft neue Tatsachen, auch wenn sie zunächst nur in Form neuer Ideen und Gedanken auftauchen. Wir reden seit einigen Wochen über die Kaschrut. Irgendwann werden Sie Ihre Küche koscher machen. Da bin ich ganz sicher. Aber lassen Sie sich Zeit, und zwingen Sie sich zu nichts«, antwortete sie.

Die Küche kaschern

In der Arasimstraße, gegenüber vom Supermarkt, befinden sich eine Ambulanz und eine Apotheke. Als Mitglied der allgemeinen Krankenkasse kann man sich den Hausarzt nicht aussuchen, sondern je nach Wohnort ist man an eine bestimmte Krankenstation gebunden. Die Ambulanz in der Arasimstraße ist für mich zuständig. Dort arbeitet ein Team von Ärzten und Krankenschwestern. Eigentlich bin ich ein robuster Mensch und meide die Ärzte, aber ich hatte mir eine Halsentzündung zugezogen, und die Schluckbeschwerden gingen trotz literweise heißem Tee mit Zitrone, den ich dauernd trank, nicht weg. Auch die warmen Halskompressen und das Gurgeln mit Salzwasser halfen nicht. Ich musste wohl doch zu stärkeren Mitteln greifen. Für den Besuch beim Arzt meldete ich mich telefonisch an, und die Sprechstundenhilfe gab mir einen Termin um fünf Uhr nachmittags. Nach einer kurzen Wartezeit empfing mich der Doktor und verschrieb mir Penrafa, ein Antibiotikum.

»Zehn Tage, alle sechs Stunden eine Kapsel einnehmen. Und ja nicht damit aufhören, auch wenn die Beschwerden nachlassen!«

Mit dem Rezept stieg ich die Treppe in den zweiten Stock hinauf, wo sich die Apotheke befindet. Der Raum war überfüllt mit Patienten, die auf schwarzen Holzstühlen saßen, an der Wand lehnten oder am Fenster standen.

»Sie müssen eine Nummer ziehen«, erklärte mir ein älterer Mann mit weißem Bart und Tränensäcken unter den Augen. Von einer schmalen Papierrolle, die an einer Halterung rechts von der Eingangstür angebracht war, riss ich die Nummer dreiundachtzig ab. Über dem Verkaufstresen leuchtete die Nummer vierundsechzig auf. Eine ältere Dame mit einem Gehstock, der einen Bernsteinknauf hatte, steuerte mit trippelnden Schritten auf die Theke zu. In diesem

Moment stürmte ein junger Mann herein und hielt der Apothekerin die Nummer achtundfünfzig vor die Nase.

»Ich war vorhin schon da, musste aber schnell noch etwas einkaufen«, erklärte er atemlos.

»Dann müssen Sie eine neue Nummer ziehen! Stundenlang wartet man hier auf seine Medizin, weil die Kasse nicht noch einen Apotheker anstellen will«, meckerte eine Frau mit einem Hut mit Leopardenmuster.

»Ach, lassen Sie ihn doch vor. Bestimmt hat er kleine Kinder«, hielt eine andere dagegen.

»Unsere Regierung ist korrupt! Wo man hinschaut, wird bestochen, gelogen und unterschlagen«, schimpfte ein dicker, rotgesichtiger Mann mit schütterem Haar. Sein grünes Käppchen war mit einer Klemme an einer Strähne befestigt, drohte aber jeden Moment herunterzufallen.

»Was hat das damit zu tun, dass der Bursche mit der Nummer verschwindet und einfach später wieder auftaucht? Eine neue Nummer muss er ziehen!«, zeterte die Frau mit dem Leopardenhut.

Die alte Dame mit der Nummer vierundsechzig drehte sich um und trat einen Schritt vom Tresen zur Seite:

»Meinetwegen holen Sie Ihre Medizin. In meinem Alter hat man ohnehin nichts anderes zu tun als zu den Ärzten zu rennen und in der Apotheke zu warten.«

Ich hatte mir in der Zwischenzeit einen Stuhl ergattert. Eine Frau mittleren Alters, die neben mir Platz genommen hatte, sprach mich an:

»Welche Nummer haben Sie?«

»Dreiundachtzig.«

»Ich bin nach Ihnen dran. Meine ist fünfundachtzig. Glauben Sie, dass das noch lange dauert?«, erkundigte sie sich.

Ich zuckte mit den Schultern:

»Woher soll ich das wissen?«

»Tut Ihnen etwas weh?«

»Der Hals.«

»Im Moment haben viele Leute Angina. Meine Tochter hat auch gerade eine Halsentzündung überstanden. Mit den Pillen gehen die Schmerzen ganz schnell weg.«

»Hoffentlich. Sie sprechen mit einem französischen Akzent.«

»Wir sind vor fünf Jahren aus Frankreich eingewandert. Ich heiße Chantal und Sie?«

»Lea.«

»Was für ein Zufall, meine Tochter heißt auch Lea. Vielleicht haben jetzt alle Leas Angina?« Sie lachte über ihren eigenen Witz.

»Wo haben Sie in Frankreich gewohnt?«

»In Perpignan. Haben Sie schon einmal von dieser Stadt gehört?«

»Ich war sogar schon dort und habe die Burg der Könige von Mallorca besichtigt. Im Espi habe ich Eis gegessen und in der Boutique Brigitte mir ein Kleid gekauft.«

»Tatsächlich? Ich kenne die Boutique Brigitte. Der Mann der Inhaberin hat Parkinson. Die Kleider von Brigitte sind nicht billig.«

»Es war gerade Sommerschlussverkauf. Warum sind Sie aus Frankreich ausgewandert?«

»In Frankreich ist in den letzten Jahren eine beunruhigende Zunahme an Antisemitismus zu spüren. Es ist dort gefährlich geworden, mit einem Käppchen auf die Straße zu gehen. Ohne ersichtlichen Grund kann man von Jugendlichen angegriffen werden. In der Schule kam es zu Kämpfen zwischen muslimischen und jüdischen Kindern. Es gab dauernde Rangeleien zwischen christlichen und arabischen Schülern. Frankreich ist wie ein Kessel, der unter Druck steht und jederzeit bersten kann. In dieser Atmosphäre wollten wir unsere Kinder nicht großziehen«, erläuterte Chantal.

Die Zahl dreiundachtzig leuchtete auf, und ich ging zum Tresen.

Eine Woche später traf ich Chantal im Supermarkt. Ich stand vor einem Regal, in dem Tüten und Schachteln mit diversen Keksen auslagen.

»Schalom, Lea, wie geht es Ihrem Hals?«

»Ich nehme noch Antibiotika, aber Schmerzen habe ich keine mehr. Kennen Sie die Plätzchen hier?«

Ich zeigte auf einen Beutel mit Kleingebäck.

»Nein, aber ich kann Ihnen ein prima Rezept für Plätzchen geben. Die sind ganz leicht zu backen und schmecken köstlich, viel besser als die gekauften. Rufen Sie mich doch einmal an.« Aus ihrem Portemonnaie entnahm sie eine Visitenkarte und gab sie mir.

Chantal ist achtundvierzig Jahre alt, eine hübsche, mit einer natürlichen Eleganz ausgestattete Frau. Sie hat lebhafte, braune Augen, über denen sich sorgfältig gezupfte Brauen wölben. Ihr hellbrauner Teint, die schön geschwungenen Lippen und das schmale Gesicht lassen sie jünger erscheinen, als sie ist. Lediglich die Lachfältchen und die Falten am Hals deuten ihr Alter an. Die Figur hingegen ist mädchenhaft schlank. Sie trägt dezenten Schmuck, kleine Perlenohrringe, ein Goldkettchen mit einem Davidstern und ein mattgoldenes Armband. Chantal kauft die billigsten Kleider auf dem Markt, aber was bei anderen wie ein Sack herunterhängt, wird bei ihr durch einen Gürtel, eine Brosche oder ein Band zu einem raffinierten Kleidungsstück.

Wie sie sich kleidet, so kocht Chantal. Einer langweiligen Eierspeise fügt sie ein paar Kräuter hinzu, und schon wird sie zu einem wohlschmeckenden Omelett. Fadem Reis mischt sie ein paar Gewürze unter und zaubert so eine pikante Mahlzeit. Sie wohnt in meiner Nähe, und wir haben uns angefreundet. Ihre Plätzchen schmecken tatsächlich besser als die gekauften aus dem Supermarkt.

Plätzchen à la Chantal
100 g Butter
100 g Öl
80 g brauner Zucker
1 Ei
75 g Haferflocken
75 g gehackte Walnüsse
250 g Mehl
1 Teelöffel Backpulver

Butter, Öl, Zucker und Ei verrühren. Restliche Zutaten hinzufügen und den Teig eine Stunde im Kühlschrank kalt stellen. Kleine Bällchen formen und auf ein Backblech drücken, so dass Halbkugeln entstehen. Bei 180 Grad zwanzig Minuten backen.

Ich war öfters bei Chantal zu Besuch, und sie verwöhnte mich stets mit allerlei Leckerbissen. Gerne wollte ich mich einmal revanchieren, aber es war unmöglich, denn Chantal aß nur koscher. Außer Wasser und Obst wollte sie bei mir nichts zu sich nehmen.

»So schwer ist es gar nicht, die Küche zu kaschern und koscher zu leben«, erklärte Chantal und fuhr fort:

»Als ich noch in Perpignan lebte, habe ich keinen koscheren Haushalt geführt. Aber hier in Jerusalem begannen mein Mann und ich die Gebote der Thora zu lernen und fanden zu einer traditionell religiösen Lebensweise, die wir heute nicht mehr missen möchten. Früher haben wir alles durcheinandergegessen, heute trennen wir Fleisch von Milchspeisen und legen Wartezeiten ein. Wir haben eine ganz neue Ordnung beim Essen gefunden, und meine Küche habe ich total umgestellt.«

»War das nicht sehr kompliziert?«

»Gar nichts ist kompliziert, wenn man es nur will. In Israel gibt es sehr viele Menschen, die nur koscher essen, und die kannst du nie zum Essen einladen, wenn du nicht ebenfalls die Kaschrutgesetze befolgst. Dabei ist es hier gar nicht schwer, koscher zu kochen. In den Läden und auf dem Markt sind alle Lebensmittel koscher. Du musst nur deine Küche neu organisieren, und jeder kann bei dir essen.«

»Ich habe schon daran gedacht, meine Küche zu kaschern. Die Rabbanit Malka hat mir sogar ein Buch gegeben, und ich habe darin gelesen. Aber je mehr ich darüber weiß, desto problematischer erscheint mir die koschere Küche. Bei jedem Löffel und bei jedem Teller muss man ja genau aufpassen, ob er milchig oder fleischig ist.«

»Wenn man eine koschere Küche einrichtet, muss man nur einmal eine neue Ordnung schaffen. Es stimmt, dass man in einer koscheren Küche beim Kochen nicht mehr gedankenlos nach irgendeinem

Küchengerät greifen kann. Nicht nur das Essen wird zu einem bewussten Akt, sondern auch die Vorbereitung des Essens erfordert ständige Aufmerksamkeit. Aber so viele Menschen haben gelernt, einen koscheren Haushalt zu führen, da kannst du es auch lernen. Aber nur wenn du es wirklich willst.«

»Ich kann mich dazu nicht entschließen.«

Chantal zuckte mit den Schultern als wollte sie sagen: Dann eben nicht. Ich kann bei dir nicht essen.

Es war nun schon das zweite Mal, dass eine Freundin bei mir nicht essen wollte. Als ich noch in Frankfurt am Main lebte, war ich mit Mirjam eng befreundet. Ihre Eltern waren, genau wie meine, Juden, die den Holocaust überlebt hatten und in Deutschland hängen geblieben waren. Sie stammten ursprünglich aus Polen, brachten die ersten Nachkriegsjahre in verschiedenen Lagern für Displaced Persons zu und landeten in den fünfziger Jahren in Frankfurt am Main. Mirjams Mutter, eine resolute, lebenstüchtige Frau, wollte nicht von der Sozialhilfe leben.

»Man muss sich eine Existenz aufbauen, etwas tun, und nicht den ganzen Tag herumsitzen. Vom Sozialamt bekommt man nicht genug zum Leben und zu viel zum Sterben.«

Sie hatte von einer Bekannten erfahren, dass eine Imbisstube in der Schäfergasse zu pachten war, und überredete den Vater, einen phlegmatischen und antriebslosen Mann, dazu, den Pachtvertrag zu unterschreiben.

»In einem Imbiss hat man es immer mit Besoffenen zu tun«, wehrte er sich, aber seine Frau drängte: »Du musst ja das Bier nur einschenken und es nicht selber saufen. Mirjam soll es einmal besser haben als wir.«

Mirjams Eltern lebten nicht nach den religiösen Geboten der Thora, aßen nicht koscher und betrieben die Imbisstube auch am Schabbat. Ihre Mutter meinte:

»Für die Thora kann man sich nichts kaufen, und im KZ sind die Frommen wie die Fliegen gestorben. Hat Gott ihnen etwa geholfen? Am Schabbat gehen die meisten Würstchen weg, und das Bier fließt ordentlich. Samstags ist die ganze Stadt auf den Beinen und kauft bei Hertie und Woolworth ein, da können wir nicht zu Hause sitzen und feiern.«

Mirjam und ich besuchten die gleiche Schule, wir spielten nachmittags Federball, Halma oder Stadt-Land-Fluss. Aber am liebsten gingen wir im Ostpark spazieren. Dort umrundeten wir den See, beobachteten die Schwäne und fütterten die Enten mit Brotbrocken. Stundenlang unterhielten wir uns. Mirjam war ein wenig komisch. Zum Leidwesen ihrer Mutter interessierte sie sich nicht für modische Kleider, Schmuck oder Kosmetik, wie andere Jugendliche, sondern bevorzugte verwaschene Jeans, schlabberige Pullover und ausgetretene Schuhe und stritt sich dauernd mit ihrer Mutter.

»Wozu arbeite ich so schwer, damit du wie ein Clochard herumläufst? Jeder Penner ist besser angezogen als du! Kannst du dir nicht ein Paar elegante Pumps bei Daniela kaufen?«

Aber anstatt in den Boutiquen Klamotten anzuprobieren und Modezeitschriften zu lesen, beschäftigte sich Mirjam mit Fragen wie: Wer hat diese Welt geschaffen?, oder: Was ist eigentlich die Seele?, oder: Was geschieht, wenn ein Mensch stirbt? Nach dem Abitur reiste sie nach Indien und Goa, fuhr nach Nepal und wanderte im Himalaja. Ihre Mutter wurde vor Sorgen schier verrückt.

»Wozu fährt sie an das Ende der Welt? Was hat sie dort verloren? Wie Pferde rackern wir uns nur für sie ab, und was ist der Dank? Sie haut einfach ab!«

Mirjam und ich verloren uns aus den Augen und hatten jahrelang keinen Kontakt mehr. In Jerusalem trafen wir uns wieder. Sie hatte inzwischen einen frommen Juden geheiratet und lebte in Har Nov, einem religiösen Stadtteil Jerusalems. Sie trug lange Kleider, dunkle Strümpfe und ein Tuch um den Kopf geschlungen. Der einzige Schmuck war ein goldener Ehering.

»Nach so viel Suchen habe ich meinen Weg in der Thora gefunden«, erklärte sie mir.

»Wie geht es deinen Eltern?«

»Die Imbissstube haben sie längst aufgegeben. Zu Pessach und Rosch Haschana kommen sie regelmäßig nach Israel, und meine Mutter verwöhnt meine Kinder mit Barbie-Puppen, Plüschtieren und anderem Plunder. Überflüssiges Zeug, das keiner braucht. Aber ich streite mich nicht mehr mit ihr. Soll sie bringen, was sie will.«

Mirjam lud mich ein, und ich habe manchen Schabbat mit ihrer Familie verbracht. Gerne aß ich bei ihr, aber wenn sie mich besuchte, weigerte sie sich, von meinem Kuchen oder anderen Gerichten etwas zu probieren.

»Bei dir kann ich nur ein Glas Wasser trinken und Obst essen. Deine Küche ist nicht koscher.«

»Wegen dir werde ich doch jetzt nicht meine ganze Küche umstellen«, antwortete ich.

»Musst du doch auch nicht. Aber ich kann hier nichts essen.«

Das Laubhüttenfest, Sukkot, stand vor der Tür. Meine Nachbarn hatten mit ihren Kindern eine Hütte aus vier Stoffwänden vor dem Hauseingang errichtet. Als Dach dienten ein paar Balken, die mit Palmwedeln bedeckt waren. Jael und Jochi hängten bunte Girlanden und Früchte an die Decke. Einen Plastiktisch und vier Klappstühle hatten sie in der Hütte aufgestellt und auch zwei Luftmatratzen und Schaumstoffunterlagen angeschleppt.

»Wir dürfen Sukkot sogar hier schlafen«, verkündete Jael. »Das ist viel schöner als im Haus. Durch das Dach kann man die Sterne und den Mond sehen.«

Auch auf dem Balkon von Rabbanit Malka stand eine Hütte. Sie war aus Holzbrettern gezimmert und mit Kinderzeichnungen, Bändern und roten Äpfeln dekoriert.

»Warum baut man eine Laubhütte?«

»Einmal im Jahr wohnen und essen wir eine Woche lang in dieser primitiven Hütte. Dabei erinnern wir uns an die vierzigjährige Wanderung der Kinder Israel durch die Wüste und begreifen physisch, dass unser Haus auf dieser Welt nicht von Dauer ist. Weil es gleichzeitig auch ein Erntedankfest ist, wird die Laubhütte mit Obst geschmückt.«

Auf dem Tisch lag ein Feststrauß, gebunden aus einem Zweig der Dattelpalme, zwei Bachweiden- und drei Myrtenzweigen, daneben eine zitronenähnliche Frucht, der Etrog. Während des Laubhüttenfestes nehmen die Männer dieses Gebinde und den Etrog mit in die Synagoge.

»Aus vier Arten wird der Festtagsstrauß gebunden, und jede Art symbolisiert etwas ganz Besonderes und alle zusammen das Volk Israel.«

»Das müssen Sie mir genauer erklären.«

»Der Etrog hat einen intensiven Geruch und kann gegessen werden, die Dattel riecht nicht, hat aber Früchte, die man essen kann, die Myrte riecht, hat aber keine Früchte, und die Weide hat weder Geruch noch trägt sie Früchte. Der Etrog symbolisiert den Menschen, der Thora lernt und Mitzwot tut, also auch nach den Geboten der Thora lebt. Die Dattel ist wie ein Mensch, der die Mitzwot erfüllt, aber nicht lernt. Wie jemand, der zum Beispiel die Kaschrut streng einhält, aber nicht danach fragt, warum und wieso soll ich dieses Gebot erfüllen? Die Myrte ist wie ein Mensch, der Thora lernt, aber die Gebote nicht einhält, wie jemand, der sich für das koschere Essen interessiert, es aber nicht in sein Leben integriert. Er kennt die Kraft und die Schönheit der Thora nur in der Abstraktion, aber weiß nicht, was die Gebote für seinen Alltag bedeuten. Die Weide ist wie ein Mensch, der weder Thora lernt noch ihre Gebote einhält. Alle vier zusammen sind das Volk Israel, und alle vier gehören dazu. Und wenn eine Art fehlt, dann ist der Festtagsstrauß nicht vollständig.«

Ich hatte die Rabbanit Malka verstanden. Sie verglich mich mit der Myrte. Und vielleicht hatte sie recht. Vielleicht werde ich über das Tun etwas erfahren, das ich in der Theorie niemals lernen kann? Ich musste mir die Dimension des Handelns öffnen, sonst blieb alles in der unverbindlichen Luft des Betrachters hängen. Ich lernte Thora, weil mir die Geschichten gefielen und weil die Stunden bei der Rabbanit unterhaltsam waren, aber ich verband mich nicht mit dem Wort Gottes. Genauso gut hätte ich einen interessanten Roman lesen, mir einen spannenden Film ansehen oder einen Kurs in Kunstgeschichte besuchen können. Die Verbindung mit dem Göttlichen geschieht nicht nur über den Intellekt, das Tun gehört dazu. Die Zeit war reif, meine Küche zu kaschern.

Noch am gleichen Abend rief ich Chantal an.

»Ich habe mich entschlossen, meine Küche zu kaschern, kannst du mir dabei helfen?«

»Diese Woche kann ich nicht, aber gleich nach dem Laubhüttenfest, am nächsten Mittwoch, kann ich nachmittags zu dir kommen. Dann sehen wir uns deine Schränke und dein Geschirr einmal genau an.«

Bevor Chantal kam, putzte ich die Küche gründlich. Wenn sie schon nicht koscher war, sollte sie wenigstens sauber sein. Ich wischte die Schränke und die Schubladen, reinigte den Kühlschrank und schrubbte den Boden. Sie war zum Kaschern vorbereitet.

Chantal nahm den Raum in Augenschein.

»Du brauchst zwei Arbeitsflächen, eine für Milchspeisen und eine für Fleisch. Was isst du öfter?«

»Fleisch esse ich eigentlich nur am Schabbat und an den Feiertagen«, antwortete ich.

»Dann nimm die kleinere Fläche links neben dem Spülbecken für Fleisch, und die größere auf der rechten Seite benutze für milchige Speisen. Du musst das gesamte Geschirr trennen und entscheiden, welches Service du für Fleisch und welches du für Milch benutzen willst. Das Gleiche gilt für das Besteck und die Töpfe. Deine Küche ist, von der Kaschrut aus gesehen, ein Tohuwabohu. Sie bekommt jetzt eine neue Ordnung.«

»Was soll ich mit meinem alten Geschirr machen? Wegwerfen?«

»Nein«, antwortete Chantal. »Du kannst alles kaschern, es ist dann wie neutrales Parve-Geschirr. Anschließend entscheidest du, wie du es verwenden willst. Fleischgeschirr stellst du in einen Schrank und Milchgeschirr in den anderen. Fleischbesteck in die eine Schublade, Milchbesteck in die andere. Die Kaschrut ist genau wie die Thora. Aus dem Tohuwabohu schuf Gott eine Ordnung, und durch die Kaschrut schaffst du eine Ordnung in deiner Küche und gleichzeitig in deinen Gedanken. Du kannst es mir glauben, ich habe alles selbst ausprobiert. Genauso wie ich gelernt habe, meine Küche koscher zu halten, kannst du es auch.«

Chantal und ich gingen jedes einzelne Besteckstück, jeden Teller, jeden Topf, jede Pfanne und jede Tasse durch und überlegten, wie ich die Küche neu anordnen könnte. Ich habe viele Glasteller. »Das Glasgeschirr kann man sowohl für Fleisch als auch für Milch benutzen. Es reicht, wenn man es gründlich wäscht. Aber ich rate dir nicht, es zu mischen. Es bringt einen nur durcheinander. Entscheide dich, ob du die Glasteller für Milchspeisen oder für Fleisch benutzen willst.«

Wir brauchten einen ganzen Nachmittag, um die Schränke neu einzurichten.

»Lass dir von deiner Rabbanit sagen, welcher Raw deine Küche kaschern kann.«

Als ich die Rabbanit Malka das nächste Mal traf, fragte ich sie: »Ich möchte gerne meine Küche kaschern. Wer kann das übernehmen?«

»Am besten Raw Michael Neufeld.« Sie schaute in ihr braunes Telefonverzeichnis und schrieb seine Nummer auf einen Zettel. »Rufen Sie ihn an. Er wird Ihnen helfen.«

Sie überreichte mir die Telefonnummer von Raw Michael Neufeld.

Auf einmal hatte ich es eilig mit der Kaschrut, aber Raw Neufeld ließ sich Zeit. Morgen hatte er den ganzen Tag zu tun, die restliche Woche auch, und dann war Schabbat.

»Rufen Sie mich nächste Woche an.«

In der folgenden Woche musste er unerwartet verreisen. Ich sollte acht Tage später wieder anrufen. Auch in der darauf folgenden Woche hatte er keine Zeit, und so vertröstete er mich immer wieder, bis ich eines Tages die Geduld verlor und zu ihm sagte:

»Ich sehe, dass ich es nicht wert bin, dass meine Küche gekaschert wird.«

»Kaschrut ist eine schwere Pflicht«, antwortete er. »Nur wenn man sie ernst nimmt, kann man sie einhalten. Nicht die Teller und Töpfe müssen gekaschert werden, sondern die Seele. Die Seele muss sich dem Gesetz der Thora unterwerfen und nicht die Löffel und Messer. Ungeduld ist der beste Weg, um die Kaschrut wieder aufzugeben. Bei ungeduldigen Menschen kascher ich nicht, denn heute wollen sie Kaschrut und morgen etwas anderes. Der Weg der Thora ist lang und mühsam zu gehen, und immer wieder wird es schwer sein, ihm zu folgen. Aber wenn Sie es wirklich wollen, dann werde ich Ihre Küche irgendwann einmal kaschern. Rufen Sie mich nächsten Sonntag wieder an.«

Eines Morgens beehrte mich Raw Michael Neufeld. Er war ein gewichtiger Mann mit einem schwarzen Bart und schwarzem Käppchen. Mit einem jungen Helfer schleppte er einen starken Bunsenbrenner, einen großen Metallbottich und einen Drahtkorb heran. Den Kübel füllte er mit Wasser und erhitzte ihn mit dem Bunsenbrenner, bis das Wasser zu sprudeln begann. Auf dem Tisch musste ich frisch gewaschene Küchentücher ausbreiten. Raw Neufeld legte meine Teller in den Drahtkorb und tauchte sie in das kochende Wasser. Dabei sagte er den Segensspruch:

»Gelobt seist Du Herr, unser Gott, König der Welt, der Du uns aufgetragen hast, das Geschirr einzutauchen.«

Er hob den Drahtkorb aus dem Wasser und legte die Teller auf die Handtücher. Tassen, Schüsseln, Töpfe, Pfannen, Besteck – alles unterzog er der gleichen Prozedur.

Die Küche war in Hitze und Wasserdampf eingehüllt. Raw Michael Neufeld arbeitete ruhig und gewissenhaft. Die Ärmel seines weißen Hemdes hatte er bis zu den Ellenbogen aufgekrempelt, die rituellen Schaufäden hingen aus seiner dunklen Hose, und Schweißtropfen perlten von seiner roten Stirn. Obwohl er mit bloßen Händen den Metallkorb aus dem siedenden Wasser hob und das heiße Besteck und die dampfenden Töpfe anfasste, verbrannte er sich nicht die Finger. Danach goss er kochendes Wasser auf die Marmorarbeitsflächen und in das Spülbecken.

»Sie werden immer wieder Geschirr vertauschen, einen Fleischlöffel in Milch tauchen oder Käse auf einen fleischigen Teller legen. Das lässt sich nicht vermeiden. Aber Sie können das Geschirr dann alleine kaschern.«

»Wie macht man das?«

»Indem Sie es in kochendes Wasser tauchen und dabei den Segensspruch sagen. Der Weg der Kaschrut ist ein ständiges Lernen und Straucheln, genauso wie der Weg der Thora.«

Nun begann für mich eine neue Art des Kochens. Jede Tätigkeit in der Küche verlangsamte sich. War ich normalerweise beim Kochen mit meinem Kopf bei meiner Arbeit oder überlegte, was ich am Nachmittag oder am Abend machen würde, konnte ich mir nun keine Unachtsamkeit mehr leisten. Die gekascherte Küche zwang mich zur Disziplinierung meiner Gedanken. Sie durften nicht ständig abschweifen, sonst hatte ich im Nu mit einem milchigen Messer ein Stück Wurst abgeschnitten oder in eine fleischige Pfanne ein Stück Butter hineingegeben. Für das Kochen musste ich mir jetzt mehr Zeit nehmen und die Hektik verbannen. Schnell, schnell ging nicht mehr, sonst brachte ich zu viel durcheinander. Eine koschere Küche erfordert ein bewusstes Kochen und ein ständiges Überlegen, ob man das eine Lebensmittel mit dem anderen zusammenmischen oder in diesem Topf mit jenem Löffel rühren darf. Das klingt einfacher, als es ist. Viele Handgriffe in der Küche führte ich bisher automatisch durch, und dabei dachte ich an dies und das, wie es wohl jedem geht, der Routinetätigkeiten ausführt. Die Kaschrut hingegen zwang mich nun, meine Gedanken bei den Speisen und dem Geschirr zu behalten. Wenn man nicht von Kindesbeinen an gewohnt ist, das Geschirr in milchig und fleischig zu trennen, muss man am Anfang hochkonzentriert mit den Messern und Gabeln, den Tellern und Töpfen umgehen, denn ganz schnell – genau wie Raw Neufeld es mir voraussagt hatte – vertauscht man ein Teil. Das muss dann wieder gekaschert werden. Zu Anfang habe ich fast nach jeder Mahlzeit auch Geschirr kaschern müssen.

Im Laufe der Zeit gewöhnt man sich an die neue Ordnung, und es kommt der Tag, da kann man mit einem milchigen Löffel keine Fleischsuppe essen. Man ekelt sich einfach davor. Ich weiß nicht, warum das so ist, aber viele Menschen haben mir bestätigt, dass es ihnen auch so gegangen ist. Das Gehirn trennt automatisch das Geschirr und die Speisen in milchig und fleischig. Dieses Messer ist für die Butter, jenes für Fleisch, in diesem Teller kann ich Joghurt mit Obst mischen, auf jenem das Huhn servieren.

Zum Pessachfest muss das gesamte Geschirr, das bei dem Fest benutzt wird, gekaschert werden. Der Frühjahrsputz fällt nicht zufällig in die Pessachzeit. Bei den Juden müssen die Schränke gründlich geputzt und von allem Gesäuerten gereinigt werden. Brot- und Kuchenreste, angebrochene Lebensmittel und angeschnittene Nahrung müssen entsorgt werden. Das Kaschern vor Pessach ist für mich zu einer Zeremonie geworden. Es ist keine Arbeit, sondern eine kultische Handlung, eine ganz ruhige Tätigkeit, für die ich mir Zeit lassen muss. In Hetze ist es unmöglich, Teller zu kaschern, weil man sich an dem siedenden Wasser sofort verbrühen würde. In einen großen Topf, der acht Liter Wasser fasst, lasse ich mein Kaffee- und Essservice gleiten und hebe mit einem Schaumlöffel jedes einzelne Teil aus dem kochenden Wasser.

»Gelobt seist Du Herr, unser Gott, König der Welt, der Du uns aufgetragen hast, das Geschirr einzutauchen.«

Auf frischen Handtüchern breite ich die Teller, Tassen und das Besteck aus und trockne alles sorgfältig ab. Ich bin alleine mit mir, dem dampfenden Wasser und dem Geschirr. In dieser andächtigen Stille spüre ich die Vorboten des Festes. Alles Gesäuerte ist aus den Schränken verbannt, ein geschlossener Karton mit Matze steht auf dem gründlich geputzten Kühlschrank, und in Ruhe bereite ich das Geschirr für das Pessachfest vor. Obwohl das Geschirr auch vor dem Kaschern sauber war, erscheint es mir nun doppelt glänzend. Nicht nur meine Teller und Tassen sind bereit für das Fest, meine Seele ist es auch.

Warum essen Christen nicht koscher?

Meine Schwester Rosa ruft an:

»Kannst du nächsten Donnerstag für meine Reisegruppe eine Lesung im Hotel Ramada durchführen?«

»Moment, ich muss in meinem Kalender nachsehen. Alles klar. Um wie viel Uhr?«

»Gegen acht Uhr abends. Vorher fährt die Gruppe nach Bethlehem, da komme ich bei dir vorbei.«

»In Ordnung, ich freue mich. Bis dann, tschüs.«

Rosa ist Reiseleiterin und führt christliche Pilgergruppen für jeweils eine Woche durch Israel. Sie fahren in den Norden, nach Galiläa und besuchen die Verkündigungskirche in Nazareth, den Berg der Seligpreisungen am See Genezareth und Kapernaum, wo Jesus seine ersten Jünger Petrus, Andreas, Johannes, Jakobus und Matthäus traf. Danach steht Jerusalem auf dem Besichtigungsprogramm. Der Ölberg, die Via Dolorosa, die Grabeskirche und die Klagemauer in der Altstadt, Yad Vashem und die Menorah, der siebenarmige Leuchter vor dem Parlamentsgebäude in der Neustadt. Auch ein Abstecher nach Bethlehem in die Geburtskirche gehört zu jedem Reiseprogramm. Seit Bethlehem zur palästinensischen Autonomie gehört, dürfen israelische Reiseleiter die Stadt nicht mehr betreten und israelische Busse nicht hineinfahren. Rosa bringt ihre Reisegruppe bis zur Grenze, dort werden die Pilger von einem palästinensischen Reiseleiter in Empfang genommen und steigen in einen palästinensischen Bus ein. Nun hat meine Schwester Zeit, die sie häufig nutzt, um mich zu besuchen.

»Gestern habe ich mit meiner Reisegruppe über die verwandtschaftlichen Bande zwischen Christentum und Judentum gesprochen. Die Zehn Gebote wurden ja vom Christentum übernommen ebenso die Zedaka, das Gebot der Nächstenliebe und Wohltätigkeit. Eine Teilnehmerin machte mich darauf aufmerksam, dass auch das Gebot vom Zehnten bei den Christen eingeführt wurde. Genauso wie früher die Israeliten den Leviten ihren Zehnten abgaben, werden heute rund zehn Prozent der Einkommensteuer an die Kirche abgeführt.«

»Rosa, hast du schon einmal darüber nachgedacht, warum Jesus und die Apostel, die als Juden von Kindheit an mit den koscheren Essgewohnheiten vertraut waren, die Koschergesetze nicht in ihre Religion integriert haben? Warum hat sich das Christentum in so einer wichtigen Verhaltensnorm der nichtjüdischen Umwelt angepasst, die keine derartigen Beschränkungen bezüglich des Essens kannte?«

»Vielleicht finden wir die Antwort im Neuen Testament. Zumindest eine Stelle fällt mir ein, nämlich eine Auseinandersetzung zwischen Jesus und den Pharisäern wegen des Händewaschens. Am besten wir schauen nach. Meine Bibel habe ich ja immer bei mir. Sie ist der beste Reiseführer durch Israel, den es gibt.«

Da kamen zu Jesus Pharisäer und Schriftgelehrte aus Jerusalem und sprachen:

Warum übertreten deine Jünger die Satzungen der Ältesten? Denn sie waschen ihre Hände nicht, wenn sie Brot essen.

Er antwortete und sprach zu ihnen: Warum übertretet denn ihr Gottes Gebot um eurer Satzungen willen? Denn Gott hat geboten: Du sollst Vater und Mutter ehren; wer aber Vater und Mutter flucht, der soll des Todes sterben. Aber ihr lehrt: Wer zu Vater oder Mutter sagt: eine Opfergabe soll sein, was dir von mir zusteht, der braucht seinen Vater nicht zu ehren. Damit habt ihr Gottes Gebot aufgehoben um eurer Satzungen willen. Ihr Heuchler, wie fein hat Jesaja von euch geweissagt und gesprochen: Dies Volk ehrt mich mit seinen Lippen, aber ihr Herz ist fern von mir; vergeblich dienen sie mir, weil sie lehren solche Lehren, die nichts als Menschengebote sind.

Und er rief das Volk zu sich und sprach zu ihnen: Hört zu und begreift's: Was zum Mund hineingeht, das macht den Menschen nicht unrein; sondern was aus dem Mund herauskommt, das macht den Menschen unrein. (Matthäus 15:1–11)

Zu Zeiten von Jesus war das Händewaschen vor dem Brotessen als religiöses Ritual im Judentum bereits verankert. Das Händewaschen war längst nicht mehr nur für die Priester Pflicht, wie es die Thora ausdrücklich fordert, sondern die Weisen hatten sie als Vorschrift – Halacha – für das gesamte Volk eingeführt. Die oben genannte Textstelle setzt damit ein, dass die Pharisäer und Schriftgelehrten beobachten, dass sich die Jünger von Jesus nicht vor dem Brotessen die Hände waschen. Weil Jesus der Rabbi und Führer der kleinen Gruppe ist, richten sie die Frage an ihn und nicht an seine Jünger: *Warum übertreten deine Jünger die Satzungen der Ältesten? Denn sie waschen ihre Hände nicht, wenn sie Brot essen.*

Aus diesem Vorwurf ersehen wir, dass sich Jesus die Hände wusch. Wäre dies nicht der Fall, dann hätten ihm die Schriftgelehrten vorgeworfen:»Warum wäschst du dir nicht die Hände?«Jesus, der ohnehin im Streit mit den Schriftgelehrten liegt, weil er die Thora eigenmächtig und neu interpretiert, argumentiert, dass die Vorschrift, sich die Hände zu waschen, kein Gebot der Thora ist, sondern von den Schriftgelehrten als Halacha – er nennt sie Satzung – festgelegt wurde. Gleichzeitig greift er die Schriftgelehrten an und wirft ihnen vor, dass sie die Gebote der Thora so umdeuten, dass sie faktisch aufgehoben werden.

Denn Gott hat geboten: Du sollst Vater und Mutter ehren; wer aber Vater und Mutter flucht, der soll des Todes sterben. Aber ihr lehrt: Wer zu Vater oder Mutter sagt: eine Opfergabe soll sein, was dir von mir zusteht, der braucht seinen Vater nicht zu ehren. Damit habt ihr Gottes Gebot aufgehoben um eurer Satzungen willen.

Jesus spricht hier von den Sühneopfern, die dem Tempel dargebracht werden, um eine Sünde zu büßen. Er verurteilt die Sitte, dass man durch ein Opfer Sühne üben und sich quasi von seiner Verpflichtung gegenüber den Mitmenschen loskaufen kann. Als Beispiel führt er das Gebot *Du sollst Vater und Mutter ehren* an. Jesus fordert, die Gebote der Thora wörtlich zu nehmen. Er gehört zu den radikalen Denkern und sucht keine Spitzfindigkeiten und Ausweich-möglichkeiten, um die Gebote zu umgehen. Jesus führt den Kampf des einfachen Volkes gegen die Mächtigen – die Priesterschaft, die Leviten und die Schriftgelehrten – an. Viele Jahrhunderte später hat der unbekannte Mönch Martin Luther von Wittenberg aus einen ähnlichen Kampf gegen die mächtige katholische Kirche und ihren Papst Leo X. in Rom geführt. Durch den Kauf von Ablassbriefen versprach die katholische Kirche ihren Gläubigen Sündenvergebung. Sowohl die Tempelopfer als auch die Ablassbriefe dienten der Ver-mehrung der Macht und des Vermögens der klerikalen Herrschaft.

Jesus besteht nicht darauf, dass sich seine kleine Gemeinde vor dem Brotessen die Hände wäscht. Er duldet nicht nur ein von den Vorschriften abweichendes Verhalten, sondern er verteidigt es und erklärt sogar ganz offen die Anordnungen der Pharisäer und Schriftgelehrten für nichtig. Dadurch erleichtert er die Lebens-weise seiner Jünger. Sie ziehen mit ihm von Ort zu Ort. Wenn sie in ein Haus oder an einen Brunnen kommen, essen sie und neh-men Wasser für unterwegs mit. Das ist in der israelischen Hitze lebenswichtig, denn nicht bei jeder Rast ist eine Wasserquelle in der Nähe, und das Trinkwasser ist zu kostbar, um es zum Hände-waschen zu benutzen.

Jesus ist kein Mann der Diplomatie, es geht ihm hier nicht darum, um Verständnis zu werben, denn dann hätte er sagen können: »Wir haben nicht genug Wasser. Wegen Pikuach Nefesch – Lebensge-fahr – habe ich meinen Jüngern erlaubt, ohne Händewaschen das Brot zu essen.« Diese Begründung hätten die Pharisäer sicherlich ver-standen. Nachdem er ihnen Heuchelei vorgeworfen hat, betont er, dass nicht die Speisen, die mit ungewaschenen Händen gegessen werden, den Menschen unrein (tame) machen: *Was zum Mund hin-eingeht, das macht den Menschen nicht unrein.* Nun bewegt er sich von der physischen Ebene fort und lenkt die Aufmerksamkeit auf die spirituelle Verfassung des Menschen: *sondern was aus dem Mund her-auskommt, das macht den Menschen unrein.*

Einen der Jünger, nämlich Petrus, interessiert diese Aussage ganz besonders, und er bittet Jesus, er möge ihm diesen Spruch deuten. *Und Jesus sprach zu ihnen: Seid denn auch ihr noch immer unverständig? Merkt ihr nicht, dass alles, was zum Mund hineingeht, das geht in den Bauch und wird danach in die Grube ausgeleert? Was aber aus dem Mund herauskommt, das kommt aus dem Herzen, und das macht den Menschen unrein. Denn aus dem Herzen kommen böse Gedanken, Mord, Ehebruch, Unzucht, Diebstahl, falsches Zeugnis, Lästerung. Das sind die Dinge, die den Menschen unrein machen. Aber mit ungewaschenen Händen essen, macht den Menschen nicht unrein.* (Matthäus 15:1–10)

Jeder Pharisäer und Schriftgelehrte wird Jesus recht geben, dass üble Nachrede, Verleumdung, Lästerung und böse Gedanken die Seele verunreinigen. All dieses verbietet die Thora ausdrücklich, aber ob man sich vor dem Brotessen die Hände waschen muss oder nicht, darüber kann man streiten, und die Pharisäer vertreten in diesem Punkt eine andere Meinung als Jesus. Man darf natürlich nicht den Umkehrschluss tun und glauben, dass Jesus annahm, das Händewaschen vor dem Brotessen sei etwas Schlechtes. Er hat dem Händewaschen lediglich nicht dieselbe Bedeutung zugemessen wie die Pharisäer.

Warum will Petrus ganz genau wissen, was Jesus mit dem Gleichnis meint? Möglicherweise spricht Jesus einen Sachverhalt an, mit dem sich Petrus in Gedanken bereits beschäftigt hat. Petrus ist ein Mensch mit einer guten Beobachtungsgabe und ein charismatischer Anführer. Er hat Organisationstalent, einen ausgeprägten Sinn fürs Praktische und wird später der Gründer der Kirche. Die Kaschrut stört den Umgang mit den Nichtjuden und der römischen Besatzungsmacht. Durch ihr Essverhalten demonstrieren die Juden ihre Abneigung gegen die römische Lebensweise. Insbesondere Schweinefleisch war bei den Römern und Griechen als Nahrungsmittel beliebt und begehrt, und wie aggressiv Nichtjuden auf die jüdische Ablehnung der Schweine reagierten, war allen Juden noch aus der Zeit der griechischen Besatzung im Bewusstsein. Zweihundert Jahre vorher hatte

Antiochus Ephiphanes den Befehl gegeben, dass die Juden *Altäre, Tempel und Götzenbilder errichten, Schweinefleisch und unreine Tiere opfern sollten.* (1. Makkabäer 1:50). Dieses Diktat führte zum Aufstand der Makkabäer gegen die Griechen und endete mit dem Sieg der Makkabäer. Nun war Israel wieder besetzt, dieses Mal von den Römern. Das Wort von Jesus: *Was zum Mund hineingeht, das macht den Menschen nicht unrein*, hat sich tief in die Seele von Petrus eingegraben. Aber man beachte: Jesus stellt sich zwar, was das Händewaschen angeht, gegen eine Weisung der Schriftgelehrten, hebt aber die Koschergesetze der Thora nicht auf. Er spricht von unreinen Händen, aber nicht von unreinen Tieren. Zu keinem Zeitpunkt hat er erlaubt, die Gebote der Thora außer Kraft zu setzen und alle Tiere zu essen. Die Abschaffung der Kaschrut im Christentum ist erst auf eine Vision von Petrus zurückzuführen, und dazu kam es folgendermaßen:

Es war aber ein Mann in Cäsarea mit Namen Kornelius, ein Hauptmann der Abteilung, die die Italische genannt wurde. Der war fromm und gottesfürchtig mit seinem ganzen Haus und gab dem Volk viele Almosen und betete immer zu Gott. Der hatte eine Erscheinung um die neunte Stunde am Tage und sah deutlich einen Engel Gottes bei sich eintreten; der sprach zu ihm: Kornelius! Er aber sah ihn an, erschrak und fragte: Herr, was ist? Der sprach zu ihm: Deine Gebete und deine Almosen sind vor Gott gekommen, und er hat ihrer gedacht. Und nun sende Männer nach Joppe und lass holen Simon mit dem Beinamen Petrus. Der ist zu Gast bei einem Gerber Simon, dessen Haus am Meer liegt. Und als der Engel, der mit ihm redete, hinweggegangen war, rief Kornelius zwei seiner Knechte und einen frommen Soldaten, von denen, die ihm dienten, und erzählte ihnen alles und sandte sie nach Joppe.
(Apostelgeschichte 10:1–8)

Führen wir uns die Situation einmal genau vor Augen: Israel ist ein besetztes Land. Es herrschen die Römer, die die jüdische Bevölkerung erbarmungslos unterjochen. Der wichtigste Stützpunkt der römischen Besatzungsmacht ist die nördliche Hafenstadt Cäsarea. Ihr Name erinnert bis heute an die Kaiser Roms. In Cäsarea ist der römische Hauptmann Kornelius stationiert, ein Mann von tiefer Spiritualität und Empfänglichkeit für mystische Erlebnisse. Im Gegensatz zu anderen Militärs ist er kein brutaler Soldat, der den Juden als grausamer Besatzer entgegentritt, sondern ein Römer, der regen Kontakt zur einheimischen Bevölkerung pflegt. Von den Juden erfährt er, dass es einen einzigen, ewigen, unsichtbaren Gott gibt, und Kornelius neigt diesem Glauben zu, der im Widerspruch zur Götzenverehrung der Römer steht. Die Römer kennen und beten eine Vielzahl von Gottheiten an, Kornelius hingegen wird *fromm und gottesfürchtig*, das bedeutet, er glaubt an den unsichtbaren Gott Israels. Der römische Hauptmann befolgt die Gebote der Wohltätigkeit und des Gebetes, *er gab dem Volk viele Almosen und betete immer zu Gott*. Aber Kornelius wird kein Jude, er ist kein Proselyt. Er lebt nicht nach Gesetzen der Thora, sondern gehorcht nur einzelnen Geboten. Wir können davon ausgehen, dass die Speisegesetze nicht dazugehörten.

Der Glauben an den einzigen und ewigen Gott ist ein individuelles Bekenntnis, das man nicht zur Schau stellen muss. Auch das Verteilen von Almosen kann diskret geschehen, aber die Ausübung der Kaschrut ist ein öffentliches Bekenntnis. Die Annahme der Kaschrutgesetze würde für einen römischen Hauptmann die Abspaltung von seiner eigenen Truppe bedeuten. Er könnte an der allgemeinen Verpflegung nicht mehr teilnehmen und nicht bei seinen Landsleuten essen, sondern nur noch bei den Juden. Wenn Kornelius sich nicht nur in seinem Herzen, sondern auch in seinem Verhalten von der Seite der Besatzer auf die Seite der Besetzten schlagen würde, hätte er mit tiefgreifenden Folgen für sein Leben zu rechnen. Dies würde ihm als Hochverrat ausgelegt werden. Der Verlust seines Hauptmannsranges wäre die Folge, und er würde mit Gefängnis, wahrscheinlich sogar mit dem Tode bestraft werden.

Dieser Kornelius also befiehlt aufgrund einer Offenbarung einem Soldaten und zwei Knechten zu Petrus zu gehen. Der Soldat kennt Kornelius' innere Haltung und ist seinem Hauptmann treu ergeben.

Auch er neigt dem Glauben an einen einzigen Gott zu, denn *er war ein frommer Soldat*. Kornelius stattet die drei Männer mit Lebensmitteln aus, denn sie haben einen weiten Weg vor sich. Zwei Tagesreisen sind es von Cäsarea nach Joppe, und zwei weitere Tage werden sie für den Rückweg brauchen. Außerdem schickt er sie zu einem armen Mann, denn Petrus ist bei einem Gerber zu Gast. Die Gerberei war im damaligen Israel kein geachteter Berufsstand, sondern zählte zu den »stinkenden Handwerken«. Nur Ungebildete und Arme übten diese Tätigkeit aus. Bis heute gibt es in der hebräischen Sprache den Ausdruck: »Er benimmt sich wie ein Gerber«, das bedeutet: Er weiß nicht, wie man sich benimmt, er hat nichts gelernt, er ist ein grober Kerl. Kornelius weiß, dass jemand, der bei einem Gerber wohnt, keine drei Leute zusätzlich verköstigen kann, sondern selber Not leidet.

Die Abgesandten des Hauptmannes kommen nach Joppe.

Am nächsten Tag, als diese auf dem Wege waren und in die Nähe der Stadt kamen, stieg Petrus auf das Dach, zu beten um die sechste Stunde. Und als er hungrig wurde, wollte er essen. Während sie ihm aber etwas zubereiteten, geriet er in Verzückung und sah den Himmel aufgetan und etwas wie ein großes leinenes Tuch herabkommen, an vier Zipfeln niedergelassen auf die Erde. Darin waren allerlei vierfüßige und kriechende Tiere der Erde und Vögel des Himmels. Und es geschah eine Stimme zu ihm: Steh auf, Petrus, schlachte und iss! Petrus aber sprach: O nein, Herr; denn ich habe noch nie etwas Verbotenes und Unreines gegessen. Und die Stimme sprach zum zweitenmal zu ihm: Was Gott rein gemacht hat, das nenne du nicht verboten. Und es geschah dreimal; und alsbald wurde das Tuch wieder hinaufgenommen gen Himmel. (Apostelgeschichte 10:9–16)

Es ist die sechste Stunde, die Zeit des Gebetes. Aus dem Text geht nicht eindeutig hervor, ob es sich um die sechste Stunde nach Mitternacht oder nach Mittag handelt, ob also das Morgengebet Schacharit oder das Abendgebet Arwit gesprochen wird. Aber wir können fast mit Sicherheit annehmen, dass es sich um die sechste Stunde nach Mittag, also um das Abendgebet Arwit, handelt. Bei den Juden gibt es feststehende Gebetszeiten. Vor dem Morgengebet Schacharit wird nicht gegessen, deswegen verspüren die Gläubigen vor dem Morgengebet keinen Hunger. Dieser stellt sich erst nach dem Gebet ein. Wenn man aber am Tag, zum Beispiel zu Mittag, nichts isst, dann hat man vor Arwit Hunger. Petrus hält sich an die vorgeschriebenen Zeiten. Er steigt auf das Dach, um zu beten. Nun hat er eine Vision und sieht in einem leinenen Tuch allerlei Tiere, reine, die man essen darf, und unreine, deren Genuss die Thora verbietet. Petrus vernimmt eine Stimme: *Schlachte und iss.* Der Jude Petrus, der mit den Speisegeboten der Thora aufgewachsen ist und sie sein ganzes Leben eingehalten hat, zögert, traut seiner Vision nicht und wehrt ab: *Ich habe noch nie etwas Verbotenes und Unreines gegessen.* Aber die Stimme, im Hebräischen nennt man sie «Bat Kol», antwortet: *Was Gott rein gemacht hat, nenne du nicht verboten.*

Petrus hat diese Vision in einem kritischen Moment, nämlich als er hungrig ist.

Als aber Petrus noch ratlos war, was die Erscheinung bedeutete, die er gesehen hatte, siehe, da fragten die Männer, von Kornelius gesandt, nach dem Haus Simons und standen an der Tür, riefen und fragten, ob Simon mit dem Beinamen Petrus hier zu Gast wäre. Während aber Petrus nachsann über die Erscheinung, sprach der Geist zu ihm: Siehe, drei Männer suchen dich; so steh auf, steig hinab und geh mit ihnen und zweifle nicht, denn ich habe sie gesandt.
Da stieg Petrus hinab zu den Männern und sprach: Siehe, ich bin's.
Die Abgesandten richteten Petrus aus, dass der römische Hauptmann nach ihm schickt:
Der Hauptmann Kornelius, ein frommer und gottesfürchtiger Mann mit gutem Ruf bei dem ganzen Volk der Juden, hat Befehl empfangen von einem heiligen Engel, dass er dich sollte holen lassen in sein Haus und hören, was du zu sagen hast. Da rief er sie herein und beherbergte sie. (Apostelgeschichte 10:17–22)

Petrus weiß sofort, was dies zu bedeuten hat. Ein römischer Hauptmann schickt nach ihm und bittet ihn in sein Haus. Der Römer will mit ihm sprechen, aber er wird auch seine Gastfreundschaft unter Beweis stellen wollen. Petrus schreibt seine Vision nicht dem Hunger zu, sondern sieht darin ein Zeichen, dass er die Gastfreundschaft von Nichtjuden annehmen darf. Sind die reinen Tiere Sinnbilder für die Juden, so symbolisieren die unreinen die Nichtjuden. Petrus interpretiert seine Vision nach dem Muster des Sod, des Verborgenen. Er ist mit den vier Deutungsebenen der Thora vertraut: mit Pschat, das ist die Ebene des tatsächlich Gesehenen, mit Remes, das ist der Hinweis auf ein anderes Geschehen, mit Derascha, das ist die tiefer gehende Erläuterung, und mit Sod, das ist das Geheimnis hinter den Erscheinungen. In den Tieren, den reinen und unreinen, sieht Petrus alle Menschen, Juden wie Nichtjuden, und alle sind vor Gott gleich. Aber auch die Deutungsebene des Pschat wendet er an: Alle Tiere sind vor Gott rein und dürfen gegessen werden. Der Satz von Jesus, *Was zum Mund hineingeht, das macht den Menschen nicht unrein*, ist Petrus gegenwärtig. Aber er bezieht den Satz nicht nur wie Jesus auf das Brot, das mit ungewaschenen Händen gegessen wurde, sondern auf alle Tiere. Er setzt nicht wie Jesus eine Halacha, eine Weisung der Schriftgelehrten, außer Kraft, sondern ein Gebot der Thora selbst. In diesem Moment hat Petrus die Koschergesetze aufgehoben, für sich und für all diejenigen, die ihm in Zukunft folgen werden.

Am nächsten Tag machte er sich auf und zog mit ihnen, und einige Brüder aus Joppe gingen mit ihm. Und am folgenden Tag kam er nach Cäsarea. Kornelius aber wartete auf sie und hatte seine Verwandten und nächsten Freunde zusammengerufen. Und als Petrus hereinkam, ging ihm Kornelius entgegen und fiel ihm zu Füßen und betete ihn an. Petrus aber richtete ihn auf und sprach: Steh auf, ich bin auch nur ein Mensch. Und während er mit ihm redete, ging er hinein und fand viele, die zusammengekommen waren. Und er sprach zu ihnen: Ihr wisst, dass es einem jüdischen Mann nicht erlaubt ist, mit einem Fremden umzugehen oder zu ihm zu kommen; aber Gott hat mir gezeigt, dass ich keinen Menschen meiden oder unrein nennen soll. (Apostelgeschichte 10:23–28)

Die kleine Truppe, der Soldat, die Knechte, Petrus und einige seiner Anhänger aus Joppe, bricht auf, und nach zwei Tagesmärschen erreichen sie Cäsarea. Der Soldat führt Petrus und seine Brüder in das Haus von Kornelius. Dieser hat Freunde und Verwandte zusammengerufen, Menschen seines Vertrauens. Er hat ihnen von seinem Offenbarungserlebnis erzählt, und gemeinsam erwarten sie Petrus.

Und als Petrus hereinkam, ging ihm Kornelius entgegen und fiel ihm zu Füßen und betete ihn an.

Kornelius, der römische Hauptmann und Besatzer, dessen Aufgabe es ist, die Juden zu unterwerfen, geht Petrus entgegen, wirft sich ihm zu Füßen und betet ihn an. Der mächtige, von Waffen starrende Römer, der die stolze und herrische Staatsmacht Rom repräsentiert, begrüßt nicht nur untertänig und bescheiden seinen Gast Petrus, der zum besiegten und unterjochten Volk Israel gehört, sondern wirft sich dem Juden sogar zu Füßen. Kornelius weiß, dass im Haus viele Menschen versammelt sind und diese Szene beobachten. Trotzdem tut er wie beschrieben und beweist mit dieser Demutsgeste nicht nur seine Hochachtung vor Petrus, sondern zugleich seinen Mut, gegen die Anordnungen der römischen Staatsmacht zu verstoßen. Welch eine außerordentliche Auszeichnung für Petrus! Dass Juden ihn für etwas Besonderes halten, daran ist er gewöhnt. Er ist mit außergewöhnlichen spirituellen Kräften ausgestattet, Gläubige lassen sich von ihm segnen und verehren ihn, aber dass ein römischer Hauptmann sich vor ihm in den Staub wirft, ist eine beispiellose Huldigung. Demütig lädt Kornelius Petrus ein, in sein Haus zu kommen. Und Petrus weiß, eine Einladung in ein Haus ist immer eine Einladung zum Essen.

Jetzt ist es für Petrus äußerst wichtig, vorsichtig zu reagieren. Er beginnt seine Rede mit folgenden Worten: *Ihr wisst, dass es einem jüdischen Mann nicht erlaubt ist, mit einem Fremden umzugehen oder zu ihm zu kommen,* (Apostelgeschichte 10:28). Wenn er es dabei beließe, dann setzte er sich der Gefahr aus, den Zorn des Hauptmannes zu erregen, denn der Satz klingt erst mal abweisend. Aber wir müssen ihn genau analysieren, damit wir verstehen, was Petrus damit gemeint hat. Es ist einem jüdischen Mann sehr wohl erlaubt, mit einem Fremden zu sprechen, aber es ist ihm nicht erlaubt, mit einem Fremden – Nichtjuden – *umzugehen oder zu ihm zu kommen*. »Umgehen« und »zu ihm kommen« sind Umschreibungen für essen. Es ist nicht erlaubt, die Einladung eines Fremden in sein Haus anzunehmen, denn bei solchen Einladungen wird kein koscheres Essen angeboten. Man stelle sich folgende Situation vor: Der Römer Kornelius, Vertreter der Staatsgewalt, ausgestattet mit der Macht, über Leben und Tod zu entscheiden, lässt sich so weit herab, vor seinen Verwandten und Freunden einem Juden zu Füßen zu fallen, ihn in sein Haus einzuladen und zu verköstigen, und dieser, anstatt Anerkennung und Dankbarkeit zu zeigen, würde ihn abweisen. Das wäre eine furchtbare Beschämung für Kornelius, und schnell könnte sich die Demut in Wut verwandeln. Deswegen war für Petrus seine Vision lebensrettend, denn nun kann er seine Rede so beenden: *aber Gott hat mir gezeigt, dass ich keinen Menschen meiden oder unrein nennen soll* (Apostelgeschichte 10:28). Das bedeutet: ich kann zu jedem Menschen kommen und bei ihm essen, was immer er mir vorsetzt.

Die Geschichte geht noch weiter:

Es kam aber den Aposteln und Brüdern in Judäa zu Ohren, dass auch die Heiden Gottes Wort angenommen hatten. Und als Petrus hinaufkam nach Jerusalem, stritten die gläubig gewordenen Juden mit ihm und sprachen: Du bist zu Männern gegangen, die nicht Juden sind, und hast mit ihnen gegessen! Petrus aber fing an und erzählte es ihnen der Reihe nach und sprach: Ich war in der Stadt Joppe im Gebet und geriet in Verzückung und hatte eine Erscheinung; ich sah etwas wie ein großes leinenes Tuch herabkommen, an vier Zipfeln niedergelassen vom Himmel; das kam bis zu mir. Als ich hineinsah, erblickte ich vierfüßige Tiere der Erde und wilde Tiere und kriechende Tier und Vögel des Himmels. Ich hörte aber auch eine Stimme, die sprach zu mir: Steh auf, Petrus, schlachte und iss! Ich aber sprach: O nein, Herr; denn es ist nie etwas Verbotenes oder Unreines in meinen Mund ge-

kommen. Aber die Stimme antwortete zum zweitenmal vom Himmel: Was Gott rein gemacht hat, das nenne du nicht verboten. Das geschah aber dreimal; und alles wurde wieder gen Himmel hinaufgezogen. (Apostelgeschichte 11:1–10)

Als Petrus nach Jerusalem kam, warfen ihm seine jüdischen Glaubensbrüder vor: *Du bist zu Männern gegangen, die nicht Juden sind, und hast mit ihnen gegessen.* Sie warfen ihm nicht vor, dass er mit Kornelius, seinen Freunden und Verwandten gesprochen, sondern dass er an ihrem Tisch verbotene Speisen zu sich genommen hat. Nun erzählt Petrus von seiner Vision, bis in alle Einzelheiten, aber eine entscheidende Tatsache lässt er aus. Er verschweigt seinen jüdischen Brüdern, die die Speisegebote der Thora befolgen, dass er diese Vision hatte, als er hungrig war. Dies hat einen guten Grund. Wenn er den Hunger erwähnt hätte, hätten sie ihm vorwerfen können, dass hier der »Jezer Hara«, der böse Trieb, sein Spiel mit ihm getrieben hat. Ein so entscheidendes Gesetz der Thora wie die Kaschrut aufgrund einer Hungervision außer Kraft zu setzen, hätten sie nicht akzeptieren können.

Jesus und Petrus selber haben sich mit Sicherheit davor geekelt, Tiere zu essen, die die Thora verbietet. Jemand, der mit der Kaschrut groß wird, entwickelt im Laufe der Jahre einen Abscheu davor, Tiere zu verspeisen, die nicht koscher sind. Genauso wie Mitteleuropäer keine Hunde und Katzen essen und Vegetarier einen regelrechten Ekel vor Fleisch haben und ohne Schwierigkeiten darauf verzichten können, verspüren gesetzestreue Juden eine Aversion, verbotene Tiere in den Mund zu nehmen. Damit aber der Monotheismus, und mit ihm der Glaube an einen einzigen, unsichtbaren, gestaltlosen Gott, aus dem Volk Israel herausgetragen und die ethischen Gesetze der Thora zu den anderen Völkern kommen konnten, mussten die Kaschrutgesetze außer Kraft gesetzt werden. Das haben die Apostel, die als Juden geboren und aufgewachsen und selbstverständlich an das koschere Essen gewöhnt waren, gewusst. Um Anhänger für das neue christliche Glaubensbekenntnis zu gewinnen, die keine Juden waren, wollten Petrus und später Paulus die Heiden nicht durch die komplizierten Gesetze der Thora, wie die Kaschrut und die Beschneidung, abschrecken.

Wegen dieser Haltung kam es schon bei den ersten Christen zum Streit:

Und einige kamen herab von Judäa und lehrten die Brüder (Heiden)*: Wenn ihr euch nicht beschneiden lasst nach der Ordnung des Mose, könnt ihr nicht selig werden.*

Als nun Zwietracht entstand, und Paulus und Barnabas einen nicht geringen Streit mit ihnen hatten, ordnete man an, dass Paulus und Barnabas und einige andre von ihnen nach Jerusalem hinaufziehen sollten zu den Aposteln und Ältesten um dieser Frage willen. (Apostelgeschichte 15:1–2)

Paulus und Barnabas kamen nach Jerusalem. Sie wurden von den Aposteln und den Ältesten empfangen und erzählten von ihrer erfolgreichen Missionstätigkeit unter den Heiden.

Da traten einige von der Partei der Pharisäer auf, die gläubig geworden waren, und sprachen: Man muss sie beschneiden und ihnen gebieten, das Gesetz des Mose zu halten.

Da kamen die Apostel und die Ältesten zusammen, über diese Sache zu beraten.

Als man sich aber lange gestritten hatte, stand Petrus auf und sprach zu ihnen: Ihr Männer, liebe Brüder, ihr wisst, dass Gott vor langer Zeit unter euch bestimmt hat, dass durch meinen Mund die Heiden das Wort des Evangeliums hörten und glaubten. Und Gott, der die Herzen kennt, hat es bezeugt und ihnen den heiligen Geist gegeben, wie auch uns, und er hat keinen Unterschied gemacht zwischen uns und ihnen, nachdem er ihre Herzen gereinigt hatte durch den Glauben.

Warum versucht ihr denn nun Gott dadurch, dass ihr ein Joch auf den Nacken der Jünger legt, das weder unsre Väter noch wir haben tragen können?

Vielmehr glauben wir, durch die Gnade des Herrn Jesus selig zu werden, ebenso wie auch sie. (Apostelgeschichte 15:5–11)

In dem Streit, ob die Heiden alle Gebote der Thora einhalten müssen, spricht am Ende Petrus das Machtwort. Er legt fest, dass für die Heiden, die nun zu Christen geworden sind, die Gebote der Thora zu lockern sind. So wurde beschlossen, *dass sie sich enthalten sollen von Befleckung durch Götzen und von Unzucht und vom Erstickten und vom Blut.* (Apostelgeschichte 15:20) Die Beschneidung, die strenge Einhaltung des Schabbats und die Kaschrut wurden den neuen Christen nicht auferlegt.

Die Aufhebung dieser Gesetze der Thora war ein Zugeständnis an die Heiden, um sie leichter von der Vielgötterei zum Monotheismus zu bekehren. Sie mussten sich vom Polytheismus abwenden und anstelle dessen an einen unsichtbaren Schöpfer glauben. Der Glaube, dass Jesus der leibliche Sohn Gottes ist, ist dementsprechend aus jüdischer Sicht ein Zugeständnis an die heidnische Denkweise, in deren Vorstellungswelt die physische Verbindung von Göttern und Menschen möglich war. Die Worte von Jesus erhielten dadurch ein größeres Gewicht. Er lehrte die ethisch-moralischen Gebote der Thora, und seine Jünger verbreiteten sie unter den heidnischen Völkern der Antike.

Um alle Gebote der Thora zu befolgen, muss der Glaube an den einzigen allwissenden Schöpfer über Generationen hinweg verankert sein. Deswegen erhielt nicht Abraham die Thora, sondern erst Moses. Abraham, dessen Vater ein Götzenanbeter war, erkannte den einzigen, unsichtbaren und überall gegenwärtigen Gott, aber erst viele Generationen später gab Gott seinen Nachkommen das detaillierte Gesetz, die Thora. Die Änderung von Lebensgewohnheiten ist ein tiefer Einschnitt in das Verhalten eines jeden Menschen. Wenn die christlichen Religionsgründer auf der Einhaltung der Kaschrut, der Beschneidung und des Schabbats bestanden hätten, wäre es sehr viel schwerer gewesen, Anhänger für den neuen Glauben zu gewinnen.

Kochrezepte als Überlebenshilfe

Ich habe mich einer kleinen religiösen Gemeinde angeschlossen, und am Schabbatmorgen gehe ich zum Gottesdienst. Unsere Gemeinde hat keine eigene Synagoge. Die Gebete finden in einem Zimmer im Matnas Siw, einem Haus der offenen Tür, statt. Während der Woche wird der Raum für Turnstunden und Gesprächsrunden genutzt, und nichts deutet darauf hin, dass er am Freitagnachmittag zu einem Gebetsraum umfunktioniert wird. An den Wochentagen ist der heilige Schrein mit den zwei Thorarollen in einer Nische neben den Wandschränken, die bis unter die Decke reichen, untergestellt. Ein hoher einfacher Holztisch steht in einer Ecke im Vorraum. Der Thoraschrein ist ein gewöhnlicher Schrank aus leichtem Aluminium. Er hat Gummirollen und lässt sich mühelos hin und her bewegen. Vor den Schiebetüren hängt die Parochet, eine kunstvoll mit einer Dattelpalme und Ornamenten bestickte Decke. Sie verhüllt das unscheinbare Aussehen unseres Thoraschreins wie ein edles Kleid eine unvorteilhafte Figur. Weil die Thorarollen mit der Hand geschrieben werden müssen, ist jedes Exemplar ein Unikat. Unsere Gemeinde besitzt zwei Rollen, die von Mitgliedern gespendet wurden. Die eine von Benni zum Andenken an seine verstorbene Frau Ruth, und die andere vom Ehepaar Berger zum Andenken an ihren Sohn Rafi, der einem brutalen Terroranschlag zum Opfer fiel. Zwei jugendliche Helfer schieben den Thoraschrein in das Zimmer, stellen den hohen Tisch davor und verkleiden ihn mit einem gestickten Samtüberwurf. Aus dem Holztisch wird ein Almemor, auf dem der Kantor am Schabbat die Thorarolle ausbreiten und mit dem vorgeschriebenen musikalischen Rhythmus den Wochenabschnitt vorlesen wird. Einige Reihen mit Stühlen werden aufgestellt, und in einer halben Stunde haben die jungen Leute den Gymnastikraum in eine Synagoge verwandelt.

Genauso wie das Mobiliar schlicht und unprätentiös ist, ist auch die Atmosphäre zwanglos und herzlich. Zwar beginnt die Andacht um halb neun, aber nur die wenigsten Gemeindemitglieder sind bereits zu Beginn des Gottesdienstes anwesend. Die meisten Teilnehmer trudeln später ein, erst nach und nach füllt sich der Raum. Die Kinder spielen im Vorraum, und der Sicherheitsposten hat nicht nur die Eingangstür, sondern auch die Kleinen im Blick. Nach dem Gebet sorgt immer ein anderes Mitglied für einen kleinen Stehimbiss, der mit dem Weinsegen, dem Kiddusch, eingeleitet wird. Auf zwei zusammengeschobenen Tischen wird ein bescheidenes kaltes Büffet angerichtet. Die Gründe für das Essen sind vielfältig. Ein dreizehnjähriger Sohn hat Bar-Mizwa, wird also religionsmündig, ein Ehepaar hat ein Kind bekommen, ein runder Hochzeitstag wird gefeiert, ein Gemeindemitglied wird pensioniert, oder es jährt sich der Todestag eines nahen Verwandten.

Rebekka Jadlin hatte in einer Einkaufstasche auf Rollen Matjesheringe, verschiedene Käsesorten, Kräcker, Nüsse, Apfelkuchen, kalte Getränke und zwei Flaschen Wein mitgebracht. Sie breitete eine weiße Tischdecke aus, arrangierte Plastikteller und -becher, legte die Gabeln daneben und dekorierte das Büffet mit roten und blauen Papierservietten. Auf Glasplatten richtete sie die Heringe und den Käse an und schnitt den Apfelkuchen in mundgerechte Stücke.
»Du hast dir ja viel Mühe gegeben, Rebekka.«
»Das stimmt. Den Apfelkuchen habe ich selber gebacken. Seit ich alleine wohne, backe ich kaum noch. Für wen auch?«
»Hast du für den Kiddusch einen besonderen Anlass?«
»Den Kiddusch gebe ich zum Andenken an meinen gottseligen Vater. Er ist vor zwölf Jahren gestorben.«
Zu diesem Anlass waren auch ihre Söhne, die Schwiegertöchter und die Enkel zum Gottesdienst gekommen. Zu den Kultgegenständen der Synagoge gehört ein silberner Weinpokal, den Rebekka bis oben hin füllte. Auf einem Tablett reihte sie kleine Plastikbecherchen mit Wein auf, und jedes Gemeindemitglied nahm eines. Ihr

Sohn, ein blonder Mann mit lichtem Haar und einer dicken Brille, nahm den Pokal, aber bevor er den Weinsegen sprechen konnte, gab ihm Rebbeka ein Zeichen, dass sie etwas sagen wollte.

»Bevor Uri den Wein segnet, möchte ich zum Andenken an meinen gottseligen Vater eine kleine Begebenheit aus seinem Leben erzählen.«

Rebbeka räusperte sich und machte eine Pause, als sei sie sich nicht ganz sicher, ob sie die Geschichte wirklich vortragen sollte.

»Mein Vater war ein in sich gekehrter, schweigsamer Mann, der nicht gerne über seine Gefühle und schon gar nicht über seine Vergangenheit sprach. Aber einmal, an einem Pessachfest, brach er eine Matze, und unvermittelt sagte er: ›Ein kleines Stückchen Matze hat mir das Leben gerettet!‹

›Wie kann ein Stückchen Matze das Leben retten?‹, fragte ich ihn, und er erzählte:

›Es war im Konzentrationslager Bergen-Belsen. Ich war schon mehr Skelett als Mensch, ein Muselmann, wenn du weißt, was das ist. Ich hatte keinen Überlebenswillen mehr, es war mir schon alles egal. In unserer Baracke schlief ein junger Rabbiner aus Ungarn. Er arbeitete in der Lagerküche und hatte dort eine Tüte Mehl abgezweigt. Wenn man ihn erwischt hätte, dann wäre er mit Sicherheit aufgehängt worden. Das Mehl mischte er mit Wasser, und den Brei trocknete er auf einem Ofen zu Matzen. Am Abend des Pessachfestes umringten ihn die Männer in unserem Block. Der Rabbi segnete das Brot der Armut und gab den Mithäftlingen jeweils ein daumengroßes Stück von der Matze.

›Wenn wir es erleben dürfen, in Bergen-Belsen am Pessach Matze zu essen, dann werden wir die Befreiung erleben‹, munterte er uns auf und sang ›Nächstes Jahr in Jerusalem‹.

Dieses Stückchen Matze gab mir Kraft durchzuhalten, und am 15. April 1945 haben uns die Engländer befreit.«

Uri hob den Kelch in die Höhe: »Gelobt seist Du Herr, unser Gott, König der Welt, der Du die Frucht der Rebe erschaffen hast.«

»Amen«, antwortete die Versammlung.

Rebekka und ich haben uns angefreundet und unterhalten uns öfters nach der Liturgie. Sie ist sieben Jahre älter als ich und als Kleinkind mit ihrer Mutter aus Warschau nach dem damaligen Palästina, das von den Engländern besetzt war, entkommen.

»Wir gehörten zu den letzten Juden, die Polen verlassen haben. Später gab es kein Entrinnen mehr. Mein Vater und meine zwei älteren Brüder blieben in der Stadt. Die Brüder überlebten den Krieg nicht. Ich weiß gar nicht, wie sie umgekommen sind. Mein Vater war in den Konzentrationslagern bis auf die Knochen abgemagert. Er hat Schreckliches erlebt. Nach der Befreiung hat er uns gesucht und die Anschrift meiner Mutter herausgefunden. 1946 kam er nach Jerusalem. In meinen Eltern herrschte eine versteinerte Traurigkeit. Wenn ich Vater oder Mutter bat, mir von ihrer Jugend zu erzählen, hieß es immer:

›Da gibt es nichts zu erzählen. Sei froh, dass du in deinem eigenen Land aufwächst.‹

Einmal machte ich in einem Kibbuz ein Praktikum. Wir mussten bei der Ernte helfen, und ich pflückte Tomaten. Es war ein furchtbar heißer Tag, und ich beschwerte mich bei meinem Vater, dass wir in dieser Gluthitze auf dem Feld arbeiten mussten.

›Im KZ standen wir bei zwanzig Grad minus stundenlang beim Appell. Haufenweise erfroren Häftlinge und fielen um wie die Fliegen. Da beklagst du dich über die Hitze‹, war seine Antwort.«

Rebekkas Mann ist vor drei Jahren an Bauchspeicheldrüsenkrebs gestorben.

»Kaum war er pensioniert, da wurde er krank. Was hatten wir für Pläne vorher gemacht! Wir wollten reisen, Verwandte in den USA besuchen, Museen ansehen, und was ist daraus geworden? Nichts. Fast zwei Jahre saß ich jeden Tag an seinem Bett, dreimal hat man ihn operiert, aber es hat nichts gebracht. Ich begleitete ihn zu den Chemotherapien. Ihm war so schlecht danach, und geholfen haben sie auch nicht. Am Ende waren seine Arme und Schultern nur noch Haut und Knochen und der Bauch aufgedunsen wie eine große Trommel. Zweiundzwanzig Monate habe ich mir das Elend der

Krankheit angesehen. Glück war mir in meinem Leben keines beschert!«

Bei der Erinnerung werden ihre Augen feucht, und sie schnäuzt in ihr Papiertaschentuch. »Nach seinem Tod bin ich monatelang nicht aus dem Haus gegangen, bis meine Söhne mich überredet haben, in eine kleinere Wohnung zu ziehen. Der Umzug gab mir irgendwie Kraft. Es war wie ein Neuanfang ohne Mann und Kinder. Ich habe mich im Matnas Siw für einen Malkurs und einen Gymnastikkurs eingeschrieben. So entdeckte ich, dass es hier eine kleine religiöse Gemeinde gibt mit einem Gottesdienst am Schabbat.«

Rebekka hat drei erwachsene Söhne, zwei Schwiegertöchter und vier Enkel.

»Es sind goldene Kinder, aber jeder lebt sein eigenes Leben. Glaubst du, sie haben Lust, sich dauernd mit ihrer Mutter zu beschäftigen? Sie arbeiten schwer und sind froh, wenn sie am Wochenende mit ihren Familien sein können. Es ist schon so, wie das Sprichwort sagt: Eine Mutter kann zehn Kinder ernähren, aber zehn Kinder nicht eine Mutter.«

Bis zu ihrer Pension arbeitete sie in Yad Vashem, der Holocaust-Gedenkstätte in Jerusalem.

»Der Holocaust hat mich mein ganzes Leben begleitet. Zuerst in meinen frühesten Kindheitserinnerungen, verbunden mit Angst und Bettnässen, dann in den Alpträumen meiner Eltern und später bei meiner Arbeit. In Yad Vashem habe ich Führungen gemacht und Vorträge vor Lehrern darüber gehalten, wie man den Holocaust in den Geschichtsunterricht integrieren kann.«

Rebekka hat ihre langen grauen Haare am Hinterkopf zum Dutt festgesteckt. Ihre Gesichtsfarbe ist blass, fast fahl, wie bei jemandem, der die Sonne scheut. Sommersprossen und Altersflecken übersäen ihre Arme und Hände. Mit Vorliebe trägt sie flatterige Baumwollröcke aus Indien und Blusen mit Stickereien. Sie ist mittelgroß, schlank und hat eine Schwäche für bunte Stofftaschen und Modeschmuck mit türkisblauen Eilatsteinen.

»Ich liebe Farben, je bunter, desto besser. Mein Leben war schwarz genug, diese Farbe kann ich nicht ausstehen.«

An einem Schabbat gab sie mir einen kleinen Handzettel. »In Yad Vashem wird eine Ausstellung gezeigt, ›Flecken aus Licht‹. Sie ist dem Thema Frauen in der Shoah gewidmet. Ich will sie mir ansehen, möchtest du mitkommen?«

»Gerne.«

Wir verabredeten uns für den kommenden Mittwochmorgen am Eingang zur Gedenkstätte.

Die Gedenkstätte Yad Vashem liegt auf einem weitläufigen Areal und besteht aus mehreren Komplexen. Man betritt sie durch ein Portal mit mehreren Torbögen. Ein Satz vom Propheten Hesekiel ist in den hellen Stein gemeißelt: *Und ich will meinen Odem in euch geben, dass ihr wieder leben sollt, und will euch in euer Land setzen.* (Hesekiel 37:14).

In dem neuen Museum, das in einen Hügel hineingebaut und mit einer gläsernen, spitzgiebeligen Dachkonstruktion versehen ist, kann der Betrachter die Leidensgeschichte der Juden von den Anfängen, der Machtergreifung Hitlers 1933, bis zur bedingungslosen Kapitulation des Naziregimes 1945 verfolgen. In dem unterirdischen Mahnmal für die ermordeten Kinder werden in totaler Dunkelheit fünf Kerzen so reflektiert, dass man den Eindruck hat, sich in einem Lichtermeer zu bewegen. Vorsichtig muss der Besucher sich an der Wand an einem Geländer entlangtasten, und dabei hört er die Namen und das Alter der getöteten Kinder. In dem Tal der Gemeinden sind auf Steinquadern die Namen der Städte, aus denen jüdische Gemeinden deportiert wurden, eingemeißelt. In der Allee der Gerechten steht neben jedem Baum ein Metallschild, auf dem der Name eines nichtjüdischen Retters eingraviert ist. Auf einer Brückenkonstruktion, die abrupt über einem Abgrund endet, steht ein Viehwaggon der deutschen Reichsbahn, mit dem die Opfer des nationalsozialistischen Rassenwahns in die Vernichtungslager transportiert wurden.

Der Mittwoch, an dem wir uns verabredet hatten, war ein lauer Dezembertag mit bewölktem Himmel. Ich wartete bei dem Rondell hinter dem Portal auf Rebekka. Eine Schulklasse mit Jugendlichen, die Jeans und Turnschuhe trugen und Nylonrucksäcke geschultert hatten, scharte sich um ihren Lehrer. Zwei Jungen knufften sich verstohlen.

»Yad Vashem wurde errichtet zur Erinnerung an die Leiden des jüdischen Volkes während der Shoah und zum Gedenken an die Opfer, von denen kein Grab existiert. Benehmt euch hier entsprechend und unterhaltet euch nicht laut«, ermahnte der Lehrer seine Schüler.

Aus einem klimatisierten Reisebus stiegen ältere amerikanische Touristen, die weiße Baseballkappen aufgesetzt hatten.

»I have also been to the Holocaust Memorial Museum in Washington«, bemerkte eine korpulente Frau mit einem wabbeligen Doppelkinn und blond gefärbten Haaren zu ihrer Nachbarin, die einen Fotoapparat umgehängt hatte.

Diese nickte: »My father was in the holocaust.«

»The poor man.«

Eine Einheit mit Soldaten und Soldatinnen stand herum und wartete. Die jungen Frauen hatten ihre langen Haare zu Pferdeschwänzen gebunden. Alle trugen grüne Uniformen, die Männer halbhohe derbe Armeestiefel, die weiblichen Soldaten schwarze Turnschuhe.

Eine dänische Reisegruppe verließ mit betroffenen Gesichtern die Gedenkstätte, Autobusse rollten an und fuhren ab. Ein Taxi hielt neben mir, und Rebekka stieg aus.

»Auf dem Herzl Boulevard war mal wieder Stau, deswegen habe ich mich verspätet«, entschuldigte sie sich.

»Die Ausstellung ist im Raum gegenüber vom Gedenkrelief von Naftali Bezem. Komm, gehen wir.«

In drei beleuchteten Vitrinen an der Außenwand des Saales waren Exponate ausgestellt:

Ein mit Bleistift geschriebenes Gebetbuch, notiert auf der Rückseite von Beilagezetteln für Munitionslieferungen – Duplex Sprengkapsel. Trocken aufbewahren! Gegen Stoß und Fall schützen!

Ein schwarzer zweiarmiger Kerzenleuchter, gebastelt von Chana Ansbacher in Auschwitz-Birkenau.

Ein Brief von Frantsiska Feldbauer, den sie vor ihrer Deportation bei Nachbarn hinterlegt hat: »Meine lieben teuren Kinder: Soweit es ging, habe ich alles in Ordnung gebracht.«

Eine Naziflagge, bestickt mit den Namen der Insassinnen des Konzentrationslagers Ravensbrück.

Eine Gefangenenjacke aus grauem, sackähnlichem Stoff, in dessen oberstem ausgefransten Knopfloch eine rote Kordel mit einer roten Glasperle steckte.

Ein Büstenhalter, mit groben Zwirn genäht aus dem Stoff einer Häftlingsjacke.

Meine besondere Aufmerksamkeit fesselten drei graue, beschriftete Blätter im Postkartenformat. Auf den Zetteln hatte Trude Kassowitz in kleiner, säuberlicher Schrift Kochrezepte aufgeschrieben:

»Nussfisch: Fisch mit Grünzeug blau kochen. 3 Dotter abrühren mit Sud aufgießen, Idee Zucker, 10 dkg gehackte (geriebene) Nüsse. In der Soss Fisch einmal aufkochen, gleichmäßiger, kleiner Stufe.«

Ein Gericht folgte dem anderen, getrennt durch einen dünnen Strich, damit ja kein Millimeter auf dem Papier vergeudet wurde.

Daneben lag ein Propagandapamphlet. Auf ihm war ein Foto abgebildet, auf dem Hitler die Hand eines strammstehenden Mannes drückte, der eine Uniform und hohe Schaftstiefel trug. Das Bild war von einer Eichenlaubgirlande eingerahmt. Darunter stand:

»Wir halten das Reich! Gegen Tod und Verderben stehn wir im Kampfe, ein ehern Geschlecht. Unser Gelöbnis: Treue dem Führer! Unsre Parole: Nun erst recht!«

Zunächst verstand ich nicht, was das Nazipropagandablatt in dieser Ausstellungsreihe zu suchen hatte. Was hatte es mit den Frauen zu tun? Bis ich es mir genauer ansah. Über dem Bild, mit zarter, fast verblasster Schrift hatte eine Frauenhand geschrieben: »30 Zucker, 6 Butter, Zucker leicht bräunen, dann 15 gehackte Mandeln (Zucker nicht zu braun werden lassen).«

Im eigentlichen Ausstellungssaal befanden sich keine Objekte, sondern Bilder und Texte wurden an die Wände projiziert. Sieben Themenbereiche behandelte die Ausstellung »Flecken aus Licht«: Liebe,

Mutterschaft, Weiblichkeit, Freundschaft, Glauben, Kunst und Essen. Wie kamen Frauen unter den unmenschlichen Bedingungen, wie sie im Holocaust herrschten, mit dem Leben zurecht? Vor dem Thema »Essen« verweilte ich die meiste Zeit. Die Häftlinge in den Konzentrationslagern bekamen zum Frühstück einen halben Liter Kaffee, mittags Suppe aus Gemüse, abends Schwarzbrot, dazu ab und zu einen Löffel Margarine, Marmelade oder eine Scheibe Wurst. Es herrschte ein permanenter Hunger, die Gefangenen magerten lebensgefährlich ab und litten an Hungerödemen.

»Woran denkt ein hungriger Mensch? An Essen. Worüber sprechen hungrige Frauen? Über Essen, Rezepte, Kochen. Wie wurde bei euch gekocht? Was habt ihr besonders gerne gegessen?« Die Worte standen neben dem Bild von Rosi Spinner:

»Der Hunger tat weh. Die Frauen hatten ein Mittel dagegen gefunden. Sie sprachen über Essen, tauschten Kochrezepte aus. Ich konnte an den Gesprächen nicht teilnehmen, denn ich hatte nie gekocht. Aber ich habe mir ein Rezept eingeprägt und träumte davon. Ich träumte, wenn ich jemals nach Hause zurückkehren werde, dann werde ich es kochen.«

Die Kochrezepte waren die Märchen, Lyrik, Poesie, Träume und Wünsche der eingesperrten Frauen. Durch sie zauberten die Gefangenen Hühnersuppe, Gänsebraten, Apfelstrudel und Nusskuchen herbei. In den Gesprächen schwelgten sie in Sahne, Butter, Zucker, Mehl und Mandeln. Die Kochrezepte waren Vergangenheit und Zukunft, das lichte Land der Verheißung und Freiheit. Um zu überleben, mussten die Gefühle verkapselt, verborgen und verriegelt werden. Wo ist die kleine Tochter mit dem braunen Lockenköpfchen, die mit den Eltern abtransportiert wurde? Daran durfte man nicht denken. Wie geht es dem Mann, dem Bruder, der Schwester? Den Rest verbliebener Lebensenergie durfte man nicht an Sorgen verschwenden. Aus. Vergessen. Aber über Kochrezepte konnte man beliebig phantasieren. Einigen wenigen Frauen ist es gelungen, Papier aufzutreiben und sie niederzuschreiben. Es war ein lebenserhaltender Akt, verbunden mit Lebensgefahr. Die Kochrezepte waren Rettungsanker und Widerstand, Erlösung und Protest, Selbstbestimmung und Kampf. Wenn ein KZ-Aufseher das Propagandablatt entdeckt hätte, auf das Valy Kohn über Hitlers Konterfei »30 Zucker, 6 Butter« geschrieben hatte, der Tod wäre ihr gewiss gewesen.

Zur Erinnerung an die Frauen in den Konzentrationslagern möchte ich einige der Kochrezepte, die bei der Ausstellung an die Wand projiziert wurden, wiedergeben:

Judith Ofrichting: Reis-Soufflé
½ kg gekochter Reis, ½ l Milch, 4 Eigelb hinzufügen, ¼ kg Zucker, Rosinen, gemahlene Mandeln, abgeriebene Zitronenschale und 4 geschlagene Eiweiß hinzufügen. Eine Stunde in einer gebutterten Form backen.

Trude Kassowitz: Nusskuchen
8 Eier, 250 g Zucker, 2 Riegel zerlassene Schokolade, 250 g geröstete und gemahlene Walnüsse, 2 Esslöffel Semmelbrösel
Für die Creme im Wasserbad auflösen:
… Teelöffel starker Kaffee, 2 Riegel Schokolade, 150 gr. Butter hinzufügen, gut verrühren und von außen auf den Kuchen auftragen.

Rifka Teitelbaum: Mollier's Nachtisch
Frische Kirschen, Bananen und Birnen in 1 l Milch kochen. 6 Eigelb und 6 geschlagene Eiweiß hinzufügen. Alles zusammen mischen und in einer gefetteten Form 2 Stunden backen. Kann heiß oder kalt gegessen werden.

Mina Pächter: Knödel
5 dkg Butter
10 dkg Topfen durch das Sieb geben
1 Brötchen in ⅛ l Milch einweichen
mit 1 Ei, 1 Teelöffel Salz, 150 gr. gekochte, gestampfte Kartoffeln und 30–40 gr. Mehl gut durchmischen. 56 Knödel formen und im Salzwasser 6–8 Minuten kochen.

Kaschrut und Lebensgefahr

»Rabbanit Malka, ich habe mir die Ausstellung ›Flecken aus Licht‹ in Yad Vashem angesehen und mich gefragt, wie gläubige Juden in der Shoah die Koschergesetze eingehalten haben. In den Konzentrationslagern wurden doch bestimmt keine Koscherregeln beachtet.«

»Die Pflicht, den Körper zu erhalten, damit die Seele in ihm bewahrt wird, setzt fast alle Gebote und Verbote außer Kraft. In der Thora steht: *Bewahre deine Seele* (5. Mose 4:9) und *Darum sollt ihr meine Satzungen halten. Der Mensch, der sie tut, wird durch sie leben.* (3. Mose 18:5) Das Leben ist das höchste Gut, das behütet werden muss. Wenn jemand vor der Entscheidung steht, entweder zu verhungern oder nichtkoschere Speisen zu essen, muss er essen. Während der Shoah haben fromme Juden auch Schweinefleisch oder Pferdefleisch gegessen, wenn sie es bekamen. Ich möchte Ihnen etwas zeigen.«

Aus dem Regal holt die Rabbanit Malka einen weißen DIN-A5-Umschlag, der zwischen den Haggadot, den Erzählungen zum Pessachfest, eingeklemmt ist. Zwei Fotokopien befinden sich darin. Sie breitet die Blätter vor mir aus und erklärt:

»Während des Pessachfestes ist das Verspeisen von gesäuertem Brot strikt verboten. Gegessen wird Matze, ein Gemisch aus Mehl und Wasser, das schnell verarbeitet und keinem Säuerungsprozess ausgesetzt wird, denn in der Thora steht: *Sieben Tage sollst du ungesäuertes Brot essen.* (2. Mose 13:6) Die Häftlinge in den Konzentrationslagern erhielten natürlich keine Matze, sondern ihre tägliche Brotration.«

»Und sie haben das Brot gegessen?«

»Selbstverständlich. Die Rabbiner haben es ausdrücklich geboten. Denn wenn die Häftlinge sieben Tage auf ihr Brot verzichtet hätten, wäre es ihr sicherer Tod gewesen. Rabbiner Levinson aus Holland hat im Konzentrationslager Bergen-Belsen im Jahre 1944 ein Gebet verfasst, das er und seine Mitgefangenen gesprochen haben, bevor sie ihr Brot am Pessachfest in den Mund genommen haben. Schauen wir uns das Gebet an. Es steht auf der Kopie.«

Ich nahm die Blätter in die Hand. Auf der einen Seite stand handschriftlich geschrieben:

»Dieser Text wurde von Josef Freihan, Häftling im Konzentrationslager Bergen-Belsen (nach der Befreiung) übergeben. Er sprach dieses Gebet zusammen mit den anderen Häftlingen im Lager vor dem Pessachfest 1944. Dieses Gebet wurde von Rabbiner Levinson in der hebräischen Sprache verfasst.«

Auf der anderen Seite war mit einer alten Schreibmaschine das Gebet festgehalten:

»Unser Vater im Himmel
Offen stehen wir vor dir
Unser Wille ist es, deinen Willen zu befolgen
Und das Pessachfest zu feiern, indem wir nur Matze essen
Und nichts Gesäuertes zu uns nehmen.
Danach sehnen sich unsere Herzen
Aber die Gefangenschaft hindert uns daran.
Wir befinden uns in Lebensgefahr.
Wir sind bereit, dein Gebot zu befolgen:
Durch die Satzungen sollt ihr leben –
Und nicht durch sie sterben
Und deiner Aufforderung zu gehorchen:
Bewahre deine Seele.
Wir bitten darum,
dass wir in Kürze erlöst werden und erleben dürfen,
deinen Willen auszuführen und deine Gebote
mit ganzem Herzen zu befolgen. Amen.«

Ich legte die Blätter zur Seite: »Darf man bei Lebensgefahr alle Gebote und Verbote der Thora außer Acht lassen?«

»Fast alle, außer drei, die nicht übertreten werden dürfen, sogar wenn der Tod droht.«

»Welche?«

»Das Ausüben von Götzendienst, Mord und Inzucht. Wenn der gläubige Jude gezwungen wird, eines dieser Verbote zu übertreten, muss er den Tod vorziehen.«

Die jüdischen Feiertage und ihre Gerichte

»Gibt es eigentlich spezifisch jüdische Gerichte?«, fragte ich die Rabbanit Malka.

»Die Frage lässt sich nicht einfach mit ja oder nein beantworten. Das Volk Israel ist nach der Zerstörung des Tempels vor fast zweitausend Jahren in alle Welt zerstreut worden, und die jüdische Küche wurde von den Lebensbedingungen in den jeweiligen Ländern beeinflusst. In Polen beispielsweise war Fisch teuer und die jüdische Bevölkerung arm. Deswegen haben die jüdischen Hausfrauen den ›gefilten Fisch‹ erfunden, ein Gericht, bei dem der Fisch in Scheiben geschnitten, das Filet von der Haut gelöst, durch den Wolf gedreht und mit Semmelbrösel oder Weißbrot verlängert wird. Auf diese Weise reichte ein Fisch für mehrere Personen. In den Mittelmeerländern, wo es reichlich Fische gab, wurden die Fische gebacken oder mit Gemüse gedünstet. Entscheidend bei der jüdischen Küche ist, dass die Koscherregeln eingehalten werden. Wenn es ein koscherer Fisch ist, kann man ihn zubereiten, wie man will.«

»Wie bereiten Sie den Fisch zu?«

»Eine Schwägerin von mir stammt aus Tunesien, und von ihr habe ich gelernt, den Fisch mit Gemüse zu kochen.«

»Können Sie mir das Rezept verraten?«

»Natürlich. Für 4 Personen nehmen Sie:

4 Scheiben Lachs
5 Tomaten
2 Mohrrüben
2 rote Paprika
1 scharfe grüne Paprika

241

¼ Bund Petersilie
4 Knoblauchzehen
Salz, Pfeffer
Öl

Tomaten häuten, Mohrrüben und Knoblauchzehe schälen. Die Paprika waschen und entkernen. Das Gemüse in feine Scheiben schneiden und die Petersilie feinhacken. Öl in einer Pfanne erhitzen, das Gemüse dazugeben und auf kleiner Flamme ungefähr eine halbe Stunde lang dünsten. Mit Salz und Pfeffer abschmecken. Die Lachsscheiben säubern, trocken tupfen und in etwas Öl auf jeder Seite 3 bis 4 Minuten braten und nach Belieben salzen. Abkühlen lassen, dann die Haut und Gräten entfernen. Den Lachs in grobe Stücke teilen und auf dem Gemüse anrichten. Der Lachs wird kalt als Vorspeise gegessen.«

»Das klingt relativ einfach. Können Sie mir auch etwas zu den jüdischen Feiertagen und ihren Gerichten erzählen?«

»Aber gerne. Beginnen wir mit dem Schabbat.«

Wie bei jeder Unterrichtsstunde schlug die Rabbanit Malka den Tanach auf:

»Der Höhepunkt der Woche ist der siebte Schöpfungstag, der Schabbat. Er ist der einzige Feiertag, der in den Zehn Geboten erwähnt wird: *Gedenke des Schabbattages, dass du ihn heiligest. Sechs Tage sollst du arbeiten und alle deine Werke tun. Aber am siebenten Tage ist der Schabbat des Herrn, deines Gottes.* (2. Mose 20:8–10)

Mann und Frau bereiten die Schabbatfeier gemeinsam vor. Bei uns ist es üblich, dass mein Mann am Donnerstagnachmittag auf den Markt geht und für den Schabbat einkauft. Ich beginne mit der Vorbereitung der Mahlzeiten bereits am Donnerstagabend. Jeder von uns trägt seinen Teil dazu bei, damit wir den Schabbat in Ruhe und Freude feiern können. Drei Mahlzeiten werden an Schabbat zelebriert. Die erste wird am Freitagabend, die zweite am nächsten Mittag und die dritte kurz vor Sonnenuntergang eingenommen.«

»Ist es nicht eine sehr anstrengende Kocherei jedes Wochenende?«, fragte ich.

»Alles, was sich wiederholt, wird zur Gewohnheit, und man lernt, die Zeit richtig einzuteilen. Anstrengend sind nicht unsere Tätigkeiten selber, anstrengend wird es erst, wenn wir sie unter Zeitdruck ausführen müssen. Langsamkeit ist das Geheimnis des Genusses.«

»Sie haben ja recht, aber wie lernt man die Langsamkeit in unserer hektischen Zeit?«

»Das Feiern des Schabbats ist eine gute Übung. Das Einkaufen und das Kochen des Schabbatessens ist die seelische Einstimmung auf den Feiertag. Die Speisen dürfen nicht am Schabbat zubereitet werden. Sie werden vorgekocht und auf einer Schabbatplatte warm gehalten. In einem elektrischen Wasserbehälter befindet sich heißes Wasser, so dass man jederzeit Kaffee oder Tee trinken kann. Man muss sich für die Vorbereitung des Schabbats genügend Zeit nehmen, weil man sich sonst gestresst und erschöpft an den Tisch setzt.«

Der Schabbat beginnt am Freitagabend. In Jerusalem lässt der Verkehr spürbar nach, die Kinder spielen nicht mehr in den Höfen oder auf den Spielplätzen, und die religiöse Bevölkerung schaltet ihre Radios und CD-Player aus. Der Markt ist verwaist, und eine merkliche Ruhe senkt sich über die Stadt.

»Kurz bevor die Sonne untergeht, zünde ich die Kerzen an und mit dem Segensspruch: ›Gelobt seist Du Herr, unser Gott, König der Welt, der Du uns durch Deine Gebote geheiligt und aufgetragen hast, die Schabbatlichter anzuzünden‹, begrüße ich den Feiertag und wünsche meiner Familie Schabbat Schalom«, beschrieb Malka die Schabbatstimmung und fuhr fort:

»Als die Kinder noch klein waren, ging mein Mann entweder alleine oder mit den größeren zum Gottesdienst. Jetzt, wo die Kinder aus dem Haus sind, gehe ich mit zur Andacht, aber zum anschließenden Essen kommen immer einige der erwachsenen Kinder und die Enkel.«

Auf einen Zettel schrieb die Rabbanit Malka fünf Worte auf – Kerze, Challa, Wein, Fisch und Fleisch – und malt neben jedes Wort eine Zahl.

»Diese fünf Bestandteile kennzeichnen die Schabbatfeier am Freitagabend: In der hebräischen Sprache stellt jeder Buchstabe gleichzeitig einen Zahlenwert dar, und so kann man auch von jedem Wort den Zahlenwert berechnen. Die Quersumme der hebräischen Worte, die die fünf Schabbatzutaten benennen, ergibt jeweils die Zahl Sieben:

Ner – Kerze: Zahlenwert 250 – Quersumme 7
Challa – Schabbatbrot: Zahlenwert 43 – Quersumme 7
Jain – Wein: Zahlenwert 70 – Quersumme 7
Dag – Fisch: Zahlenwert   7 – Quersumme 7
Basar – Fleisch: Zahlenwert 502 – Quersumme 7.«

»Wie muss man sich die Schabbatfeier vorstellen?«, wollte ich wissen.

»Sie ist in einen festen Ritus eingebunden und läuft immer gleich ab. Als Allererstes werden die Kinder gesegnet, zuerst vom Vater und danach von der Mutter. Anschließend setzen wir uns an den gedeckten Tisch und beginnen mit dem Lied ›Friede sei mit euch, ihr Engel des Friedens‹. Und mein Mann preist mich mit dem Lied der tüchtigen Hausfrau. Wir erheben uns, und der Hausherr leitet die Mahlzeit mit dem Segensspruch über den Wein ein. Jeder Tischgenosse trinkt einen Schluck aus dem silbernen Kelch, der herumgereicht wird. Danach waschen sich die Anwesenden die Hände, und der Hausherr spricht den Segensspruch über die Challa. Er bestreut sie mit Salz, und jeder erhält ein Stück von dem gesegneten Schabbatbrot. Bei der anschließenden Mahlzeit wird als Vorspeise ein Fisch- und als Hauptgang ein Fleischgericht gereicht. Suppe, Salate oder Nachtisch sind für die Schabbatmahlzeit nicht verbindlich. Ich bereite sie jedoch vor, denn mehrere Gänge geben der Feier eine festliche, würdige Note.«

»Was ist ein typisches Schabbatgericht?«

»Tscholent. Er wird am Freitag zubereitet, aber erst am Schabbatmittag serviert. Der Tscholent braucht die lange Garzeit, um sein Aroma zu entwickeln. Er ist so langsam wie der Schabbat.«

»Rabbanit Malka, wissen Sie eigentlich, dass ein berühmter deutscher Schriftsteller den Tscholent in einem seiner Gedichte besungen hat?«, fragte ich.

»Nein. Welcher Dichter war es?«

»Heinrich Heine. Er nennt den Tscholent Schalet, und in seinen Versen über die Prinzessin Schabbat dichtet er:

Schalet, schöner Götterfunken
Tochter aus Elysium!
Also klänge Schillers Hochlied
Hätt er Schalet je gekostet.«

»Das gefällt mir«, lächelte Malka.

Die nachfolgenden Gerichte zu den jüdischen Feiertagen habe ich von Frau Neomi Junger erhalten, bei der ich mich herzlich dafür bedanke.

SCHABBAT

Tscholent

Für ca. 10 Personen berechnet
2 kg Suppenfleisch
(Flachrippe, Beinscheibe mit Markknochen,
Ochsenschwanz)
4 Markknochen
450 g Graupen
450 g weiße Bohnen
6 Kartoffeln
2 Zwiebeln
1 ganze Knolle Knoblauch
Salz, Pfeffer, Gewürzpfeffer
Etwas Öl zum Anbraten
Hühnerbrühe

Die Bohnen schon am Donnerstag in Wasser einweichen. Für den Tscholent einen ovalen Topf mit Deckel verwenden.

Die Zwiebeln in große Würfel schneiden und in etwas Öl anbraten, das Fleisch dazugeben und ebenfalls anbraten, die Markknochen hinzufügen und mit Salz, weißem Pfeffer und Gewürzpfeffer würzen. Die Graupen, die weißen Bohnen, die geschälten ganzen Kartoffeln und die Knolle Knoblauch darum herumlegen und mit Hühnerbrühe ganz bedecken. Den Tscholent auf dem Herd aufkochen und die gefüllte Kischke (siehe nächstes Rezept) mit in den Topf legen. Den Tscholent mit der Kischke im vorgeheizten Backofen bei 175 Grad eine Stunde lang mit geschlossenem Deckel garen. Danach die Hitze auf 100 Grad herunterschalten und über Nacht im Ofen stehen lassen. Am nächsten Morgen nachprüfen, ob das Gericht nicht zu trocken ist. Sollte dies der Fall sein, nochmals Hühnerbrühe dazugeben. Der Tscholent bleibt bei schwacher Hitze im Ofen, bis er serviert wird.

Gefüllte Kischke

Rinderdarm
⅓ Tasse Hühnerfett
1 Zwiebel
1 Tasse Mehl
Salz, Pfeffer

Rinderdarm in kochendes Wasser tauchen, danach die Innenseite ausschaben, bis sie sauber ist. Mehl, klein geschnittenes Hühnerfett, eine gehackte Zwiebel, Salz und Pfeffer für die Füllung vermischen. Ein Ende des Darms zunähen und die Füllung in den Darm stopfen. Das zweite Ende zunähen.

Lekach (Schabbatkuchen)

8 Eier
8 EL Zucker
8 EL Mehl
1 Schuss Cognac
1 Päckchen Backpulver
¼ Teeglas Öl
½ Teeglas Orangensaft

Mit dem Schneebesen vom Mixer 8 Eigelb ca. 20 Minuten rühren. 8 EL Zucker, den Cognac und das Backpulver dazugeben und weiter rühren. Das Öl und den Orangensaft langsam hinzufügen und mit dem Mixer weiter schlagen. Mit einem Holzlöffel das Mehl in die Mischung unterrühren. Eine Form einfetten und den Ofen auf 160 Grad vorheizen. Das Eiweiß steif schlagen und vorsichtig, mit Gefühl, unter die Eiermasse heben und alles in die Form gießen. 45 bis 60 Minuten backen, bis der Kuchen goldgelb ist.

Rosch Haschana, das Neujahrsfest

Das Neujahrsfest der Juden, das mit dem hebräischen Monat Tischri im Frühherbst stattfindet, ist ein Fest der Reue und der Besinnung. Rosch Haschana ist der göttliche Gerichtstag, an dem Gott das Schicksal eines jeden Menschen für das kommende Jahr entscheidet. Während des Gottesdienstes wird der Schofar, ein Widderhorn, geblasen, dessen eindringliche Töne die Gläubigen zur Einkehr und Umkehr mahnen. *Ein Tag des Posaunenblasens soll er für euch sein.* (4. Mose 29:1)

An dem Fest werden vorwiegend süße Gerichte gereicht, um das süße Jahr zu symbolisieren.

Es werden keine Nüsse gegessen, denn das hebräische Wort für Nuss, »Egos«, hat den gleichen Zahlenwert wie das Wort »Chet«, die Sünde. Bittere und salzige Speisen werden gemieden, und während bei allen anderen Festen die Challa vor dem Brotsegen mit etwas Salz bestreut wird, wird sie an Rosch Haschana in Honig getaucht. Die Challas werden zum Neujahrsfest in eine runde Form gebracht, damit das Leben rund bleibt und nicht unterbrochen wird.

Gefilte Fisch
Das Rezept ist für 10 Personen berechnet:

Beim Einkauf beachten:
2 Karpfen à 2 kg in runde, geschlossene
Scheiben schneiden lassen,
(den Bauch nicht aufschneiden)
1 kg Karpfenfilet ohne Haut
Fischköpfe, Gräten und Haut
mitgeben lassen.

Fisch in kaltem Wasser waschen,
abtrocknen und salzen.

Im Fleischwolf mahlen:
das Fischfilet
2 hartgekochte Eier
3 große Zwiebeln

Zu der gemahlenen Masse dazugeben:
2 rohe Eier
1 Teelöffel Salz
weißer Pfeffer
5 EL Zucker
4 EL kaltes Sodawasser
4 EL Matze-Mehl, ersatzweise Semmelbrösel
Die Farce im Kühlschrank ungefähr
eine halbe Stunde stehen lassen.

In einen Topf Haut, Fischköpfe und Gräten geben. 4 große Zwiebeln und 4 Karotten in Scheiben schneiden, auf die Fischreste schichten und mit lauwarmem Wasser gut bedecken. Mit nassen Händen die Farce in die runden Fischscheiben füllen und vorsichtig in den Topf einlegen. Von der restlichen Farce längliche Klopse formen und dazulegen. Mit so viel lauwarmem Wasser auffüllen, dass alles knapp bedeckt ist. Aufkochen lassen und den Schaum entfernen. Danach 18 EL Zucker, 2 TL Salz, etwas weißen Pfeffer in die Fischbouillon geben und auf kleiner Hitze mit leicht geöffnetem Deckel 3 Stunden köcheln. Über Nacht stehen lassen und erst, wenn alles erkaltet ist, sehr vorsichtig den gefilten Fisch und die Klopse herausnehmen und in einer Glas- oder Porzellanschüssel anrichten. Die Fischbrühe durch ein Sieb darübergießen und mit den Karotten garnieren.

Honig-Lekach

4 mittelgroße Eier

1 Tasse Zucker

500 g Honig

1 Tasse Pflanzenöl

2 EL Kakao

½ TL Nelkenpulver

1 EL Zimt

1 Päckchen Backpulver

2 Tassen Mehl

in einem ½ Glas heißem Wasser

1 ½ EL löslichen Kaffee anrühren

und abkühlen lassen

50 g Mandeln

Die Zutaten nacheinander mit dem Mixer gut verrühren. Die Masse in eine längliche Backform füllen und mit den abgezogenen Mandeln dekorieren.

Den Ofen auf 180 Grad vorheizen und den Honig-Lekach eine halbe Stunde backen. Danach mit Silberfolie abdecken, weil der Kuchen sonst zu dunkel wird, und weitere 30 Minuten backen.

JOM KIPPUR, DAS VERSÖHNUNGSFEST

Auf Rosch Haschana folgen die zehn Bußtage. In dieser Zeit sollen die Gläubigen bei all den Menschen Abbitte leisten, denen sie etwas Schlechtes zugefügt haben, und sich mit ihnen aussöhnen. Der himmlische Schiedsspruch ist zwar festgelegt, aber in den zehn Bußtagen kann Gott ihn noch ändern. An Jom Kippur wird das Urteil endgültig besiegelt und das persönliche Schicksal für das kommende Jahr festgeschrieben. Es ist der Versöhnungstag, an dem sich der Jude mit seiner Umwelt und Gott versöhnt. Jom Kippur ist ein Fastentag, an dem weder gegessen noch getrunken wird. Die Gläubigen verbringen den ganzen Tag in der Synagoge bei der Andacht. Wenn man nach Jom Kippur, nachdem man 24 Stunden gefastet hat, aus der Synagoge nach Hause kommt, bricht man das Fasten mit Kuchen, Tee oder Kaffee und eingelegten Heringen, zu denen ein wenig Schnaps gereicht wird.

Eingelegte Heringe
10 Salzheringe
1 Paket Heringgewürz
1 ½ kg Zwiebeln
2 Karotten
½ l milder Essig
2 EL Zucker
Pflanzenöl

Von den Heringen Kopf und Schwanz entfernen und den Bauch aufschneiden. Gräten entfernen und eventuell vorhandene Milch aufbewahren. Die Heringe 24 Stunden in einer Schüssel mit reichlich Wasser wässern. Das Wasser einmal wechseln.

In einem Topf den Essig mit der gleichen Menge Wasser, dem Heringgewürz und dem Zucker aufkochen und 5 Minuten ziehen lassen. Die Karotten grob raspeln und dazugeben. Die Zwiebeln in

Ringe schneiden und zu dem lauwarmen Essig geben. Den Topf bedecken und die Flüssigkeit abkühlen lassen. Die Heringsmilch mit der Gabel zerdrücken, mit dem Pflanzenöl zu einer weißen Soße vermischen und zu dem Essig hinzufügen. Von den Heringen die Haut abziehen und jeden Hering in drei bis vier Teile schneiden. In den Essig legen und in einem gut verschlossenen Glas zwei bis drei Tage im Kühlschrank aufbewahren. Erst danach sind die Heringe zum Verzehr geeignet.

Gedeckter Apfelkuchen
Einen Mürbeteig herstellen aus:
500 g Mehl
½ TL Backpulver
125 g Pflanzenmargarine
1 Ei
1 Schuss Sprudelwasser

Füllung:
7 säuerliche Äpfel (z. B. Boskop)
2 Päckchen Vanillezucker
4–6 EL brauner Zucker
1 EL Mehl

Auf den Kuchen:
4 EL brauner Zucker
½ TL Zimt

Die Äpfel schälen und grob raspeln. Mit Vanillezucker, Zucker und Mehl mischen. Den Teig ausrollen und in zwei Teile teilen. Eine Kuchenform am Boden und an den Rändern mit Teig auslegen. Die Apfelmischung darauf verteilen und mit dem restlichen Teig abdecken. Mit einer Gabel Löcher eindrücken. Zucker und Zimt mischen und auf dem Kuchen verteilen. Bei 175 Grad ca. eine Stunde backen. Den Kuchen abkühlen lassen, bevor er angeschnitten wird.

SUKKOT, DAS LAUBHÜTTENFEST

Zu Sukkot, dem Laubhüttenfest, wird, wie der Name schon sagt, eine provisorische Hütte gebaut, die mit Laub abgedeckt wird. *Sieben Tage sollt ihr in Laubhütten wohnen. Wer einheimisch ist in Israel soll in Laubhütten wohnen, dass eure Nachkommen wissen, wie ich die Israeliten habe in Hütten wohnen lassen, als ich sie aus Ägyptenland führte.* (3. Mose 23:42)

Es ist ein Erinnerungsfest an die Zeit der Wüstenwanderung, als das Volk Israel in provisorischen Hütten wohnte. Die Laubhütte erinnert den Gläubigen auch daran, dass das Dasein auf Erden vorübergehend ist, die eigentliche Welt ist das Jenseits, wo die Seele ihren festen Wohnsitz haben wird. In der Laubhütte werden während der Festtage die Mahlzeiten eingenommen, manche übernachten auch dort. Weil Sukkot auch ein Erntedankfest ist, wird die Laubhütte mit Obst geschmückt. Es ist eines der drei Wallfahrtsfeste, neben Pessach und Schawuot, an denen das Volk Israel vor der Vertreibung nach Jerusalem pilgerte und Erntegaben dem Tempel darbrachte. Es gibt keine besonderen Speisevorschriften für Sukkot. Wichtig ist, dass zumindest eine Mahlzeit in einer Laubhütte stattfindet und der Segen gesprochen wird:»Gelobt seist Du Herr, unser Gott, König der Welt, der Du uns aufgetragen hast, in einer Laubhütte zu sitzen.«

Seezungenfilet in Orangensoße
Für 4 Personen:
6 Orangen
100 g Schalotten
20 g Butter
¼ l Schlagsahne
¼ Glas Weißwein
1 Bund Dill
8 Seezungenfilets à 80 g
Salz, Pfeffer, eine Prise Zucker

Vier Orangen auspressen, die restlichen zwei schälen und in Scheiben schneiden. Die Schalotten schälen, sehr fein würfeln und in der Butter glasig dünsten. Mit Orangensaft, Sahne und Weißwein löschen und auf ca. ¼ l einkochen, so dass eine cremige Sauce entsteht. Mit Salz, Pfeffer und Zucker abschmecken.

Die Fischfilets in der heißen, aber nicht mehr kochenden Sauce von jeder Seite 4–5 Minuten pochieren. Zum Schluss die Orangenscheiben dazugeben und kurz darin erhitzen. Die Filets mit den Orangenscheiben anrichten, mit gehacktem Dill bestreuen und die Sauce darübergießen. Mit gekochtem Reis servieren.

SIMCHAT THORA, DAS FEST DER GESETZESFREUDE

Simchat Thora, das Fest der Gesetzesfreude, schließt sich direkt an Sukkot an. An diesem Tag wird der letzte Thoraabschnitt gelesen und gleich darauf die Thorarolle wieder zurückgerollt und der erste Abschnitt vorgetragen. In den Synagogen tanzen die Gläubigen mit den Thorarollen, und man kann in Jerusalem tanzende Prozessionen auf den Straßen beobachten. Die Kinder kommen mit Papierfähnchen, auf denen Thorarollen aufgedruckt sind, in die Gotteshäuser. Dort erhalten sie Süßigkeiten, damit sie lernen, dass das Studium der Thora süß wie Schokolade und wohlschmeckend wie Kuchen ist.

Nusstorte mit Schokoladenüberzug
8 Eier
1 ½ Tassen Zucker
250 g gemahlene Haselnüsse
1 Röhrchen Bittermandelaroma
1 Röhrchen Rumaroma
½ TL Backpulver
1 gestrichener EL Semmelbrösel

Zutaten für den Überzug:
200 g Edelbitterschokolade
50 g Butter
2 EL saure Sahne
2 EL Schlagsahne
2 EL Kakao
etwas Puderzucker

Eigelb mit Zucker gründlich verrühren, Bittermandel- und Rumaroma dazugeben. Das Eiweiß steif schlagen. Den Mixer auf kleinste Stufe herunterschalten und in das Eigelb abwechselnd den Eischnee und die gemahlenen Nüsse einrühren. Die Semmelbrösel und das

Backpulver unterrühren. Eine Kuchenform einfetten und den Teig einfüllen. Bei 175 Grad 45 Minuten lang backen.

In einem kleinen Topf bei niedriger Hitze oder im Wasserbad die Schokolade und die anderen Zutaten schmelzen und gut umrühren. Den lauwarmen Überzug auf der Nusstorte verteilen. Dazu geschlagene, ungezuckerte Sahne reichen.

Chanukka, Tu b'schwat und Purim sind Gedenktage und gelten nicht als Feiertage. Sie werden, im Gegensatz zu den Feiertagen, nicht mit dem Kiddusch, dem Weinsegen, und einer vollständigen Mahlzeit eingeleitet. Aber in den Speisen, die an diesen Tagen gegessen werden, wird ein Bezug zum Gedenktag hergestellt.

CHANUKKA, DAS LICHTERFEST

Chanukka heißt Einweihung und erinnert an die Neuweihung des Tempels. Im Jahre 333 vor Christus besetzten die Griechen das Heilige Land und führten die griechische Lebensweise ein. Sie bauten Theater, Arenen für Sportwettkämpfe und Schulen, in denen im Geiste der hellenistischen Kultur unterrichtet wurde. 175 vor Christus gelangte Antiochus Epiphanes an die Macht. Er wollte das jüdische Volk gewaltsam hellenisieren. Das Befolgen der Gebote der Thora, wie die Einhaltung des Schabbats oder die Beschneidung der Knaben, wurde unter Strafe gestellt. Antiochus Epiphanes zwang die Juden, Schweine zu opfern und sie zu essen. Er plünderte den Tempel und schändete ihn: *Denn die Heiden schwelgten und prassten im Tempel, gaben sich leichtfertig mit Dirnen ab, und sogar im heiligen Bezirk wohnten sie Frauen bei.* (2. Makkabäer 6:4) Der Priester Mattitiahu aus dem Geschlecht der Makkabäer und seine Söhne widersetzten sich dem Treiben der Griechen. Juda Makkabäus, der Sohn Mattitiahus, sammelte eine Schar thoratreuer Juden um sich und begann den Kampf gegen Antiochus Epiphanes, der mit dem Sieg der Makkabäer endete. 164 vor Christus eroberten sie Jerusalem und den Tempel. Sie säuberten das Haus Gottes und wollten es neu einweihen. Dazu mussten sie die Menorah, den Tempelleuchter, anzünden. Sie fanden aber lediglich ein kleines Kännchen mit gereinigtem Öl, dessen Menge nur für einen Tag reichte. Da geschah das Wunder von Chanukka: Die kleine Menge Öl brannte acht Tage, so lange, bis neues Öl hergestellt war. Zur Erinnerung an den Sieg der Makkabäer und das Ölwunder wird Chanukka acht Tage lang gefeiert. An jedem Abend werden Kerzen angezündet und Lieder gesungen. Es werden Speisen gegessen, die in Öl gebacken wurden, wie Krapfen oder Reibekuchen.

Sufganiot
Zutaten für den Teig:
4 Tassen gesiebtes Mehl
1 TL Salz
1 Tasse Zucker
1 TL Zimt
1 geriebene Zitronenschale
4 EL Öl
4 TL Backpulver
2 Eier

Zum Ausbacken:
1 l Öl

Nach Belieben Marmelade als Füllung
Puderzucker und Zimt zum Bestreuen

Das Mehl mit dem Backpulver und dem Salz mischen. In eine Vertiefung die Eier hineingeben und mit sämtlichen Zutaten zu einem Teig kneten. Den Teig eine Stunde lang warmstellen. Bällchen formen. Das Öl zum Ausbacken in einem Topf sehr heiß werden lassen und die Sufganiot auf beiden Seiten bräunen. Auf Küchenkrepp abtropfen lassen und, wenn man will, mit einer Spritze Marmelade hineinspritzen. Mit Puderzucker, der mit Zimt vermischt wurde, bestreuen.

Tu b'Schwat, das Fest der Bäume

Tu b'Schwat bedeutet der 15. Tag im hebräischen Monat Schwat. Das Datum war im antiken Israel für die Besteuerung der Bäume maßgeblich. Von der Ernte, die nach Tu b'Schwat eingeholt wurde, mussten die Abgaben für die Priester und Leviten berechnet werden. Das Fest findet Mitte Januar statt und fällt in die Regenzeit. In Israel erwacht die Natur, und die weißen Blüten des Mandelbaums sind die ersten Vorboten des kommenden Frühlings. Im modernen Israel gehen die Lehrer mit ihren Schulklassen an Tu b'Schwat in die Natur. Sie singen Lieder, pflanzen Bäume und essen von den sieben Früchten des Heiligen Landes.

Dattelplätzchen
500 g Mehl
250 g Butter
2 Eier
100 g Zucker
200 g grob gehackte Mandeln oder Nüsse
400 g getrocknete Datteln
2 EL Zitronensaft

Die Datteln kleinschneiden und zusammen mit den restlichen Zutaten zu einem Teig verkneten. Den Teig ausrollen und Plätzchen ausstechen. Bei 200 Grad ungefähr 15 Minuten backen.

PURIM, DAS FEST DES LOSES

Im biblischen Buch Esther wird die Geschichte von Ahasveros, Haman, Mordechai und Esther erzählt. Ahasveros war *König vom Indus bis zum Nil über hundertundsiebenundzwanzig Länder* (Buch Esther 1:1). Nachdem er seine ungehorsame Frau Waschti verstoßen hatte, ließ er die schönsten Frauen seines Reiches zu sich kommen, um aus ihnen eine neue Königin zu wählen. Auf Anraten ihres Onkels Mordechai nahm die jüdische Waise Esther an diesem Schönheitswettbewerb teil und errang die Gunst des Königs. Ahasveros ehelichte sie und setzte ihr die königliche Krone aufs Haupt. Ihre ethnische Herkunft und die Verwandtschaft mit Mordechai verschwieg die Königin Esther.

Der erste Minister des Königs Ahasveros war Haman. *Und alle Großen des Königs beugten die Knie und fielen vor Haman nieder, denn der König hatte es so geboten. Aber Mordechai beugte die Knie nicht und fiel nicht nieder.* (Buch Esther 3:2) Dies verdross Haman so sehr, dass er beschloss, nicht alleine den Juden Mordechai zu bestrafen, sondern alle Juden im Reich. Der Minister ließ ein Los, ein Pur, werfen, und das Los fiel auf den 13. Adar. Haman brachte den König dazu, einen Befehl zu erlassen, dass an diesem Tag ein Pogrom unter der jüdischen Bevölkerung durchzuführen sei. *Und die Schreiber wurden gesandt durch die Läufer in alle Länder des Königs, man solle vertilgen, töten und umbringen alle Juden, jung und alt, Kinder und Frauen auf einen Tag.* (Buch Esther 3:13)

Um das Unheil abzuwenden, lud Königin Esther den König Ahasveros und den Ersten Minister Haman zum Mahle. Der König, entzückt von seiner schönen Frau, fragte: *Was bittest du, Königin Esther, das man dir geben soll? Und was begehrst du? Wäre es auch das halbe Königreich, es soll geschehen.* (Buch Esther 7:2) Da deckte Esther dem König ihre jüdische Herkunft auf und bat um Gnade für sich und ihr Volk. Der König ergrimmte über Haman, der ihm den Plan, die Juden umzubringen, eingeflüstert hatte. Er befahl, Haman und seine Familie zu hängen. Den königlichen Befehl konnte Ahasveros nicht rückgängig machen, aber er milderte ihn ab durch den Erlass, dass sich die Juden bei dem Pogrom wehren dürfen. Der von Haman vorgesehene Pogrom verkehrte sich ins Gegenteil. Zur Erinnerung an die wundersame Errettung der Juden wird jedes Jahr am 13. Adar das Purimfest gefeiert und das Buch Esther gelesen. Die Kinder verkleiden sich, um zu bekunden, dass an diesem Tag nichts ist wie sonst. Die Familien und Nachbarn beschenken sich gegenseitig mit Süßigkeiten. Diese Geschenke heißen Mischloach Manot, und auf dem Gabenteller dürfen die Hamantaschen nicht fehlen. Sie symbolisieren die Ohren des Bösewichts Haman.

Hamantaschen
Teig:
10 Eier
12 EL Öl
9 EL Zucker
2 EL Rum
750 g Mehl

Füllung:
750 g Honig
300 g gemahlene Nüsse
1 Päckchen Vanillezucker
1 Zitrone
Abgeriebene Schale einer Apfelsine

Die Eier trennen. Eigelb und Zucker gründlich verrühren, Öl und Rum dazugeben. Das Eiweiß steif schlagen und unter die Eigelbmasse heben. Das Mehl dazugeben. Den Teig auf der Arbeitsplatte ausrollen und mit einem Glas Kreise ausstechen.

Für die Füllung den Honig mit den Nüssen, dem Vanillezucker, dem Zitronensaft, der Zitronen- und der Apfelsinenschale mischen. Auf jeden Kreis etwas von der Füllung geben und den Rand von drei Seiten nach oben zusammenklappen, so dass ein Dreieck entsteht. Bei 175 Grad ungefähr eine halbe Stunde backen, bis sie goldbraun sind.

PESSACH, DAS FEST ZUR ERINNERUNG AN DEN AUSZUG AUS ÄGYPTEN

Die Nachfahren Jakobs wurden in Ägypten geknechtet und mussten als Sklaven dienen, bis Moses im Auftrag Gottes das Volk aus der Hand des Pharaos, des ägyptischen Königs, befreite. Mit zehn Plagen schlug Gott die Ägypter, erst dann war der Pharao bereit, die Juden ziehen zu lassen. Die letzte Plage war das Töten der Erstgeborenen im gesamten Land Ägypten. Jedes Haus betrat der Todesengel und hielt blutige Ernte, nur bei den Israeliten überschritt er die Eingänge, und sie hatten keine Toten zu beklagen. Pessach bedeutet »überschreiten«. Der englische Begriff »to pass over« – darüber hinweggehen – ist auch der Name des Festes »Passover« in den angelsächsischen Ländern. Nach dieser Plage war der Pharao so geschockt, dass er Moses und Aaron noch in der Nacht zu sich rief: *Macht euch auf und ziehet weg aus meinem Volk, ihr und die Israeliten.* (2. Mose 12:31) So schnell mussten die Israeliten Ägypten verlassen, dass ihnen keine Zeit blieb, den angesetzten Teig zu säuern, damit sie daraus Brot herstellen konnten. In aller Eile buken sie das Gemisch aus Wasser und Mehl, und es ergab ein dünnes, hartes Gebäck, eben die Matze. Zur Erinnerung an den Auszug aus Ägypten feiern die Juden das Pessachfest und essen eine Woche lang kein Brot oder gesäuerte Speisen. Anstelle von Brot wird Matze gegessen.

Matzebrei
Pro Person:
2 Matzen
½ Glas Wasser
1 Ei
Eine Prise Salz
Öl zum Ausbacken

In einer Schüssel die Matzen zerbröckeln und mit dem Wasser befeuchten. Die Matzen gut ausdrücken. Das Ei mit dem Salz verschla-

gen und zu den Matzen dazufügen. Gut verrühren. Auf einer Pfanne
Öl erhitzen und entweder einen großen Matzefladen oder mehrere
kleine backen. Den Matzebrei mit Zucker bestreuen.

Japzok
Für 10–12 Personen:
3 kg mehlig kochende Kartoffeln
4 große Zwiebeln
2 Eier
2 EL Kartoffelmehl
2–3 kg gemischtes Rindfleisch
(Beinscheibe mit Markknochen,
Ochsenschwanz, Blatt- oder Hochrippe)
5 Markknochen
Salz, Pfeffer, Gewürzpfeffer
1 Brühwürfel
Öl zum Anbraten

Kartoffeln und 3 Zwiebeln in der Küchenmaschine feinraspeln und
in eine Schüssel füllen. Eier, Kartoffelmehl, Gewürze und den Brühwürfel dazugeben.

Eine Zwiebel in Scheiben schneiden. In einem großen ovalen Topf
mit Deckel etwas Öl erhitzen und mit den Zwiebelscheiben auslegen. Die Markknochen und das Fleisch drauflegen und die rohe
Kartoffelmasse darübergeben. Den Topf mit dem Deckel verschlie-
ßen. Den Ofen auf höchster Stufe vorheizen und den Topf hinein-
stellen. Sobald der Japzok kocht, den Herd auf 160, höchstens
170 Grad herunterschalten. Sechs Stunden im Ofen lassen.

Kokoskuchen
Kuchenboden:
5 Eiweiß
½ Tasse Zucker
150 g gemahlene Kokosflocken

Eiweiß und Zucker steif schlagen, die Kokosflocken unterheben und in einer Kuchenform bei 150 Grad eine halbe Stunde backen. Aus dem Ofen nehmen und abkühlen lassen.

Für den Belag:
200 g Edelbitterschokolade
1 EL Zucker
1 EL Rum
3 Eier
100 g gemahlene Walnüsse
1 Becher ungesüßte Schlagsahne

Die Edelbitterschokolade mit dem Zucker und Rum in einem Topf schmelzen.

3 Eigelb schlagen und mit der Schokolade vermischen. Die 3 Eiweiß steif schlagen und unter die Schokolade heben, ebenso die Walnüsse. Den Belag auf den Kuchenboden gleichmäßig verteilen. Die Schlagsahne steif schlagen und auf dem Kuchen verteilen. Den Kuchen im Kühlschrank aufbewahren.

SCHAWUOTH, DAS WOCHENFEST

Sieben Wochen nach dem Auszug aus Ägypten gelangte das Volk Israel zum Berg Sinai. Dort verkündete Gott die Zehn Gebote, und das Volk erhielt die Thora. Sie ist die Weisung Gottes und regelt das menschliche Verhalten. Um nach ihren Geboten Thora zu leben, muss man sie zuerst lernen. Am Berg Sinai befand sich das Volk Israel in der Situation eines kleinen Kindes, das noch lernen muss, was man tun darf und was man unterlassen muss. Wie ein Säugling hatte es Bedürfnisse, aber noch kein ethisch-moralisches Gerüst, an dem es sein Handeln ausrichten konnte. Und wie das Baby ganz allmählich von der Muttermilch an normales Essen herangeführt werden muss, mussten die Israeliten lernen, nicht nach ihren Trieben und Wünschen, sondern nach Gottes Geboten zu leben. Um diese Situation zu verdeutlichen, werden an Schawuoth Gerichte gegessen, die milchig sind, zum Beispiel Käseaufläufe und Käsekuchen.

Blintzes
Für 4 Personen:
Zutaten für den Teig:
2 Eier
1 Tasse Milch
1 Tasse Mehl
eine Prise Salz
Öl zum Ausbacken

Die Eier mit dem Handmixer schlagen und abwechselnd Mehl und Milch dazufügen, ebenso das Salz. In einer Pfanne in heißem Öl dünne Pfannekuchen ausbacken und mit nachstehender Füllung einrollen.

Zutaten für die Füllung:
250 g Quark (20 %)
1 Eigelb

3 EL Zucker

1 Päckchen Vanillezucker

geriebene Schale einer halben Zitrone

100 g Rosinen

Die Zutaten gründlich mischen. In eine feuerfesten Glasform etwas Milch und einen Teelöffel Butter geben, die Blintzes darauflegen und im Ofen bei 50 Grad warmhalten.

Champignonroulade
Für den Teig:

500 g Mehl

1 Eigelb

1 Becher saure Sahne

200 g Margarine oder Butter

Eine Prise Salz

Aus den Zutaten einen geschmeidigen Teig kneten und in den Kühlschrank stellen. Der Teig kann 4–5 Tage im Kühlschrank bleiben.

Für die Füllung:

1 ½ kg Champignons

1 ½ große Zwiebeln

3 EL Mehl

Salz und Pfeffer

4 EL Öl

Auf die Rouladen:

1 Ei

2 EL Butter

50 g geriebener Kaschkawalkäse

Die Zwiebeln hacken und im Öl braun braten. In einer anderen Pfanne, die einen Deckel hat, die Champignons mit dem Öl auf großer Flamme zugedeckt 20 Minuten dünsten, anschließend den Deckel abnehmen und weiter dünsten, bis die Flüssigkeit ganz verdampft ist. Die gebratenen Zwiebeln dazugeben, das Mehl darunterrühren und mit Salz und Pfeffer abschmecken. Die Masse abkühlen lassen. Den Teig in drei Teile teilen. Auf ein Küchentuch etwas Mehl streuen und ein Teil des Teiges darauf ausrollen. Ein Drittel der Champignonmasse darauf verteilen und mit Hilfe des Handtuchs aufrollen. An den Enden den Teig nach innen stopfen und auf ein Backblech legen. Mit den beiden anderen Teilen ebenso verfahren. Das Ei schlagen und die Rouladen damit bepinseln. 20 Minuten bei 200 Grad backen. Danach die Rouladen mit der weichen Butter bepinseln, und den Kaschkawalkäse drüberstreuen. Weitere zehn Minuten bei 200 Grad backen.

Literatur

Die Bibel, nach M. Luther, Deutsche Bibelgesellschaft, Stuttgart, 1984.

Diederichs, Ulf (Hg.): Das Ma'assebuch. Altjiddische Erzählkunst, Deutscher Taschenbuch Verlag, München, 2003.

Domin, Chaim Halevy: Jüdisches Gebet heute, Morascha Verlag, Zürich (o. J.).

Flavius, Josephus: Geschichte des jüdischen Krieges, Fourier Verlag, Wiesbaden, 1982.

Herlitz, Georg und Bruno Kirschner (Hg.): Jüdisches Lexikon. Ein enzyklopädisches Handbuch des jüdischen Wissens, Jüdischer Verlag, Berlin, 1927.

Heuberger, Rachel und Regina Schneider (Hg.): Koscher Kochen. 36 Klassiker der jüdischen Küche und ihre Varianten, Eichborn Verlag, Frankfurt am Main, 1999.

Hüttermann, Aloys H. und Aloys P. Hüttermann: Am Anfang war die Ökologie, Verlag Antje Kunstmann, München, 2002.

Segal, Jochewet: So handelten unsere Weisen, Moreschet Verlag, Tel-Aviv (o. J.).

Der Talmud, Goldmann Verlag, München, 1990.

Schaul Wagschal: Kaschrut im Haus, Selbstverlag, Gateshead, England (o. J.).

Über die Autorin

Lea Fleischmann wurde 1947 in Ulm geboren. In Frankfurt am Main studierte sie Pädagogik und Psychologie und war anschließend als Lehrerin tätig. 1979 verließ sie Deutschland. Sie lebt und arbeitet in Jerusalem und widmet sich dem christlich-jüdischen und deutsch-israelischen Dialog. Im Frühling und im Herbst stellt sie in Deutschland ihre Bücher vor. In Jerusalem bietet sie Lesungen für deutschsprachige Reisegruppen an. Weitere Informationen finden Sie im Internet unter: www.leafleischmann.com.

Lea Fleischmann
Chaim Noll
Meine Sprache wohnt woanders
Gedanken zu Deutschland und Israel
256 Seiten. Gebunden

Lea Fleischmann und Chaim Noll symbolisieren auf außergewöhnliche Art das besondere Verhältnis zwischen Deutschland und Israel: Sie leben in Israel und schreiben auf Deutsch. In ihrem Buch setzen sie sich auf ebenso einfühlsame wie kritische Weise mit ihrer Vergangenheit auseinander. Die bewegenden Erlebnisse von zwei deutschen Schriftstellern, die nach Israel ausgewandert sind und dort eine neue Heimat fanden.

Scherz

fi 4-15023 / 1

Lea Fleischmann
Schabbat
Das Judentum für Nichtjuden verständlich gemacht
220 Seiten. Broschur

Ein Eckpfeiler der jüdischen Religion ist der Schabbat, der in Jerusalem seine besondere Faszination entfaltet. An seinem Beispiel führt Lea Fleischmann die Leser in den Geist des Judentums ein. Sie erklärt, wie das Judentum schwerste Verfolgungen überstehen konnte und heute in Israel zu neuer Blüte gelangt. Sie beschreibt den geistigen Reichtum des Glaubens, der ein Gegengewicht zu einem an Geld und Konsum orientierten Leben darstellt. Dieses sehr persönlich geschriebene Buch leistet einen notwendigen Beitrag zur christlich-jüdischen Verständigung.

Scherz

fi 4-15205 / 1

Lea Fleischmann
Rabbi Nachman und die Thora
Das Judentum für Nichtjuden verständlich gemacht
224 Seiten. Broschur

Die Lehre des Judentums ist die Thora. Obwohl sich der nichtjüdische Leser vielleicht nie bewusst mit der Thora beschäftigt, stößt er durch die weisen Geschichten und Aussprüche von Rabbi Nachman (1772–1810) auf Gedanken und Einsichten, die ihm wohlbekannt sind. In ihrem Buch beschreibt Lea Fleischmann das Leben dieses ungewöhnlichen Rabbiners und nimmt den Leser in eine Jerusalemer Lernstube mit, wo ihm Einblick in die faszinierende Welt der Thora gewährt wird.

Scherz

fi 4-15206 / 2